ख़ुशहाली का पंचनामा

(नॉर्वे डायरी)

प्रवीण कुमार झा

Bonzuri Project

ख़ुशहाली का पंचनामा

© प्रवीण कुमार झा

Published by Bonzuri Project 2025

प्रकाशक

Bonzuri Project

Cover: Zwantum

Khushahali Ka Panchnama

by Praveen Kumar Jha

भूमिका

एक उदास शाम सोचा कि दुनिया का सबसे ख़ुशहाल देश कौन सा होगा? ख़बरों में देखा, तो एक ऐसा देश जिसको कुछ ख़ास जानता न था। उत्तरी ध्रुव के पास एक दुर्गम देश। नॉर्वे के बारे में बस यह सुना था कि छह महीने दिन होती है और छह महीने रात। यह सोच कर ही विरक्ति हो गई।

चिकित्सक था, भारत में अच्छी प्रैक्टिस थी। जीवन अन्य देशवासियों की तरह ही व्यस्त। पर कभी-कभार शौकिया नॉर्वे के विषय में पढ़ लेता। देखा कि वर्षों से यह देश सभी मानक में सर्वोच्च है। स्वास्थ्य में, शिक्षा में, संपत्ति में। ऐसा कौन सा कुबेर का ख़ज़ाना है वहाँ? शायद छोटा देश हो तो ख़ुश होना आसान हो। पर छोटे देश भी तो कई हैं। धन ख़ुशहाली का राज है, यह बात भी हज़म नहीं होती। और साल-दर-साल एक ही परिणाम आए तो इन मानक बनाने वालों पर भी शक़ होता है। भला ख़ुशी भी कोई नापने की चीज़ है? ऐसे कई लोग मिलते हैं जिनके चेहरे पर मुस्कुराहट ही नहीं नज़र आती। क्या नॉर्वे का हर व्यक्ति सदा एक इमोजी अंदाज़ में, अर्ध-चंद्राकार ओष्ठ-मुद्रा में होता होगा? क्या उनके शब्दकोश में अवसाद और विषाद न होता होगा?

मन में प्रश्न रोज़ उठते और रोज़ थक कर सो जाता। अस्पताल और क्लिनिक के बाद हिम्मत न होती कि कुछ पढ़ लूँ, कुछ जान लूँ। पर धीरे-धीरे नॉर्वे ने स्वप्न में जगह बना ली। बर्फ़ की चोटियाँ, पहाड़ों के बीच गुज़रती नदियाँ और एक असीमित समुद्र। उत्तरी ध्रुव के बर्फ़ की सिल्लियाँ और श्वेतवर्णी भालू। सामन मछलियाँ। रंगबिरंगा विचित्र आकाश और नॉर्वे की युवतियाँ। स्की करते बच्चे। मुस्कुराता देश और अर्द्धरात्रि में चमकता सूर्य। स्वप्न ही था, पर इस इन्सॉम्निया (अनिद्रा) ग्रसित देश की सोचते हुए जाने क्यों नींद अच्छी आती। उन्हीं दिनों एक चिट्ठी लिख भेजी होगी और जवाब भी आ गया।

परिवार में किसी को बिना बताए वहाँ की भाषा सीखने लगा। नॉर्वे की शर्त भी थी कि डॉक्टर वहाँ की भाषा में ही लिखे-पढ़े। अब क्लिनिक से जल्दी आ जाता और बंद कमरे में दीवारों से नॉर्वेजियन बतियाता। फ़ोन में वहाँ के रेडियो

सुनता। वहाँ के गीत, वहाँ की ख़बरें। जैसे किसी औघड़ बाबा ने सम्मोहित कर लिया हो या मेरा दोहरा व्यक्तित्व हो गया हो। पर जो भी था, अब तनाव धीरे-धीरे ख़त्म हो रहा था। मैं इतिहास पढ़ने लगा। कुछ लिखने लगा। वह करने लगा, जो पीछे छूट गया था व्यवसायी डॉक्टरी के चक्कर में। मैं फिर से जीने लगा। ख़ुशहाली का पहला इंजेक्शन तो घर बैठे ही लग गया।

और एक दिन मेरे बुलावे की चिट्ठी आ गई। क्लिनिक अपने एक मित्र को बेच दिया। परिवार को भी ख़बर दे दी। अस्पताल में इस्तीफ़ा दे डाला और गाड़ी उठाकर पहुँच गया कन्याकुमारी। स्वामी विवेकानंद के रॉक पर। समुद्र की लहरें उस शिला से टकरा कर लौट जाती। भारत मुख्य-भूमि की अंतिम शिला से। जैसे देश से विदा कर रही हो या कुछ कान में कह रही हो।

शायद यह कह रही हो कि जिस ख़ुशफ़हमी में ख़ुशहाल देश जा रहे हो, वहाँ से कुछ सूत्र सीख कर आना। यह देखना कि वे सूत्र कहीं हमसे ही तो नहीं चुराए? भला पश्चिम के इंद्रजाल में वे कैसे ख़ुश रहते हैं? छोटे से देश से छोटा सा ही पैग़ाम लाना, पर लाना ज़रूर। कुछ न भी सीखो तो कहानियाँ सुनाना। वे कहानियाँ जो वहाँ के लोगों में छुपी हैं, जो उनके जीने के तरीके से जुड़ी हैं। जो जानकर भी हम अनजान हैं। जो कहीं हम में भी छुपी है, पर हम भूल गए हैं या अहसास नहीं। अनसुनी कहानियाँ लेकर आना।

उस अजूबे देश की। जो है नॉर्वे।

एक और बात पहले ही कह दूँ। यह लेखन संस्मरणात्मक रूप में ज़रूर है, पर इसे गल्प और ललित निबंधों की कड़ी ही समझा जाए। नॉर्वे की संस्कृति का एक मूलभूत स्तंभ है-निजता। और मैं इसका हनन नहीं करना चाहता। सभी पात्रों के नाम काल्पनिक हैं और कथाएँ अपने अनुभव के आधार पर गढ़ी गई हैं। न गढ़ता तो मुझे पता नहीं कितने हस्ताक्षर लेने होते। और गर हस्ताक्षर मिल भी जाते तो कथा अपने उन्मुक्त रूप में न होकर किसी पुलिसिया फ़ाइल की तरह नज़र आती। बस इतनी ईमानदारी ज़रूर है कि इसमें कथावाचक का पात्र अपनी ज़िम्मेदारी लेता है। यात्रा-संस्मरण और जीवन-संस्मरण में एक मौलिक अंतर यही है कि आकलन सतही नहीं होता कि कुछ दिन घूम कर अंदाजा लगा

  ख़ुशहाली का पंचनामा

लिया। जब प्रवास हो तो नज़रिया बदल जाता है और कुछ हद तक हम उस संस्कृति के ही अंग हो जाते हैं। तो यह 'घुमक्कड़ी साहित्य' नहीं है। बल्कि कई लोग शायद पूरी किताब पढ़ जाएँ और कहें कि यह तो बताया ही नहीं कि नॉर्वे घूमने से पहले बस्ते में क्या-क्या डालना है? बस्ते तो सभी एक जैसे ही होते हैं और हर चीज़ बस्ते में समा भी नहीं सकती। जो नहीं समा सकती, वह शायद यहाँ मिल जाए। और अब भी बहुत चीज़ें हैं जो किताब में न समा सकीं।

इस पुस्तक की संरचना में मेरे अनुभवों की सोशल मीडिया में प्रवाहित 'अजूबा नॉर्वे' लेखों का भी योगदान है। उनमें कई लेख अखबारों में भी छपते रहे। पर इन टुकड़ों में बात कहते कई बार बातें अधूरी रह जाती हैं या गुम हो जाती हैं। उन्हें संकलित करना भी भगीरथ कार्य ही है। फिर लगा कि एक संयोजित लेखन से स्कैंडिनैविया और भारतीय संस्कृति का तुलनात्मक अध्ययन हो। तथ्य सत्यापित हों और संस्मरण को दशा और दिशा मिले। हालाँकि इस पुस्तक से पहले मेरी 'कुली लाइन्स' पुस्तक प्रकाशित हुई, जिसमें मैंने संदर्भों को बारीकी से पढ़ा और जाँचा। जबकि इस किताब को मैंने मुक्त प्रवाह में लिखा है, अधिक नाप-तौल नहीं की। अब कोई पूछे कि फ़लाँ क़िस्से का संदर्भ दूँ, तो नहीं दे पाऊँगा। मैंने इकट्ठे किए होते, तो सूची लगा देता। यह तो डायरी है, जो अनुभव से लिखी। हाँ! समय के साथ मेरे भी अनुभव बारीक होते गए। इसे पुस्तक के लिए अनुरोध आते रहे, लेकिन मैं ही लंबे समय तक इसे दबाए बैठा था। डायरियों के साथ यह समस्या होती है। फिर एक दिन अबरार मुल्तानी जी से संपर्क हुआ और किताब यूँ ही नहीं बन गई। त्रुटियों का निवारण और धैर्य से सिंहावलोकन हुआ। तब जाकर बन पाई यह किताब।

❑

धुरी से ध्रुव तक

हिंदुस्तान से जब आप नॉर्वे में कदम रखते हैं, तो यूँ लगता है कि किसी मानव-रहित टापू पर उतर गए हों। एयरपोर्ट की चहल-पहल के बाद सब वीरान नज़र आता है। ट्रेन की बोगी में अकेले। सड़क पर अकेले। बाज़ार में अकेले। कुछ घर-नुमा इमारतें हैं, पर खिड़कियों में कोई नज़र नहीं आता। मनुष्य तो छोड़िए, सड़कों पर जानवर, आकाश में पंछी भी कम ही नज़र आते हैं। दुकानें हैं, बिल-बोर्ड हैं, सभी यातायात चिह्न हैं, गलियों का नामकरण है, पर लोग ग़ायब हैं। अपने नॉर्वेजियन गांव पहुँच मैं इस सन्नाटे से एक पल डर गया कि जैसे गांव में सब किसी गब्बर सिंह के भय से छुप कर बैठे हों। आस-पास पहाड़ियाँ भी थी, नदी पर पुल भी था, बस घोड़े के टाप सुनने की देरी थी।

अस्पताल के कुछ लोग मिलने आए तो सुकून मिला कि आज भी कुछ जनजातियाँ यहाँ मौजूद हैं। जब मैंने उन्हें अपनी शंका बताई, तो कहा कि लोग वाकई हिंदुस्तान से कम हैं। एक त्योहार की वजह से आज सब पास के शहर ड्राम्मेन गए हैं तो सन्नाटे की एक और वजह भी है।

त्योहार? चलो! फिर तो कुछ रंग दिखेगा।

भारतीय शहरों में कहीं कुंभ, कहीं रथयात्रा, कहीं अखाड़ा, कहीं नौका-दौड़ होती है। नॉर्वे (या पूरे यूरोप) में भी हर शहर से एक त्योहार जोड़ दिया गया है: धार्मिक कम, हुड़दंगई ज़्यादा। सूनी सड़कें भर जाती हैं। बच्चों के उड़नखटोले और देर रात तक संगीत-नृत्य।

ड्राम्मेन में इस हफ़्ते 'एल्वाफ़ेस्टिवालेन' यानी 'नदियों का त्योहार' है। नॉर्वे जैसे देश में और क्या संभव है? पहाड़ों के त्योहार, नदियों के त्योहार। मुझे भारत के नदियों के त्योहार याद आ गए। जल में खड़े होकर सूर्य को अर्घ्य देना, पत्तों के दोने में दीप डाल कर प्रवाहित करना और तट पर छठ का आयोजन। भोजपुरी गीत। नृत्य। और नाक तक टीका किए औरतें। क्या यहाँ भी कुछ झलक मिलेगी? क्या यहाँ भी नदी के उस पार पशुओं का मेला लगता होगा? एक 'हावड़ा ब्रिज' सरीखे 'सस्पेंशन ब्रिज' से गुज़रते मैं यही सोच उत्साहित था।

दूर से कुछ गीतों की धुन तो सुनाई दे रही थी। और तमाम गॉगल पहने गोरियों की खुली पीठ नज़र आ रही थी। कुछ पीठों पर कलाकारियाँ थी। होंगे इनके कोई देवी-देवता। किसी की पीठ पर सांप लोट रहा था तो किसी पर तिब्बती लिपि में कुछ उकेरा था। पीठें थी ही ऐसी 'पेपर-व्हाइट' की कलम चलाने का दिल कर जाए। पर मैं इन मोह-पाशों से मुक्त होकर इधर-उधर देखने लगा।

नदी बिल्कुल नीली थी। क्या पता यहीं-कहीं समंदर में जाकर जुड़ती हो। नॉर्वे का मानचित्र देख तो यही लगता है कि समुद्र से सहस्र धाराएँ निकल कर धरती को भेद रही हों। हज़ारों नदियाँ, खाड़ी, दर्रे और झील। कुछ समुद्र से अब भी जुड़े हैं, कुछ छिटक कर अलग हो गए। अलग तो हो गए, पर रंग नीला ही रह गया। जड़ों से कितने भी दूर हो जाओ, मूल कभी साथ नहीं छोड़ता। तभी तो यह पाश्चात्य जलधारा मुझे छठ और हर की पौड़ी का स्मरण करा रही है। मैं मन ही मन हँस कर वापस यथार्थ में लौटा। यह नॉर्वे है, जनाब। यहाँ अपनी मिट्टी नहीं, अपनी नदियाँ नहीं, अपना आकाश नहीं। यहाँ सब पराया है। लेकिन नदी में तमाम नाव देख उत्साहित तो हुआ।

यहाँ हर तीसरा गाड़ी रखे न रखे, नाव (बोट) ज़रूर रखता है। किसी जमाने में नॉर्वे में 'वाइकिंग' योद्धा थे जो बड़े जहाज़ रखते थे। अब दस्यु नहीं रहे, पर नाव रखने का रिवाज है। केरल के अष्टमुदी झील के आस-पास के गांवों में भी सब नाव रखते थे। यहाँ तो देश ही अष्टमुदियों से भरा पड़ा है। हज़ारों बोट लगी पड़ी है और हर बोट में मदिरा, धुआँ, नृत्य और गप्पें हैं। नावों की रेस हो रही है, पर कोई चप्पू नहीं चला रहा। मुँह में सिग़रेट डाले मोटरबोट का स्कूटर हाँक रहा है।

नदी किनारे हर देश के लोगों ने अपना ठेला (स्टॉल) लगा रखा है। सरदारजी ने समोसे और तंदूरी चिकन जमा ली है, तो चीनी नूडल घुमा रहे हैं। चंगेज़ ख़ान के देश मंगोलिया वाले कुछ अजीब से चाकू-छुरी-भाले का करतब कर रहे हैं। पाक़िस्तानियों ने भारतीय भोजन का बैनर लगा रखा है और सरदारजी से ज़्यादा बिक्री भी हो रही है। गोमांस मुर्गे पर भारी है। बाकी वही गोला, पॉपकॉर्न, फ़्लॉस-कैंडी।

बच्चे खेल-कूद रहे हैं। किशोरियाँ झुंड में घूम रही हैं। युवा अपने शरीर पर अजीबोग़रीब गोदने गुदवा रहे हैं और तमाम लोग शराब पी रहे हैं। धूप कभी कम, कभी ज़्यादा हो रही है। पर मौसम रंगीन है, जल में भी और थल में भी। यह सब देख इतना तो यक़ीन हुआ कि लोग भले ही कम हैं, पर जितने हैं, झुंड बनाकर जी रहे हैं। कोई त्योहार आया कि सब जमा हो गए।

हर यूरोपीय शहर में एक केंद्रीय इलाका (सेन्ट्रम या डाउनटाउन) है, जहाँ आपको पूरा शहर हर वीकेंड की शाम मिल जाएगा। दिल्ली के कनॉटप्लेस या बैंगलुरु के एम. जी. रोड सरीखा। लेकिन भारत में कई लोग घर के आस-पास भी गुज़ार देते हैं या ऐसे तमाम इलाके हैं जहाँ आप घूम सकते हैं। यहाँ सब कुछ केंद्र में ही है। यहीं मॉल, बच्चों के खेलने के इंतजाम, भोजनालय, क्लब, संग्रहालय, शिल्पकला और पार्क हैं। पूरा शहर यहीं है। ऐसे इलाके भारत में हों तो भगदड़ मच जाए। खड़े होने की जगह न मिले। यहाँ तो कुत्ते-बिल्ली भी जोड़ लें, तो भी लाख की संख्या न हों।

इस नदियों के त्योहार पर हालाँकि खाने-पीने के अलावा कुछ ख़ास नहीं। कोई रीति-रिवाज, कर्मकांड नहीं। भला, यह भी कोई त्योहार है? इतिहास क्या है? नदी का सम्मान कहाँ हुआ? आरती कहाँ हुई? भारत आओ, तो दिखाऊँ नदियों की पूजा कैसे की जाती है। हाथ में बीयर लिए, सिग़रेट पीते और नंग-धड़ंग वेश-भूषा में भी भला त्योहार मनता है?

कदम कब बार के अंदर चले गए, पता ही नहीं लगा। देखूँ तो सही यह क्या पीते हैं, क्यों पीते हैं? लड़कियाँ शराब पीकर ख़ूबसूरत ही दिखती हैं या डायन-चुड़ैल बन जाती हैं? मैं हालाँकि विदेश घूमा हूँ, अमरीका रहा हूँ और यह बातें नयी नहीं। पर नये देश में नए कौतूहल तो होते ही हैं।

बार का ज़िम्मा कुछ मुस्कुराती सुंदरियों ने ले रखा था, जो 'वाइन ग्लास' और बीयर के ग्लास से कलाबाजी कर रहीं थीं। कोई कॉकटेल बनवा रहा है, तो झट से यह सिरप, वह शराब डाली, पुदीना-नींबू भी डाल दिया। इसी बीच दो बीयर के बोतल भी भर लिए, पैसे भी ले लिए। अकेले पूरा मैदान सँभाल रखा है। यह भारत की उन अष्टभुजा गृहणियों से रत्ती भर कम नहीं जो पूरा आलय मुस्कुराते सँभाल लेती हैं।

अलग-अलग मेज पर ठहाके गूंज रहे हैं। परिवार से एक मदिरा-निषेध व्रत कर रहा है। पूजा पे नहीं बैठा, पर यूँ ही चने खा रहा है, मुस्किया रहा है। शराब नहीं पी रहा। रात के दो बजे अपने टुल्ल परिवार को ढो कर ले जाने का ज़िम्मा है। नियमों को यह त्योहारों में भी नहीं तोड़ते? गर त्योहार में शराब पीकर गाड़ी नहीं चलाई, तो किस बात की स्वतंत्रता? कुछ से रहा न गया और आख़िर पी ही ली। अब गाड़ी छोड़ टैक्सी से घर जाएँगे। यह तो ख़ैर दिल्ली वग़ैरह में भी ओला-उबर के बाद शुरू हो गया कि लोग शराब पीकर गाड़ी नहीं चलाते। कुछ भारतीय राज्यों में तो शराब बंद ही है। लेकिन नॉर्वे में कानून और शराब का संतुलित कॉकटेल है।

मिला-जुला कर सब देशी शैली में ही है, बस कुछ विरोधाभासी जीवन-शैली। धर्म-मुक्त त्योहार और अनुशासित रंग़रेलियाँ। पर इसमें अचरज क्यों? धुरी से ध्रुव तक तो पृथ्वी की भी चाल-ढाल बदल जाती है, हम तो मनुष्य ही हैं।

"रात को कुछ देर हुई, तो सूरज समंदर में डुबकी मार लौट आया, लाल, तरोताज़ा। जैसे बस कुछ पानी की घूँट पीने गया हो। और उस रात जो अचरज मुझे महसूस होता, वह भला कोई माने न माने..."

-क्नूट हैमसन ('पैन', 1894)

जब मैं पहली दफ़ा नॉर्वे आया तो रात का इंतजार करते सुबह हो गयी। कुछ पलक झपकायी होगी और नदी किनारे एक बेंच पर बैठे रात बस यूँ ही गुज़र गयी। कब आयी, कब गयी, कुछ पता न लगा। क्या रात सचमुच आयी थी या सूर्य का सम्मोहन था? या कैलेंडर पर तारीख़ यूँ ही बदल गयी? यह क्या जादुई तिलिस्म है? और इससे निकलने का मार्ग क्या है?

यह पृथ्वी अपनी धुरी पर झुकी हुई है, जैसे सूरज को आदाब अर्ज़ कर रही हो। गर्मियों में इसका उत्तरी ध्रुव सूर्य के निकट आ जाता है, जब सूर्य इसको एकटक निहारता रहता है। बाकी की धरती घूम रही है, लेकिन ध्रुव और सूर्य बिना पलक झपकाए एक दूसरे को देख रहे हैं। इस मोह-पाश की बात मैं आगे भी करूँगा, पर यही वह वजह है कि नॉर्वे की गर्मियों में रात होती ही नहीं। गर आप दिन में नहीं सो पाते, तो नॉर्वे में रतजगा करिए। सोकर आख़िर करना क्या

 ख़ुशहाली का पंचनामा

है? यूँ समझिए कि ईश्वर ने आपको चौबीस घंटे के दिन दे दिए। बाकी की दुनिया से कई घंटे ज़्यादा।

पर भला क्या बिना सोए जीना भी मुमकिन है? अंधकार की तरस भी तो होती होगी? जब भी घर लौटता हूँ, तो एक समय निश्चित कर लेता हूँ कि अब सूर्य को अलविदा कह दूँ। उनसे पर्दा कर लूँ। कभी-कभार पर्दा उठा कर झांक लेता हूँ कि शायद उन्हें नींद आ गयी हो? लेकिन वह मुस्कुराते मिलते हैं और मैं पर्दा गिरा सो जाता हूँ। यहाँ सूर्य सर के ठीक ऊपर नज़र आते हैं, पूरब से पश्चिम जाते नहीं नज़र आते। बाल गंगाधर तिलक ने अपनी किताब 'द आर्कटिक होम इन द वेदाज' में इसका विवरण यूँ किया है कि जैसे सर के ऊपर छतरी घूम रही हो या कुम्हार का चाक घूम रहा हो।

नॉर्वे के उत्तरी हिस्सों में तो गर्मियों में सूर्य कभी नहीं डूबते, दक्खिन में कभी डूब गए, तो डूब गए। सोचिए हमारे तमाम धार्मिक कार्य और सूर्यास्त के पश्चात् के रागों का यहाँ क्या औचित्य रह जाएगा? क्या चौबीस घंटे अहीर भैरव? राग दरबारी और यमन कल्याण भला कब सुनेंगे? ईद का चांद आख़िर कब निकलेगा? चौदहवीं की रात की ख़ूबसूरती? क्या तारे न टिमटिमाएँगे? अमावस्या में प्रेत न घूमेंगे?

और जब सर्दियाँ आएँगी, तो सूर्य दिखना नसीब न होगा। यहाँ सूर्य की कुंभकर्णी नींद और जागरण है। उन छह महीने बस रात ही रात होगी। रात में ही ऑफ़िस निकलिए और रात को ही लौटिए। दिन में तारे देखिए। रात में तारे देखिए। कुछ लोगों को इससे कोफ़्त होती है, पर नॉर्वे के लिये यही दुनिया है। उनके लिए शेष दुनिया अजीब है, जहाँ सूर्य रोज़ आते हैं और जाते हैं। सूर्य का भला क्या उदय और क्या अस्त? सूर्य तो शाश्वत हैं। यहाँ तो पृथ्वी का उदय और अस्त होता है। कभी पृथ्वी सूर्य के करीब, तो कभी सूर्य से सुदूर। इनकी दुनिया ही सत्य है, बाकी तो भ्रम है।

❑

मेरे, तुम्हारे और हमारे बच्चे

अजीब इंसान है पीटर। जब से यहाँ आया हूँ, उसे चैन से बैठे नहीं देखा। कभी लकड़ियाँ काटता, कभी छत के ऊपर बेतुकी मरम्मतें करता। अधोवस्त्र पसीने से तर-बतर। मेरा पहला मकान-मालिक।

मैंने कहा, अजी उमर हो गई। पेंशन पर हो, आराम करो या धरम-करम करो। मुस्की देकर वापस पेड़ के पत्ते काट-छाँट करने लगता है। दरअसल ये देश पीटरों से भरा पड़ा है। यहाँ जवानी की दहलीज पचास से शुरू होती है। उससे पूर्व का जीवन हाशिये पर। अब नवजीवन की कोपलें फूटती हैं। कुछ वर्जिश करते मिलेंगे, कुछ प्रेम-गीत गाते।

ये नॉर्वे है। सब सौ साल जीते हैं। सौ बट्टा दो, पचास-पचास की दो ज़िंदगियाँ जीते हैं।

परिवार-निर्वाह भी इसी गणित से है। मेरे, तुम्हारे और हमारे बच्चे की पद्धति है। पीटर की पूर्व पत्नी एंजेला अब दक्खिन में रहती है। उसे पहाड़ी हिरणों के फ़र और पराग-कणों से एलर्जी हो गयी। किसी और से प्रेम भी हो गया, तो पहाड़ी हिरणों और पीटर को छोड़ दक्खिन जा बसी। पीटर के पास पुत्र ओला छोड़ गई और पुत्री सिल्या को साथ ले गयी।

तो ओला है पीटर का अपना ख़ून। कुछ दिनों में पीटर ने एक धनी अधेड़ महिला हेलेना से विवाह कर लिया, जिनके दो पुत्र देश की नौसेना में हैं। अब वे भी पीटर के ही पुत्र हुए, ओला के लिए खूब तोहफ़े लाते हैं। पीटर और हेलेना के संयुक्त पुत्र का भी जन्म हुआ। वह अभी बरामदे पर किलकारियाँ करता है, कभी अंगूठा मुँह में डालता है कभी ओला को ठेंगा दिखाकर चिहुकने लगता है।

पीटर को देखकर गाँव के मट्टुकीनाथ याद आ जाते हैं, जो पचास की उमर में नव-वधू ले आये थे। क्या किरकिरी हुई थी! बेटे भागे-भागे इलाहाबाद से आए और बेइज्जत कर गए। पर बुढ़ऊ की अंटी में ठीकठाक पैसे थे। 15 वर्ष की प्रोफ़ेसरी बची थी, पी. एफ़.-पेंशन अलग। भाड़ में जाए बेटे और समाज।

मट्टुकी ख़ूब आनंद में रहते। आख़िर बुढ़ापे में एक पुत्ररत्न भी प्राप्त हुआ। मट्टुकी का ये पुत्र उनके पौत्रों और दौहित्रों से भी छोटा। पुश्तैनी ज़मीन का ये नया हक़दार मट्टुकी के बड़े बेटों को बिल्कुल न भाया। जैसे कृष्णावतार हो गया हो उन कंसों का काल बनकर। गाँव वाले कहते हैं, एक दिन इलाहाबाद से बेटे आए और बुढ़ऊ की दूध में ज़हर मिला दिया। मुन्ना वहीं खेल रहा था, दूध देखकर लपक पड़ा। मट्टुकी ने भी अगले दिन फाँसी लगा ली। उनकी पत्नी का भी अब कोई ठिकाना नहीं। हवेली में अब भी सुना है मट्टुकी का भूत घूमता है, कभी छत पर कुछ मरम्मत करते, कभी आम के अमरबेल तोड़ते।

ख़ैर वो मट्टुकी थे, ये पीटर है। मैंने पीटर से हाथ दो बार मिलाया है। वह कोई आत्मा नहीं, सशरीर हैं।

पीटर के इतने विवाह और इतने बच्चे देख विवाहित मन में भी यह जिज्ञासा तो होती ही है कि नॉर्वेज़ियन स्त्री से विवाह भला किसी विदेशी के लिए कैसा होता होगा? इतनी पत्नियाँ और पता नहीं कितने सास-ससुर। सबसे समन्वय कैसे हो पाएगा?

यहीं पड़ोस में मेरे एक अमरीकी मित्र हैं। नया-नया प्रेम हुआ है नॉर्वेजियन महिला से। ससुराल वालों को मनाकर आए हैं। भारत हो या कोई भी देश, यह जंग जीतकर आने वाला अनुभव है। जंग छोटी-बड़ी भले हो सकती है। चित्रकारी वग़ैरह करते हैं, तो मैं भी उनका यह राज़ जानने पेंटिंग एक्ज़ीबिशन पहुँच गया कि भला ससुराल वालों को कैसे मनाया? अमरीकी लोगों का अनुभव तो मैं थोड़ा-बहुत जानता था। ससुर खड़ूस हो, तो बड़े तिकड़म लगाने पड़ते हैं। यह ठीक है कि पश्चिम में अपने जीवन-साथी चुनने की स्वतंत्रता है, पर ससुराल तो ईश्वर-प्रदत्त ही होता है। वो सार्वभौमिक सत्य है जिसे कोई संस्कृति यूँ ही मनमर्ज़ी परिवर्तित नहीं कर सकती। और उस सत्य के मार्ग में प्रवेश ही 'इनर सर्कल' में प्रवेश कहलाता है।

मैंने उनसे बात छेड़ी तो वह पूछने लगे,

"तुम सुनाओ! भारत में यह अनुभव कैसा है? ससुराल वालों के 'इनर सर्कल' में 'एंट्री' कैसे होती है?"

मैंने कहा,

"भारत तो विविध और विशाल देश है। प्रेम विवाह, व्यवस्था विवाह, व्यवस्थागत प्रेम विवाह, प्रेमगत व्यवस्था विवाह, अव्यवस्थित प्रेम विवाह और प्रेमरहित व्यवस्था विवाह, सभी मौजूद हैं। उत्तर की परंपरा अलग है, दक्खिन की अलग। हिंदुओं की अलग, मुस्लिमों की अलग। सिखों की 'इनर सर्कल' और पारसियों की 'इनर सर्कल' एक नहीं। मिथिला में मेरे समुदाय में साले लोगों के साथ एक 'दसौथ' होता है। दस-बारह सालों के साथ भोजन। आपको जमकर खाना और गप्प देना होता है। वह भी पिज़्ज़ा-बर्गर नहीं, इक्यावन व्यंजन। इसके बाद ही आप ससुराल में अन्न (भात) खा सकते हैं।"

बेचारे सुन कर काँप उठे। कहा, वो यह नहीं कर सकते।

पर उनका नॉर्वेजियन अनुभव भी कम डरावना नहीं था। हालाँकि मियाँ-बीवी राजी थे, पर परिवार से समन्वय की एक अग्नि-परीक्षा भी थी। जब वह नॉर्वे के पश्चिमी इलाके के पहाड़ों में अपने ससुराल पहुँचे, उनको ससुर और साले पकड़ कर एक ऊँचे पहाड़ पर बने झोपड़ी में ले गए। वहाँ वाष्प-स्नान में उनके साथ नग्न बैठ गए और वाइन पीते हुए गप्प मारी। ससुराल के अनजाने हट्टे-कट्टे पुरुषों के बीच नग्न बैठना उनके लिए अजीब अनुभव था। हालाँकि नॉर्वेजियन लोगों की अंग्रेज़ी ठीक-ठाक होती है और अमरीकी फ़िल्में खूब देखते हैं। पर उनके चुटकुले, उनका ढंग बिल्कुल गँवार है। ये ठहरे अमरीकी भद्र-मानुष और वे गाँव के बिंदास लोग। जब वे बिना बात ठहाके लगाते, यह भी ठहाके लगा देते। इस नग्न-गोष्ठी का आख़िर, घंटों बाद अंत हुआ। सब भाप से तपकर बाहर निकले और एक नदी किनारे टीले पर चढ़ गए। उस टीले से अब ठंडी नदी मे छलांग मारने को बात हुई। सबने साथ छलांग मार दी। पानी बिल्कुल बर्फ़ सा शीतल था, तो अमरीकी मित्र काँप उठे। लेकिन प्रेम के फेर में छलांग मार दी। उन्हें ससुराल की रज़ामंदी मिल गई। कहिए, यह क्या किसी प्राचीन स्वयंवर से कम है?

देश कोई भी हो, ससुराल के 'इनर सर्कल' में प्रवेश अग्निपरीक्षा ही है, पर है अत्यावश्यक।

नॉर्वेज़ियन परिवार को समझने के लिए अब एक पहेली सुलझाएँ। कलम-कॉपी लेकर बैठ जाएँ। आगे किताब की गहराई में उतरने के लिए यह आवश्यक है कि आप यहाँ के 'मेरे, तुम्हारे और हमारे' बच्चे की पद्धति को आत्मसात् कर लें। पहेली कुछ यूँ है-

"किथ और मैं समवयस्क हैं। कद-काठी भी एक ही है। पर वह किथ है और मैं किथ नहीं। मैं कभी किथ हो भी नहीं सकता। चाहूँ तो भी। किथ के पिता ऑल्सन मेरे अभिन्न मित्र हैं। मेरे साथ फुटबॉल खेलते हैं, पहाड़ चढ़ते हैं, शराब की चुस्कियाँ लेते हैं। किथ अंतर्मुखी है, उसके पिता बहिर्मुखी। दोस्ती किथ के पिता से है और उस लिहाज से मैं किथ का मुँहबोला चाचा हुआ।

ऑल्सन साहब ने नयी-नवेली शादी भी की, अपने बेटे किथ की शादी के तीन वर्ष बाद। किथ और उसकी पत्नी अपने पिता के विवाह में ख़ूब नाचे भी। अब किथ की छोटी बेटी और उसके पिता की नयी बेटी एक ही कक्षा में पढ़ने लगे। या यूँ कहिए, किथ की बेटी और किथ की सौतेली बहन साथ स्कूल जाते हैं। बुआ-भतीजी एक ही कक्षा में। इन सबका उपनाम एक ही है 'ऑल्सन' और ये सभी ऑल्सन कुल के संतान है। लगभग।

दरअसल किथ 'ऑल्सन' न होकर 'हेगेरूड' होते, पर उनके असली पिता हेगेरूड तभी चल बसे जब किथ नौ महीने के थे। मेरे मित्र ऑल्सन ने ऐसी दुःख की घड़ी में किथ की माँ का हाथ थामा और किथ, ऑल्सन बन गए। तब से आज तक किथ, ऑल्सन ही हैं। लेकिन वो ऑल्सन-पुत्र नहीं, हेगेरूड-पुत्र हैं। ऑल्सन के साथ किथ की माँ के दो पुत्र और एक पुत्री हुई थी। ऊपर से किथ तो पिछली शादी से था ही।

ऑल्सन ने इन सबको पढ़ाया-लिखाया और जब सब अपने पैरों पर खड़े हो गए तो तलाक़ लेकर एक नयी संगिनी चुनी जिनका नाम 'यूहान्ने' है। यूहान्ने की तीन पुत्रियाँ और एक पुत्र पहले विवाह से थे। उनके पति चल बसे थे। तो अब कितने हो गए ऑल्सन के? दो पुत्र अपने, एक यूहान्ने का पूर्व विवाह से पुत्र, यानी तीन पुत्र। एक पुत्री अपनी और अब तीन और पुत्रियाँ, यानी कुल चार पुत्रियाँ। ऊपर से किथ।

अभी मामला समाप्त नहीं हुआ। ऑल्सन और यूहान्ने के अब एक पुत्री और एक पुत्र हुए। कुल मिलाकर एक जनपद के बराबर कुनबा है ऑल्सन का। 10 नॉट आउट पर खेल रहे हैं। और इन सबमें अग्रज किथ ही है। वैसे किथ के दो बड़े हेगेरूड भाई भी हैं, जो उससे काफी बड़े हैं। वे उसके असली मृत पिता के संतान हैं, उसके अपने ख़ून। पर अब वह ऑल्सन परिवार को ही शायद अपना मानता है।"

कौन अपना और कौन पराया? ये नॉर्वे है। यहाँ कुछ बच्चे मेरे, कुछ तुम्हारे और कुछ हमारे।

किथ हो या ऑल्सन। आख़िर इतनी आसानी से पति और पत्नियाँ कैसे बदल लेते हैं। यह भी नहीं कि बस एक बदल रहे हैं, दोनों बदल रहे हैं। अब इससे इन्गा की बात याद आ गयी।

इन्गा के पति ने जब उसे बताया कि वह तलाक़ देने वाला है, वह तलाक़ से नाराज़ नहीं थी। वह तो इस बात से नाराज़ थी कि गर तुमने अपनी पत्नी ढूँढ ली, तो मुझे भी पहले बता देते। मैं भी ढूँढ लेती। यानी जिस दिन किसी और स्त्री से प्रेम हो, पत्नी को बता दें। फिर यह बराबरी का खेल होगा। अब पत्नी भी ढूँढ लेगी। अब इस प्रेम में जो चार-पाँच महीने लगें, तलाक़ के समय दोनों का नया परिवार तैयार होगा। कोई अकेला न होगा। हद तो ये हो गयी कि इन्गा का संबंध उसके पति की नयी पत्नी के पुराने पति से भी हुआ। कुछ दिन दोनों परिवारों ने बस पार्टनर बदल लिए। दोनों परिवारों में मित्रता भी है और सब मिल कर बच्चे भी सँभाल रहे हैं। हिंदुस्तान या किसी भी परिवारवादी देश में यह असंभव है कि पत्नी के नए पति के साथ बैठ ताश खेलें। यहाँ तो ईस्टर का त्योहार साथ मनता है। ऐसा नहीं कि विवाद नहीं होते, पर यह भी नहीं होता कि कोई गुस्से में लड़ जाए या गोली मार दे। और बच्चे?

अमरीका प्रवास के समय एक मित्र मार्था शराब के नशे में मुझे बताती कि कैसे उसके सौतेले पिता ने यौन-शोषण किया था। क्या नॉर्वे में न होता होगा? सौतेला पिता किसी किशोरी सौतेली बेटी का शोषण न करता होगा? यह बात मैंने एक महिला मित्र से पूछा, जिसके तीन पिता रह चुके थे।

"तुम्हारी माँ के बॉयफ्रेंड तो बिल्कुल जवान दिखते हैं।"

"हाँ! माँ से काफी छोटे हैं।"

"फिर क्यों साथ हैं?"

"माँ पसंद आ गयी होगी। मेरी माँ उम्र होने के बाद भी सुंदर हैं।"

"वह तो होगी ही। तभी तो इतनी सुंदर बेटी है।"

"और भी कारण हैं। मेरी माँ के पास अच्छा-ख़ासा पैसा है। और उनको अपने से कम उम्र का ही पति चाहिए था। इससे पहले वाले, माँ को पसंद भी नहीं थे।"

"तुम तो उन्हीं पिता के साथ सबसे अधिक रही।"

"मेरे लिए तो अच्छे ही थे। मुझे घुड़सवारी भी सिखाई। वह खेलों के प्रशिक्षक रहे थे।"

"बुरा मत मानना। पर ये सौतेले पिता कभी छेड़ते भी होंगे?"

"गर वो ऐसा करेंगे, तो सीधे जेल की हवा खाएँगे। बेटियों के सामने तो वे शराब भी नहीं पी सकते, छेड़ना तो दूर की बात है।"

"अमरीका में..."

"यह अमरीका नहीं है। यह नॉर्वे है। अमरीका में स्त्रियों की स्थिति क्या है, यह मैं नहीं जानती।"

"हाँ! यहाँ बच्चों के कानून कड़े तो हैं। पर फिर भी? सौतेला युवा पिता जो उम्र के करीब हो? कहानियाँ तो बनती ही होंगी?"

"कभी नहीं। और वो सौतेले भी बस नाम के हैं। मुझे नहीं लगता कि किसी का कोई बुरा अनुभव होगा। मेरे मित्रों ने भी कभी ऐसी बात नहीं कही।"

"गर ऐसा है तो इस मानसिकता को समझना होगा। फ़िलहाल तुम्हारी बात मान लेता हूँ।"

इतनी पत्नियाँ, इतने पति और इतने बच्चे? और फिर भी सौतेलापन नहीं? और आखिर इतने बच्चों की ज़रूरत क्या है? भारत में भी बच्चे ख़ूब होते हैं, पर पिछले तीन दशकों में माहौल बदला है।

मेरे एक चिकमंगलूर में वरिष्ठ मित्र डॉक्टर हैं। वही इंदिरा जी का चिकमंगलूर, जहाँ का कभी नारा था-

'एक शेरनी, सौ लंगूर; चिकमंगलूर, चिकमंगलूर'' । मेरे मित्र का रिकॉर्ड था कि कर्नाटक के 25,000 पुरुष-महिलाओं का बंध्याकरण किया। देश की जनसंख्या घटाने के लिए ऐसे कई सूरमा 'सर्जिकल स्ट्राइक' कर रहे हैं। आंध्र के एक गाँव में पूरे गाँव की बच्चेदानी ही निकाल दी गई है। इमरजेंसी समय में इंदिरा जी की मुहिम में क्या हुआ, यह छुपा नहीं। पर स्वेच्छा से महिलाओं के अक्सर अब दो ही बच्चे होते हैं और सिजेरियन ऑपरेशन के साथ ट्यूबेक्टोमी का भी भारत में रिवाज है। हम दो, हमारे दो।

वहीं दूसरी ओर, नॉर्वे में ट्यूबेक्टॉमी (महिला नसबंदी) नैतिक रूप से बैन है। ईसाई धर्म और स्थानीय कानून के हिसाब से कुछ ख़ास महीनों के गर्भ को गिराया भी नहीं जा सकता। बस पुरुष नसबंदी संभव है जो अक्सर लोग लगभग 50-55 की उम्र में कराते हैं। अधिकतर नहीं करवाते। अमरीका में भी यह प्रथा (ट्यूबेक्टोमी) ख़ास लोकप्रिय नहीं। कहीं 'हम दो, हमारे दो' का बोर्ड नहीं। अविवाहित महिलाओं को भी बच्चा हो जाए, तो पाल ही लेती हैं। समझ नहीं आता, हम इतनी नसबंदी-बंध्याकरण करवा कर अरब पहुँच गए और ये इतने संबंध और बच्चे कर बस 50 लाख़ पर अटके हैं?

ये भी संभव नहीं कि भारतीय जोड़े यूरोपीय जोड़ों से अधिक यौन-संबंध में लिप्त हों। ऑल्सन तो ज़िंदगी के दूसरे पड़ाव में भी बच्चे पैदा कर रहे हैं, जिस उम्र में भारत में हम संन्यास की तैयारी कर रहे होते हैं। भारत में किसी को पचास की उम्र में बच्चा हो तो मखौल उड़ता है। तो यह तर्क भी फुस्स है।

खैर, आँकड़ों और गणित से हट कर, फ़िलहाल मैं वापस आता हूँ किथ पर।

किथ की धर्मपत्नी एंजेला भी अच्छी मित्र हैं। अमरीकी हैं। नॉर्वे में नॉस्क भाषा बोली जाती है, जो उन्हें रत्ती भर नहीं आती। ऐसे में मुझ जैसे अंग्रेजी भाषी लोगों से लगाव स्वाभाविक है।

"तुम लोग आपस में कौन सी भाषा बोलते हो?"

“इंग्लिश।”

“और बच्चे?”

“नॉर्स्क।”

“ये कैसे संभव है? तुम तो यह भाषा बोल नहीं पाती। बच्चे कैसे सीख गए?”

“बच्चे तो आस-पड़ोस या प्री-स्कूल में सीख गए।”

“तुम सीख क्यों नहीं लेती, जब ससुराल नॉर्वे है?”

“मुझे लगता है मैं वापस अमरीका चली जाऊँगी।”

“अच्छा। किथ भी प्लान कर रहा है?”

“नहीं। बस मैं।”

“ये कैसे संभव है?”

“ये जगह बहुत ठंडी है। मैं टेक्सास से हूँ। तुम तो वहाँ रहे हो। दोनों के मौसम में बहुत फ़र्क है।”

“भला मौसम के लिए कोई पति और बच्चे छोड़ता है क्या? मैं तो भारत से हूँ। गर्म प्रदेश है। फिर भी यहाँ रह ही रहा हूँ।”

“तुम्हारी बात अलग है। तुम भारतीय कहीं भी ढल जाते हो। हम अमेरिकन बड़े ही सनकी होते हैं। और नॉर्वेजियन हमसे भी ज़्यादा।”

“किथ को पता है?”

“हाँ। बस मैं चाहती हूँ, उसे कोई नयी पत्नी मिल जाए। बच्चों को सँभालने में मदद मिलेगी।”

“और वह कैसे मिलेगी?”

“यहीं की एक लड़की है, किथ और वो स्कूल में साथ थे। दोनों अच्छे दोस्त हैं। बस फ़िलहाल वह अपने बॉयफ्रेंड के साथ रहती है। काफ़ी हॉट है। बिल्कुल मेरे जैसी। हाहा!”

“मुझे तो कुछ समझ नहीं रहा। तुम अपने पति का संबंध करवा रही हो और ख़ुश हो?”

“मैं कुछ करवा नहीं रही। पुराने मित्र हैं जो वापस मिल गए। मैं भी आराम से अमरीका जा सकूँगी।”

“और तुम? तुम भी नया विवाह करोगी?”

“विवाह अभी नहीं। पर मेरे एक मित्र हैं वहाँ। हम काफ़ी क्लोज़ हैं।”

“हद है। तुम लोगों को मैं नहीं समझ सकता। मेरा तो अब भी यही कहना है, ये बकवास छोड़ो और किथ के साथ रहो।”

“किथ के साथ तो मैं हूँ ही। सात साल से। मुझे उससे कोई शिकायत नहीं। बस मौसम मेरे लिए नहीं।”

“तो किथ वहाँ चला जाए।”

“वह नॉर्वे को बहुत प्यार करता है। तुम्हें तो पता ही है। आइस-हॉकी में किथ इस काउंटी का बेस्ट खिलाड़ी था। वो यहीं के लिए बना है।”

“ऑल्सन भी तैयार हैं?”

“वह कभी पूछते ही नहीं। उन्हें क्या मतलब?”

“पिता हैं किथ के।”

“हाँ। वह तो पता है। लेकिन वो कभी हमारे बीच नहीं पड़ते। ख़ैर, तुम्हें समझाना मुश्किल है। मैं कभी भारतीय से शादी नहीं कर सकती। तुम लोग सर पर बोझ लेकर घूमते हो। अपना, पत्नी का, अपने पिता का, उसके पिता का, समाज का। तुम ख़ुश कैसे रहते हो?”

“हमारा विवाह-बंधन बहुत ही पवित्र होता है। उसका मूल्य है। ऐसे तोड़ा नहीं जा सकता।”

“हमारा भी पवित्र है। पर उसे तोड़ा जा सकता है। हाहा!”

कुछ महीनों बाद किथ को छोड़ एंजेला फ़्लोरिडा जा बसी। किथ की नयी गर्लफ़्रेंड पिम वाकई हॉट है। किथ की ‘सेकंड इनिंग’ शुरू होती है, वह भी तीस की उमर में। पिम ने एक श्रीलंकाई बच्चा गोद लिया था कुछ 10 साल पहले,

ख़ुशहाली का पंचनामा

जो अब यहाँ के छठी कक्षा में है। किथ और एंजेला के एक पुत्र और एक पुत्री भी किथ के साथ रह गए। कुछ महीनों में किथ और पिम का भी पुत्र हुआ।

अब किथ के परिवार में भी उसके, उन दोनों के और पता नहीं किस के बच्चे हैं। मैं सच बता रहा हूँ, इतना ख़ुश और सुखी परिवार मैंने कम ही देखे हैं। श्रीलंकाई दत्तक पुत्र से भी वही व्यवहार जैसा उन दोनों के संयुक्त बच्चे से। ये बच्चे को भगवान नहीं मानते, पर एक थप्पड़ भी तो नहीं लगाते। इस संस्कृति में अपनी मानसिकता को बिल्कुल सपाट कर देना होता है। सिंड्रेला पक्का यहाँ नहीं पैदा हुई। न कुपुत्र हैं, न कुमाता। न सुपुत्र हैं, न सुमाता। न ही श्रवणकुमार। बस पुत्र हैं और माता-पिता।

ख़ैर, अब यह संबंध भारत में भी आम हैं, पर नॉर्वे में तीन तरह के लिखित संबंध हैं। प्रेमी-प्रेमिका, पति-पत्नी और सहवासी।

सांख्यिकी बदलती रहती है पर मेरी नज़र में सबसे अधिक सहवासी हैं और सबसे कम पति-पत्नी। सहवास, गंधर्व विवाह या 'लिव-इन' के समकक्ष है किंतु इसमें बाक़ायदा 'कॉन्ट्रैक्ट' बनता है। भारत में ऐसा कोई कानून नहीं हालाँकि मद्रास कोर्ट ने ग़ैरकानूनी विवाहिता (रखैल या 'केप्ट' संबोधित) को संपत्ति-अधिकार देने के समर्थन में निर्णय दिया था। मेरे विचार से होना भी चाहिए, नहीं तो ऐसे संबंध की महत्ता घट जाती है।

यहाँ सहवास में अधिक आज़ादी होती है। आप दोनों साथ रहते हैं, परंतु प्रेम ज़रूरी नहीं। यह कुछ मामलों में जानवरों सा 'म्यूचुअल सिम्बॉयसिस' भी है। आपके बच्चे भी हो सकते हैं, पर प्रेम ज़रूरी नहीं। आप प्रेम किसी तीसरे से कर सकते हैं और सहवास किसी और के साथ। कुछ मामलों में यह बस घरेलू काम, बच्चे नहलाने और साथ में टी.वी. देखने की ज़िम्मेदारी है परंतु कोई प्रेम नहीं। यह कुछ भारतीय अधेड़ विवाहित 'मिड लाइफ़ क्राइसिस' वाले लोगों वाला हिसाब-किताब है। जो रोज़ मिलते हैं, साथ सोते हैं, सिनेमा देखते हैं, सहवास करते हैं परंतु कुछ 'मिसिंग' होता। है।

एक रिश्ता जो इन संबंधों से भी अधिक लोकप्रिय है, वह तलाक़शुदा का है। फ़लाँ दिन, दोनों ने (या किसी एक ने) सोचा कि अब तलाक़ ली जाए और

ऑनलाइन अर्ज़ी भर दी। एक साल में सारी संपत्ति बाँटने की औपचारिकता तैयार की। बच्चों को समझाना और समय मिला तो नये प्रेमी ढूँढना। यह कुछ 'नोटिस-पीरियड' सा माहौल होता है। ठीक एक साल बाद, ऑनलाइन तलाक़ प्रिंट-आउट निकालें और 'गुड बाय किस' कर अलग हो जाएँ। यह प्रक्रिया सुलभ है।

संपत्ति के बंटवारे का हिसाब-किताब भी स्पष्ट है। तलाक़ के वक्त की अचल संपत्ति विभाजित होगी। लोग बताते हैं कि रसोई के छुरी-कांटे तक आधे-आधे हो जाते हैं। पर उसके बाद कोई भी रक़म नहीं देनी। वेतन का कोई हिस्सा नहीं देना। बच्चों के रख-रखाव का ख़र्च देना होता है या बच्चों का समय बाँटना होता है। पर पत्नी के या पति के रहने-खाने का ख़र्च नहीं देना। गर कोई बेरोज़गार है, तो वे सरकार से रोज़गार या सहायता माँग सकते हैं। सरकार से। अपने तलाक़शुदा साथी से नहीं। कोई स्त्री-धन, चरित्र-हनन और पारिवारिक रंजिश नहीं।

मैं इस तरह के 'चट विवाह, पट तलाक़' पद्धति का समर्थन नहीं करता, न ही किसी एक की इच्छा से झटपट तलाक़ की। पर अगर तलाक़ की परिस्थिति हो तो सालों कचहरी के चक्कर काटने का भी तुक नहीं।

अब किथ की ही बात लें, तो उसके तलाक़ की ख़बर कुछ यूँ मेरे पास पहुँची। मैंने उसे और उसकी पहली पत्नी एंजेला को भोजन पर बुलाया। यहाँ भोजन पर छह महीने पहले भी न्यौता देने का रिवाज है। लोग नौकरीपेशा हैं, तमाम व्यस्तताएँ हैं, 'कैलेन्डर' देख कर तारीख़ देते हैं। न भी व्यस्त हों, तो भी योजना बनी होती है। अब मैंने न्यौता दिया, लेकिन जब वे घर आए तो पत्नी बदल चुकी थी। एंजेला जा चुकी थी, पिम आ चुकी थी। बच्चे पुराने ही चल रहे थे। लेकिन बच्चे नई माँ से ऐसे लिपटे पड़े थे जैसे कि उसी पुरानी माँ ने शल्य-क्रिया से शरीर बदल लिया हो। भला छह महीने में इतनी आसानी से पत्नी-परिवर्तन और बच्चों की दोस्ती कैसे हो गई? क्या वे पुरानी (अपनी असल) माँ को नहीं याद करते? किथ ने कहा कि जब याद करते हैं, बात हो जाती है। पर बच्चों को तो प्रेम चाहिए, वह पिम से भरपूर मिल ही जाता है। यह

सब इतना आसान नज़र आता है, जैसे पत्नी नहीं फ़ोन का मॉडल बदला हो। और नया मॉडल पाकर पुराने को भूल जाओ। नए पर इतराओ।

"लेकिन किथ! तुम लोग संबंध ही क्यों करते हो?" मैंने यूँ ही पूछ लिया।

"प्रेम के लिए और टैक्स के लिए!" और वह ठहाके मार कर हँसने लगा।

"टैक्स? जितना बचेगा, उससे अधिक तो परिवार में जाएगा।"

"यहाँ जो कुँआरे हैं, उनका टैक्स सबसे अधिक है। लगभग पचास प्रतिशत साफ़। शादी-शुदा बाल-बच्चेदार हो, तो टैक्स तीस प्रतिशत तक भी आ सकते हैं। शादी न भी करो, तो बच्चा एडॉप्ट कर लो।"

"ओह! तभी चार-चार बच्चे लेकर घूमते देखता हूँ।"

"नहीं! बड़ी फ़ैमिली तो सबको पसंद है ही। और ख़ास कर महिलाओं को हर संबंध से एक बच्चा तो चाहिए ही। पहले से बच्चे हों, तो भी। पिम भी अब एक बच्चा मुझसे चाहती है। अब यह तोहफ़ा तो देना ही होगा।"

"पर इतने बच्चे पालोगे कैसे? यह तो बड़ा ख़र्चीला मामला है।"

"वह कठिन नहीं। लगभग हज़ार क्रोनर[1] तो सरकार की तरफ़ से हर बच्चे को प्रति माह मिलता ही है। स्कूल मुफ़्त। इलाज मुफ़्त। बच्चे सँभालना कभी कठिन नहीं होता। और हमारे बच्चे हमारे साथ नहीं सोते, तुम भारतीयों की तरह। तो सेक्स-लाइफ़ भी मस्त!" और वह फिर ठहाके लगाने लगे।

"हाँ! यह बात तो ख़ूब कही। भारत में बच्चे कुछ उम्र तक तो अलग नहीं सोते। अब नॉर्वे आकर आदत डाली है।"

"यह ठीक भी नहीं। ख़ास कर सौतेले पिता के साथ मुश्किल होती है। मैं पिम के बच्चों को अपने साथ कैसे सुला सकता हूँ? उन्हें अच्छा नहीं लगेगा।"

"वह समस्या ख़ैर भारत में नहीं है। हमारे इतने संबंध नहीं होते।"

"बच्चे बीच में होंगे तो इतने-उतने क्या, अपने संबंध भी नहीं होंगे!" किथ फिर हँसने लगे।

---

1   नॉर्वे की मुद्रा

“ख़ैर। यह टैक्स बचाने वाली बात अच्छी है। सोचता हूँ, मैं भी दो से चार कर लूँ और सरकार से चार हज़ार क्रोनर पाऊँ।”

“अरे, ऐसा भी नहीं कि सब पैसे के लिए है। यह तो हर सरकार चाहती है कि बाल-बच्चेदार की मदद करे। नियम तो यह भी है कि गर किसी के माता-पिता भी तीन महीने से अधिक तुम्हारे साथ रहें तो सरकार ख़र्च देगी। आख़िर वे भी तुम्हारे ऊपर ही निर्भर हो गए।”

“यानी जो न बच्चों की ज़िम्मेदारी लेंगे, न माँ-बाप की, उन पर टैक्स अधिक लगेगा।”

दत्तक-पुत्र/पुत्रियों (एडॉप्शन) की बात किथ ने ग़लत नहीं कही।

एक बग़ीचे में देखा दो श्वेत वर्ण की बच्चियाँ एक श्याम वर्ण के बच्चे के साथ खेल रही हैं, किंतु सब के माँ-बाप श्वेत-वर्णी ही हैं। यह स्पष्ट है कि बच्चा गोद लिया गया। कुछ देर में उनमें कुछ विवाद होता है। और बातों-बातों में कुछ बच्चे उसे ‘बास्टर्ड’ (नाजायज औलाद का पर्यायवाची) कह देते हैं। मैंने मन में सोचा कि यह तो होना ही था। इतना तो भारत में भी लोग चाहते हैं कि गोद लें तो चेहरा यथासंभव मिल जाए। यह भी एक मान्यता है कि गर शैशव काल में गोद लिया तो बच्चा माँ-बाप जैसा दिखने लगता है। यहाँ तो कोई मेल नहीं।

बच्चे की माँ आकर अब उन्हें समझाने लगी है।

“तुम्हें पता है, कि बच्चे नाजायज नहीं होते। वे हमेशा जायज ही होते हैं। और तुम्हें यह अपशब्द नहीं कहने चाहिए।”

“पर इसकी शक्ल हमसे जुदा क्यों है?”

“क्योंकि इसके माँ-बाप अफ़्रीका से हैं।”

“तो ये आपका बच्चा कैसे हुआ?”

“अब मैं इसका पालन-पोषण करती हूँ। यह दत्तक-पुत्र है। हम इसे अफ़्रीका से इसके माँ-बाप की सहमति से लेकर आए। तो अब इसके दो परिवार हैं। एक यहाँ, एक वहाँ।”

बच्चे शायद मान गए और उसे छेड़ना बंद कर दिया। बच्चे जल्दी मान जाते हैं, पर मुझे खुले-आम गोद लेने वाली बात खल गयी। भारत में तो यह

 ख़ुशहाली का पंचनामा

कई दफ़े छुपा लिया जाता है। बच्चों को भी नहीं बताते। गर यह स्पष्ट ही हो, तो बेहतर होगा? यही अब लोग कर भी रहे हैं। खुल कर बताते है कि बच्चा गोद लिया। बच्चा भी खुल कर बताता है।

मेरी दक्खिन भारत में एक मित्र थीं, जिन्हें विवाह नहीं करना था। तीस वर्ष की उम्र में ही एक बच्चा गोद ले लिया और अकेली सँभालती। यही मामला यहाँ भी कई घरों में नज़र आता है। 'सिंगल मदर' और 'सिंगल फ़ादर'। किसी भी हालत में बच्चे अनाथ नहीं रहते।

यहाँ जो भी जोड़ा (टेक्नीकली माता-पिता) गोद लेता है, उसे सरकार लगभग 40,000 क्रोनर (3.2 लाख रुपये) महीना देती है। इसमें 8,000 क्रोनर टैक्स-फ़्री है। यह राशि तब दी जाएगी जब एक पेरेंट (अभिभावक) घर पर बैठे। अगर दोनों नौकरीपेशा हैं, तो सरकार कुछ 9,000-11,000 क्रोनर देती है। इसी तरह अपंग या स्पेशल बच्चों की राशि ज़्यादा है। इन सब माता-पिता को आजीवन पेंशन भी मिलती है। यह एक सरकारी जॉब की तरह है। मेरे कुछ मित्र हैं जो अपने फ़ॉस्टर (दत्तक)-पिता से जितने जुड़े हैं, उतने असल से नहीं।

जब यहाँ आ रहा था तो डरता था कि नॉर्वे में बच्चे सँभालना टेढ़ी खीर है। अख़बारों में पढ़ा था कि तीन भारतीय दंपतियों को बस इसलिए जेल भेज दिया कि बच्चे को थप्पड़ लगाया था। पर यहाँ आकर लगा कि नॉर्वे बाल-प्रधान देश है। इनकी पूरी व्यवस्था ही बाल-केंद्रित है।

मुझे जब पहली चिट्ठी मिली कि बच्चे से पूछ-ताछ होगी, तो डर गया। बच्चे को समझाने लगा कि ये न कह दे कि हम बुरा व्यवहार करते हैं। अब अबोध बच्चा तो सच ही कहेगा। और बेहतर है कि सच ही कहे।

मैं जब जाँच केंद्र पहुँचा तो उनके विशेषज्ञ ने कहा,

"आप हिंदुस्तानी बच्चे को बहुत लाड़-प्यार देते हैं। नॉर्वेज़ियन नहीं देते। पर हम आप पर अपनी संस्कृति थोप नहीं सकते। और मैं यह भी नहीं कहूँगी कि आप हमारे तौर-तरीकों से ही बच्चे पालें, क्योंकि आपकी संस्कृति भी अच्छी है। हमारे बच्चे समय पर खाते हैं, सोते हैं। आपके नखरे करते हैं। पर जब वे किशोर उम्र में जाते हैं, तो आपके बच्चे अक्सर अनुशासित होते हैं, हमारे नहीं

होते। एक उम्र के बाद हमारे बच्चे हमारी नहीं सुनते, पर आपके बच्चे थोड़ा-बहुत सुन लेते हैं। संभव है कि आपका यह लाड़-प्यार वजह हो।"

"और यहाँ थप्पड़ मारने पर जेल भी तो है?"

"यह बड़े ही गंभीर मामलों में होता है। हमें किसी पड़ोसी या मित्र से ख़बर मिलती है कि बच्चे को रोज़ पीटा जा रहा है। हम बुला कर समझाते हैं और उन पर नज़र रखते है। लगभग एक साल तक उनसे विमर्श करते हैं। नज़र रखते हुए भी यह चलता रहा, तो बच्चे की ज़िम्मेदारी हमें लेनी होती है। क्या आप किसी बच्चे को यूँ पिटता देखना चाहेंगे? यह तो किसी भी देश में होना ही चाहिए कि गर माँ-बाप बच्चे सँभाल नहीं सकते, रोज़ मारते हैं, तो वे बच्चे किसी ऐसे हाथ में दें जो उन्हें सँभाल सकें।"

"अब भारत में बच्चों का पिटना कम हुआ है। जब हम बच्चे थे, तो थप्पड़ लगना कोई बड़ी बात नहीं। शिक्षकों के बेंत भी रचनात्मक होते।"

"यही हाल यहाँ भी था। ख़ास कर कान खींचना और थप्पड़ लगाना तो आम था। और तभी ऐसे कानूनों की ज़रूरत पड़ी।"

"आपका देश है। आप जो मर्ज़ी करें। भारत में गर बच्चा छीन कर सरकार गयी, उस सरकार की कुर्सी छिन जाएगी। हाँ, पिटे हुए और बुरी तरह पिटे हुए बच्चों को बुरे सपने तो आते ही हैं। गर आपका देश बाल-प्रधान है तो हमारा भी जीवन बच्चों के लिए अर्पित ही होता है। तभी शायद कभी ऐसे कानून की तलब नहीं हुई।"

आपके अनुरोध के अनुसार, दिए गए पाठ में नुक़्ता (क़, ख़, ग़, ज़, फ़) का उपयोग, वर्तनी की गलतियों का सुधार और विराम चिह्नों को सही करके पाठ प्रस्तुत किया गया है।

आर्यों की खोज में

नॉर्वे में भूत नहीं 'हेक्सा' होते हैं। तिरछे पैरों वाली डायन। उत्तर की बर्फ़ीली नदियों में मिलती हैं। ऐसा लोग कहते हैं। सच में 'हेक्सा' होती थी या नहीं, यह अब किसी को नहीं पता। पर सत्रहवीं सदी तक यह डायन उत्तरी नॉर्वे में आम थीं। वे तंत्र-मंत्र से वशीकरण करतीं। बाद में इनमें कई डायनों को फाँसी दे दी गयी। मैं जब इनकी खोज में घूम रहा था तो उत्तरी नॉर्वे के सामीयों से मुलाक़ात हुई।

वह उत्तरी नॉर्वे जो वीरान है, जहाँ कुछ लोग हाल तक बर्फ़ की गुफाओं में रहते थे। वहाँ तीन महीने सूर्य न उगते, न नज़र आते हैं। वहाँ कई हिस्सों में गाड़ियाँ नहीं चलतीं क्योंकि हर तरफ़ बर्फ़ ही बर्फ़ है। 'स्लेज' को जंगली कुत्ते खींचते हैं। कुत्तागाड़ी कह लें। यही हाल अलास्का का भी है। यह प्रदेश आज भी आदम-काल में जी रहे हैं। प्रकृति के रूखे रूप में।

"भला आप यहाँ रहते ही क्यों हैं? ओस्लो क्यों नहीं चले जाते?" मैंने वीराने में घर बनाए एक व्यक्ति को पूछा।

"जब ओस्लो जाना होता है, जाता हूँ। पर उस रेलमपेल में मैं नहीं जी सकता। यहाँ सुकून है।"

"फिर भी। खाने-पीने की तमाम समस्याएँ?"

"खाने की समस्या तो कहीं नहीं होती। अथाह समुद्र के किनारे इस बर्फ़ीले देश में मछलियाँ ही मछलियाँ हैं और वह भी ताज़ा। हमारी दुनिया डब्बाबंद नहीं, खुली है।"

"आपको पता भी लगता है कि बाकी दुनिया में चल क्या रहा है?"

"एक-एक ख़बर है। अमरीका से उत्तरी कोरिया तक। इज़रायल तक। ब्रिटिश दुनिया की। और तुम्हारे कश्मीर की। तुम्हें ज़रूर हमारी ख़बर नहीं। तुम्हारे पास वक्त ही कहाँ है इत्मीनान से अख़बार पढ़ने का? किताबें पलटने का?"

“सुना है यहाँ भालू आपको मार कर खा जाते हैं।”

“यह मारा-मारी तो हर जगह ही है। यह ग़नीमत है कि हमारी लड़ाई इंसानों से नहीं। और यह बंदूक सब सँभाल लेती है। सरकार ने हमें बंदूक रखने की इजाजत दे रखी है।”

रात को बंदूक लेकर घूमते बाहुबली और ख़ूँख़्वार भालूओं की भिड़ंत भी सामंतवादी रंजिश ही है। पहाड़ी भालूओं, भेड़ियों और बारहसिंगों का साम्राज्य है ये उत्तरी ध्रुव का इलाक़ा। मनुष्य यहाँ संख्या में गौण है लेकिन शक्ति में रत्ती भर कम नहीं। राज मनुष्य भी उतना ही करता है, जितने कि यह भालू।

उत्तरी नॉर्वे के सामी लोग ही नॉर्वे के मूल निवासी हैं। इनकी नाक चपटी होती है, कुछ चेहरे पर लालिमा और काले रेशमी बाल होते हैं। मूल संप्रदाय पूरे विश्व में कुछ ऐसे ही होते हैं। चाहे अमरीका के ‘रेड इंडियन’ हों या ऑस्ट्रेलिया के मूल ‘एबॉरिजिन्स या इंडियंस’। मुझे भारत के द्रविड़ भी इसी श्रेणी के लगते हैं। कई लोगों का मानना है ऑस्ट्रेलिया के मूल आदिवासी भारतीय महाद्वीप से ही हजारों वर्ष पूर्व गए। कुछ ऐसी ही शक्ल-सूरत वाले ‘हवाई द्वीप’ में भी हैं। अधिकतर अमरीकी और ऑस्ट्रेलियाई इंडियन (आदिवासी) की ‘स्मॉल पॉक्स’ महामारी में मृत्यु हुई और सामीयों की ‘प्लेग’ में।

नॉर्वे के सामी जहाजों में घूमते थे। सब के सब शातिर मछुआरे और कुछ मानवभक्षी भी। यह भी इत्तफ़ाक़ है कि नॉर्वे के सामी लोगों का सबसे पसंदीदा खेल ‘साखू’ हूबहू मैसूर का ऐतिहासिक ‘तबलान’ खेल है। ये एक तरह का शतरंज जैसा खेल है जिसमें 12 सैनिक प्यादे आपस में लड़ते हैं। कुछ अजीब सा लगता है जब उत्तरी ध्रुव की ये लुप्तप्राय खानाबदोश प्रजाति दक्खिन भारत वाला खेल खेलती है। वह भी सदियों से।

बाल गंगाधर तिलक अपनी किताब ‘द आर्कटिक होम इन द वेदाज़’ में कहते हैं कि आर्य स्कैंडिनेविया मूल के हो सकते हैं।

प्रथम मनुष्य (नियंडरथल वग़ैरह) अफ़्रीका में ही आए और उनके कुछ जत्थे उत्तर गए, कुछ पश्चिम। जो उत्तर ध्रुव के आस-पास पहुँचे, कालांतर में उनकी शरीर-संरचना बदली। आर्यों को भूरे बाल, नीली आँखों और गोरे तन

वाला कहा गया है। नॉर्वे के निवासियों की संरचना आज भी यही है। दरअसल जिस देश में सूर्य 6 महीने न उगे, उनके बाल भूरे और तन गोरे होने ही हैं। ये प्राकृतिक नियम है, मेलानिन नामक पदार्थ की कमी से। क्या यही आर्य यूरोप में भी धीरे-धीरे फैले और घूमते-फिरते भारत भी पहुँचे?

तिलक राष्ट्रवादी नेता होने के अलावा एक अव्वल गणितज्ञ भी थे। उन्होंने महाभारत, भाष्कराचार्य और ऋग्वेद का संदर्भ देकर लिखा कि उत्तरी ध्रुव पर सुमेरु पर्वत था। मेरुदंड पृथ्वी की धुरी और कुमेरु है दक्षिण ध्रुव। सुमेरु-मेरू-कुमेरु। महाभारत में जब अर्जुन सुमेरु पर पहुँचते हैं तो वहाँ सूर्य और तारेगण दक्षिण से उत्तर प्रदक्षिण करते नज़र आते हैं। यह मात्र ध्रुव पर ही संभव है। उस स्थान से एक विचित्र चमकीली ज्योति भी नज़र आती है। क्या यह 'ऑरोरा बोरियैलिस' की चर्चा है, जो मात्र उत्तरी ध्रुव पर ही संभव है? क्या मोज़ेज़ (मूसा) का तूर पर देखा जलवा भी इसी दिशा की मिलती-जुलती बात है? 'तैत्तिरिय ब्राह्मण' का संदर्भ देकर तो तिलक यहाँ तक लिखते हैं कि छह-छह महीनों में साल को ऐसे विभाजित किया गया, जब देवलोक छह महीने प्रकाशमय और छह महीने अंधकारमय होता। ऋग्वेद में लंबी उषाकालों का विवरण भी तिलक ध्रुवीय दिवसों से जोड़ते हैं। ऋग्वेद के एक मंत्र की चर्चा दिनकर 'संस्कृति के चार अध्याय' में करते हैं।

"तरेम तरसा शत हिमा" का अर्थ है, हम सौ हिम वर्ष जीएँ। यह अवश्य कोई शीत प्रदेश था।

यह तो तय है कि 'आइस-एज' के समय यह उत्तरी जगह रहने लायक थी और यह एक बड़ा भूखंड था जो अब तितर-बितर हो गया। तिलक की मानें तो यह बहुत ही सुखद जगह थी। ख़ैर, आज भी नॉर्वे 'हैप्पिएस्ट कंट्री' का तग़ामा ले आया है, पर ये हजारों वर्ष पहले का सर्वे-परिणाम दिया तिलक ने। फिर दक्षिण पलायन शुरू हुआ, जब ग्लेसियर पिघलने लगे।

वहाँ से साइबेरिया, रूस और भारतवर्ष। तिलक की यह बात पश्चिमी यूरोपीय लोगों ने दबा दी। यह थ्योरी ही छुपा दी। अब कौन कहता है कि नॉर्वे से आर्य आए? कोई नहीं। यह बात अब कई लोग ग़लत सिद्ध कर चुके हैं। कई लोग कहते हैं कि उल्टा हुआ। भारत से आर्य बाहर गए। पर भारत जैसी पावन

धरती छोड़ कोई ध्रुव पर क्यों जा बसेगा? आज नॉर्वे विकास सूचकांक में ऊपर है, तो मेरे जैसे कुछ लोग आ गए। पर उस वक़्त इस बर्फ़ीले जंगल में आने का क्या तुक होगा?

एक और तथ्य है कि साइबेरिया के लोगों में एक HLA B70 पाया जाता है, जो हिंदुओं में मिलता है। इस बात से कुछ पक्का नहीं होता, पर तिलक से बात मेल खाती है।

एक दिन यूँ ही एक घर में स्वास्तिक का चिह्न मिल गया। मुझे लगा शौकिया लगा रखा होगा। पता लगा कि 'स्वास्तिक' का चिह्न यहाँ के डैनिश मूल के लोगों के घर में आम है। कोपेनहेगन के पास एक स्नोल्डेलेव पत्थर है, उस पर कुछ सन् 800 में 'स्वास्तिक' उकेरा गया था। यह इस इलाक़े का सबसे पुराना उकेरा गया स्वास्तिक कहते हैं, पर भारत में उससे पुराना इतिहास है।

यहाँ के देवराज 'थोर' का वज्र 'म्योलनीर' भी स्वास्तिक चिन्ह (हाकेकोर्स) से ही बनाते हैं। दरअसल नॉर्वे, स्वीडन, डेनमार्क, फ़िनलैंड और आइसलैंड में एक ही तरह के नॉर्स देवताओं की पूजा होती थी और 'स्वास्तिक' का चिन्ह मुख्य था।

कुछ और पूर्व की ओर बढ़ें तो यूक्रेन के 'मेज़ीने' शहर में 10,000 ईसा पूर्व यानी कुछ बारह हजार साल पुराना बनाया 'स्वास्तिक' का चिह्न मिला। ऐसे ही ग्रीस में 'टेट्रागैडियोन' नाम से यही चिह्न बनाया जाता था। चीन-जापान में भी हैं। पर वे तो ख़ैर भारतीय महाद्वीप से जुड़े थे तो वहाँ तक पहुँचना ख़ास बात नहीं।

मुझे पता नहीं असली सत्ता किसकी है, किन्तु सुदूर उत्तरी ध्रुवीय प्रदेशों में हजारों साल पूर्व बने यह चिह्न अचंभित करते हैं। आज यहाँ के चरमपंथी ऐंड्रयू ब्रेविक जो 77 लोगों को मारकर जेल में हैं, अपनी बाँहों पर स्वास्तिक बनाते हैं और ख़ुद को आर्य कहते हैं। क्या मैक्समूलर को अंग्रेज़ों ने यह रायता फ़ैलाने कहा था कि आर्य यूरोप से आये थे?

अब नॉर्स देवताओं को ही लें, तो कुछ अजीब इत्तफ़ाक़ हैं। हिंदू धर्म में ब्रह्मा, विष्णु और महेश श्रेष्ठ हैं और नॉर्स में चार देवता-ओडिन, थोर, फ़्रेर और फ़्रेया।

देवाधिदेव 'ओडिन' हैं— विनाश के देवता। महादेव। यहाँ तक कि 'ओडिन' को यहाँ 'हर' भी कहते हैं। नॉर्स पद्धति की मानें तो 'शिव' स्वरूप वहाँ सर्वश्रेष्ठ थे, सृष्टि के रचयिता भी थे। इसको कई इतिहासकारों ने ऐसे भी मरोड़ा कि ओडिन की आराधना कर ही वाइकिंग विनाशकारी बने।

'ओडिन' के गण या सेना को 'वाल्किरी' कहा जाता। ओडिन भूतों के स्वामी भी थे। भूतनाथ? वो अपने हाथ में एक जादुई भाला 'गंगनीर' रखते हैं त्रिशूल की तरह। उनके गले में सर्प तो नहीं पर दोनों कंधों पर गिद्ध ज़रूर हैं। वह कहीं ऊपर पहाड़ों में 'हिल्डषाफ़' नामक जगह से पूरे विश्व पर नज़र रखते हैं। कैलाश पर्वत की भाँति। ओडिन का क्रोध कोहराम मचा सकता है और उन्हें क्रोध आता भी क्षणिक है। ओडिन अपनी एक आँख गँवा कर 'मिमिर' के झरने से वह जल पीते हैं जिससे उन्हें अकूत ज्ञान मिलता है। उनके त्रिनेत्र नहीं, एक नेत्र हैं और वो हलाहल नहीं कुछ अमृत-नुमा जल पीते हैं।

'ओडिन' हलाहल तो नहीं पीते, पर अपने शरीर में भाला घोंपकर नौ रात्रि तक पेड़ पर लटककर तपस्या ज़रूर करते हैं।

'हेमडाल' पवित्र देवता हैं, जो एक 'यालार' नामक शंख बजाते हैं तो शंखनाद पूरे विश्व में सुनाई देती है। दिखने में साक्षात् विष्णु स्वरूप। कई सिद्धांतों के अनुसार 'हिमडाल' इनके मुख्य देवता थे और दरअसल वही सृष्टि के रचयिता थे। वह नरलोक और देवलोक के बीच इंद्रधनुषी पुल 'बिफ्रोस्ट' पर रहते थे, जिस पर चढ़कर वैतरणी होती। ये संभव है कि विनाशकारी वाइकिंगों ने धीरे-धीरे विष्णु से बड़ी पदवी शिव यानी 'ओडिन' को दे दी।

भारत में वर्णावली मनु ऋषि ने बनायी, तो नॉर्वे में भगवान 'हिमडाल' ने। ऐसा मैं नहीं कह रहा, इनके ग्रंथ 'ऋग्स्थूल' में कहा गया है। नॉर्वे का ग्रंथ ऋग्स्थूल मुझे ऋग्वेद जैसा सुनने में प्रतीत होता है। इनकी वर्ण श्रेणियाँ क्षत्रिय, कृषक-व्यापारी (वैश्य) और गुलाम (शूद्र) थे। मनु-स्मृति की उत्पत्ति पर कालांतर में कई प्रश्न-चिह्न लगे पर वर्ण-प्रणाली भारत में अवश्य थी। नॉर्स ऋग्स्थूल में शूद्रों को सूअरों और बकरियों का स्वामी कहा गया है, जिनके कुछ मानवीय अधिकार नहीं थे। पर इनकी संख्या कम थी। नॉर्स लोग अधिकतर

कृषक थे जो वृष्टि के देवता 'थोर' के उपासक थे। क्षत्रिय 'ओडिन' के उपासक थे जो विनाश के देवता थे। यह वर्ण-पद्धति नॉर्वे में भी जन्मजात थी। क्षत्रिय के पुत्र क्षत्रिय, शूद्र के पुत्र शूद्र। इनकी आचार-संहिता थी और कई उपनिषद् सरीखे उक्तियों में जीवन के मूल्य बताये गए हैं।

एक नॉर्स उक्ति है,

"पशु मरते हैं, आपके अपने मरते हैं। आप मरते हैं, पर आपके कर्म नहीं मरते"। ऐसे विचारों वाले वाइकिंग दुर्दांत जलदस्यु तो हरगिज़ नहीं थे।

'फ्रेर' जनन के देवता हैं, सृष्टि को बढ़ाते हैं, कुछ ब्रह्मा की भाँति। अब यहाँ कुछ असमानताएँ हैं। 'फ्रेर' की मूर्ति एक लिंग है शिव की भाँति, क्यूँकि वो प्रजनन के देवता है। 'फ्रेया' उनकी बहन है, जो फ्रेर के साथ ही रहती हैं। ब्रह्मा और सरस्वती से कुछ मिलता-जुलता मिथक है।

कौन मरने के बाद 'वलहल्ला' यानी देवों की धरती (स्वर्ग) ले जाया जाएगा, यह 'ओडिन' उसके कर्मों से निर्धारित करते। इतना ही नहीं, इन्होंने सृष्टि को तीन लोकों में बाँटा। देवलोक, मानवलोक और पाताल/असुरलोक। कुल नौ संसार हैं-देवलोक में तीन, नरलोक में चार और पाताल-लोक में दो। 'ह्वेरेगेल्मीर' झरने से 11 नदियों की उत्पत्ति हुई। इसी झरने के निकट एक सर्प कुंडली मार कर बैठा है। ये सभी झरने एक बड़े वृक्ष 'यज्ञद्रासिल' से जुड़े हैं, जिसकी जड़ें तीनों लोक में है। एक संदर्भ पढ़ा कि इसी तरह तीनों लोकों का वृक्ष-चित्रण वेदों में और पुराने चीन के संस्कृति में भी है।

देवलोक कहीं आकाश में स्थित हैं, जहाँ देवों की सभा 'वलहल्ला' है और सभी देवी-देवता रहते हैं। थोर देवराज हैं। उनके हाथ जब वज्राकार अस्त्र 'म्योलनीर' भांजते हैं तो वर्षा होती है, जैसे इंद्र के वज्र से। नॉर्स संस्कृति में इंद्र को 'योरमुगांद्र' यानी शेषनाग पर काबू करते बताया गया है, जबकि हिंदू धर्म में वो 'वृत्र' सर्प पर काबू पाते हैं और वृष्टि लाते हैं।

मानव लोक अथाह साग़र से घिरी धरती है। इस साग़र में 'योरमुगांद्र' नामक विशाल सर्प रहते हैं जो पृथ्वी को धारण करते हैं। बिल्कुल शेषनाग की भाँति। कुछ राक्षसनुमा विशालकाय मनुष्य समंदर के पार रहते हैं, जिनमें

ख़ुशहाली का पंचनामा

मायावी शक्तियाँ हैं। देवलोक और नरलोक के बीच एक इंद्रधनुषी पुल है, जिसे 'बिफ्रोस्ट' कहते हैं।

पाताल-लोक नरलोक से नौ दिन और नौ रात उत्तर और नीचे की दिशा में है। यह अंधकारमय है जहाँ दैत्य रहते हैं।

इनके राक्षसराज 'लोकी' ने 'थोर' पर बहुत मायाजाल फेंक कई बार पराजित किया।

नौ रात्रि, नौ संसार, नौ दिन-रात की दूरी। 'नौ' की चर्चा दोनों ही संस्कृतियों में कई बार मिलती है। हर नौ के बाद एक नया चक्र प्रारंभ होता है। विष्णु के भी अब तक नौ अवतार ही हुए। नॉर्स संस्कृति में कुल 12 मुख्य देवता कहे गए। यह बारह भी हिंदू धर्म में बारम्बार आता है। जैसे 12 देवताओं को नैवेद्य देने की परंपरा या सत्यनारायण पूजन में 12 देवी-देवताओं की आराधना। सूर्य यहाँ भी रथ पर सवार हैं और उनके घोड़े हैं अरवाक और अल्सविद।

यह नॉर्स संस्कृति की बात हो रही है, हिंदू धर्म की नहीं। हालाँकि मुझे सब कुछ मिलता-जुलता लग रहा है। ये देवता ग्रीक देवताओं से भी मिलते हैं। कहना कठिन है कि कौन किससे प्रभावित हुआ, पर ये अवश्य संभव है कि सब जुड़े हों। संस्कृतियाँ समय के साथ अलग-थलग हुई हों और पात्र रूप बदलते गए हों। ऐसा नहीं है कि सारी कथाएँ मिलती हैं, पर कुछ कथाओं का मिलना भी मायने रखता है। ख़ास कर जब इन दोनों संस्कृतियों के बीच कोई प्रमाणित संबंध न हो। नॉर्स दस्तावेज और ग्रंथ ग़ायब भी हो गए या कर दिए गए। इसलिये कथाएँ शायद पूरी भी नहीं है। एक ख़ास अंतर जो नज़र आता है, वह ये कि 'लोकी' देवलोक के देव थे जो असुरों के साथ मिलकर साजिश रचते हैं। यह शातिर देव नॉर्स इतिहास के केंद्रबिंदु है। इनकी तुलना शायद किसी भी हिंदु देवता से नहीं की जा सकती पर इनकी कथाएँ शुक्राचार्य से मिलती हैं, जो असुरों के गुरु थे।

ये भी प्रमाण है कि कई हिस्सों में लाशें दफ़नाई नहीं, हिंदू धर्म की भाँति जलाई जाती थी। जैसे आज के स्वीडन वाले इलाक़े में। यह प्रवृत्ति इसलिये भी संभव है क्यूँकि लाश दफ़नाना कई बर्फ़ीले इलाक़ों में मुमकिन ही नहीं था।

बर्फ़ में लाश ज्यों-की-त्यों रह जाती है, जला देना ही एकमात्र उपाय है। उत्तर में 'लाँगयरबीएन' नामक एक जगह आज भी है, जहाँ मरने पर पिछले 75 वर्षों से प्रतिबंध है। मरने पर प्रतिबंध!! आप अगर मरना चाहते हैं या मरने वाले हैं तो आपको किसी और शहर हेलीकॉप्टर से ले जाया जाएगा जहाँ आप शौक़ से मर सकते हैं। दरअसल वहाँ लाश गल ही नहीं पा रही थी ठंड की वजह से। एक लाश जो 1917 में दफ़नाई गई, ज्यों-की-त्यों मिली। यहाँ तक की उसके शरीर में वो इंफ्लूएंजा वाइरस भी यथावत जीवित मिला जिसकी महामारी से मृत्यु हुई। मतलब आज भी नॉर्वेवासियों के लिये जलाना ही सुलभ है, लेकिन अब सब ईसाई हैं, इसलिये जलाये नहीं जाते। पहले ये वाइकिंग थे।

वाइकिंग का अर्थ ही योद्धा है। ये 780 से 1070 ईसवी तक स्कैन्डीनैविया में राज करते रहे। लगभग इसी समय भारत में चोल साम्राज्य अपने चरम पर था। ये राजराज चोल और राजेन्द्र चोल 1 का समय था, जिनके साम्राज्य में चोल समुद्र से कहाँ-कहाँ पहुँचे किसी को ठीक-ठीक नहीं पता। इतना तो तय है वे दक्षिण में इंडोनेशिया, मालदीव और पूर्व में मलय तक गए। वाइकिंग और चोल दोनों समुद्री आक्रमण में सूरमा थे। कुछ इतिहासकार कहते हैं कि इनकी रणनीति किसी राज्य पर अधिकार करने की नहीं, बल्कि लूटपाट मचानी और वहाँ के लोगों को गुलाम बनाकर लाने की थी। मलक्का के श्री विजयन भी कुछ इसी शैली के थे। इनके जहाज कई तरह के थे, छोटे से बड़े, साधारण से आधुनिक। पर इनमें जहाज की सुंदरता और नक्काशी पर भी ज़ोर दिया गया था। इन जहाजों को हाँकने के लिये कुछ 15-16 लोग दोनों तरफ़ होते। अक्सर इन जहाजों पर ऊपर इनके देवता की आकृति होती। मुझे इस शास्त्र का ज्ञान नहीं पर चोल जहाज और वाइकिंग जहाज चित्रों और संग्रहालयों में एक जैसे नज़र आते हैं।

चोल के चीन और अरब से व्यापारिक संबंध थे, पर स्कैन्डिनैविया यात्रा का कहीं ज़िक्र नहीं। हाँ! वाइकिंग वोल्गा नदी के रस्ते काला सागर (ब्लैक सी) और कैस्पियन सागर के रस्ते अरब तक ज़रूर पहुँचे। वोल्गा का नाम 'अतुल नदी' प्रचलित था। उस समय के अरब लेखक इब्न फदलान के अनुसार इतने सुंदर शरीर वाले मनुष्य उन्होंने कभी नहीं देखे। वे खजूर के पेड़ जैसे लंबे और

 ख़ुशहाली का पंचनामा

सुर्ख़ लाल रंग के थे। वे शरीर पर कुछ कपड़ा डालते थे, जिससे आधा शरीर ढका होता और एक हाथ ख़ाली होता। औरतें अपनी छाती पर एक पात्र रखती। कोई लोहे की, कोई ताँबे की, कोई चाँदी की, कोई सोने की। इससे पता लगता कि उसका पति कितना अमीर है। इन्हें अरबों ने 'रूस' कहा, जो बाद में रूस देश के नाम में प्रयोग हुआ। दरअसल इब्न फदलान के 'रूस' स्कैंडिनैविया के वाइकिंग थे, रूसी नहीं। लेकिन इसी कैस्पियन साग़र के रास्ते कभी आर्य भी आये थे, वाइकिंग से 2,000 वर्ष पूर्व। आर्यों का आना एक कयास लगाना है, पर वाइकिंग का इस रास्ते आना एक साक्ष्य है। क्या यही असल आर्य थे? संभवतः नहीं, पर कुछ तार जुड़े हों, यह हो सकता है।

जब शार्लेमन के गुर्गे ईसाई धर्म का साम्राज्य बढ़ा रहे थे तो ख़ूँख्वार वाइकिंग योद्धाओं ने उनको टक्कर दी। आठवीं सदी में जब उन्होंने इंग्लैंड पर हमला किया, वह ब्रिटिश इतिहास का सबसे भयानक हमला कहा जाता है। चर्च से पादरियों को उठाकर समंदर में फेंक दिया गया था और गुलाम बना लिया गया था। शायद इसी का बदला सदियों बाद लिया गया। वाइकिंग के हर सबूत, हर देवता को नेस्तनाबूद कर दिया गया। वे एक इतिहास बन कर रह गए, जो अब यहाँ पढ़ाई भी नहीं जाती। वैसे अब सुना है आइसलैंड में नॉर्स भगवानों के मंदिर फिर से बनेंगे।

उस वक्त भी किसी भी सेना के लिए नॉर्वे को भेदना इतना आसान नहीं था। पहाड़ों और खाइयों (फ़्योर्ड) के बीच बसा नॉर्वे अपने पड़ोसी देशों जैसे डेनमार्क से बिल्कुल अलग है। इस देश पर आक्रमण सुलभ नहीं। दरअसल नॉर्वे उस वक्त कभी हारा ही नहीं। हाँ, विश्व युद्ध के समय ज़रूर हिटलर की सेना आ घुसी।

ईसाई धर्म की स्थापना तो हुई पर विचित्र ढंग से। जब ईसाई राजा ओलाव युद्धभूमि में हारकर दिवंगत हुए तो किसी ने अफ़्वाह फैलाई कि वह यीशु मसीह की तरह क़ब्र से लौटेंगे। बात इस कदर फैली कि जो ईसाई नहीं भी था, वह ईसाई बनता गया। क़ब्र से तो कोई नहीं लौटा, पर नॉर्वे ईसाई ज़रूर बन गया। ऐसे ही कई ईसाई जादूगर और अय्यारों ने भी इनका मन मोहा। धीरे-

धीरे वाइकिंग संस्कृति 'ओल्ड-फ़ैशन्ड' हो गई। यूरोप बदल रहा था, नॉर्वे भी बदलने लगा।

वाइकिंग के इतिहास को असल में कई बार तोड़ा-मरोड़ा गया। इसका कारण यह भी है कि इंग्लैंड के अलावा भी वाइकिंग ने यूरोप में ईसाइयों पर बहुत अत्याचार किये। दक्खिन में इटली के सिसली तक पहुँचे, जहाँ आज भी लाल बालों वाले आदिम नॉर्स मूल के लोग हैं। यहाँ तक कि अमरीका के न्यू फाउंडलैंड में मिले साक्ष्यों के अनुसार वाइकिंग लोगों ने अमरीका की खोज कोलंबस से 500 साल पूर्व कर ली थी। इन सब साक्ष्यों को इतिहास के पन्नों से कहीं जान-बूझकर दबाया तो नहीं गया? कौन सा धर्म और कौन सा नस्ल सर्वोत्तम है, इस फेर में?

अब नॉर्वे में नॉर्स भगवानों की पूजा कोई नहीं करता। वाइकिंग युग सदियों पहले ख़त्म हो चुका। ईसाई धर्म का धर्म-मान्यता रूप में पतन लगभग पूरे यूरोप में कमोबेश हो रहा है। चर्च की बेंचें ख़ाली नज़र आती है। नॉर्वेजियन कहते हैं कि वे बस चार बार जीवन में चर्च जाते हैं-जन्म, 'कन्फर्मेशन' (धर्म-स्वीकृति), विवाह और मृत्यु। हर इतवार आपको चर्च से अधिक लोग बीयर की चुस्कियाँ लेते मिलेंगे। हिंदुस्तान में भी मंदिर जाने की प्रथा युवाओं में घट ही रही है। हिंदू धर्म भी सिकुड़ कर सोशल मीडिया पर ही नज़र आता है। अब या तो सब मानवता धर्म की ओर जा रहे हों या विनाश की ओर।

❑

जहाँ सस्ता है आशियाँ और महँगी है अय्याशी

जब शहर को ग़ौर से देखता हूँ, तो हर तरफ़ जैसे एक रंग के लकड़ी के बने शाही झोपड़े नज़र आते हैं। न बहुमंज़िली इमारतें, न कंक्रीट और ईंटों के बने डिज़ाइनदार घर। भारत में हर घर एक विविधता लिए है। किसी ने ख़ूबसूरत चहारदीवारी बना रखी है, किसी ने बस यूँ ही जल्दबाज़ी में कोई ढाँचा बनवा लिया। किसी का रंग नीला, किसी का हरा। किसी का बदरंग, तो किसी का रंग-बिरंगा। कोई बड़े अपार्टमेंट में है, तो कोई एकमंज़िली इमारत की छत पर बैठ अख़बार पढ़ रहा है। गाँवों का तो रंग ही अलहदा है। शहरों में भी झोपड़पट्टियाँ अलग। मुंबई के चॉल अलग।

नॉर्वे में तो उत्तर से दक्खिन घूम लिया, हर घर एक सा नज़र आता है। कहना कठिन कि किस मकान में धन्नासेठ रहता है और किस मकान में रंक। ऐसी समरसता से भी घुटन हो सकती है कि भला हर किसी को लकड़ी के ये एकरंगी ढाँचे बनाने की क्या तलब? क्या आज तक किसी को एक जुदा ख़ूबसूरत आशियाँ बनाने का मन न हुआ कि शीशे की दीवारें बना दूँ या ऊपर एक गुंबद बना दूँ? संगमरमर की दीवाल बना दूँ और उसमें देवी-देवता उकेर दूँ? भला यहाँ के बिल्डर इन बदरंग घरों को क्या कह कर बेचते होंगे?

पर जब वापस इन पर नज़र डालता हूँ, तो लगता है कि जिस समाजवाद की दुहाई दुनिया देती है, उसकी नींव इन ढाँचों में ही कहीं छुपी है। हर किसी के सर पर छत है और हर छत एक समान है। अब उनमें उन्नीस-बीस होता रहे, पर बड़ा फ़ासला नहीं नज़र आता। यह संभव है कि किसी घर में टी.वी. न हो, महँगे मोबाइल न हो, पर घर तो है। भारत में घर चाहे हो न हो, भाड़े के घर और झोपड़पट्टियों में भी टेलीविज़न ज़रूर मिल जाएँगे। तमाम स्कीम लुभा कर मोबाइल दिलवा देते हैं, पर घर नहीं दिलाते। डाउन-पेमेंट, प्रॉपर्टी के बढ़ते दाम, ब्याज दर, फ़ॉर्म-16 के चक्कर में घर ख़रीदना सबके बस की नहीं। ख़रीद भी ली, तो अगले 20 साल आय का बड़ा हिस्सा किश्त भरते जाता है। बेंगलूरू में जब आई.टी. सेक्टर पिछले दफ़े डूबा, तो कई लोग ये किश्त नहीं भर पाए और बेघर हुए।

नॉर्वे में (और बाकी यूरोप में भी) घर के लोन का ब्याज दर 2 से 2.5 प्रतिशत है। दरअसल घर के भाड़े ई.एम.आई. से महँगे हैं। भाड़े पर वही रहते हैं, जो 2-3 महीने के लिए कॉन्ट्रैक्ट पर आए हों। ग़र आपके पास 'डाउन-पेमेन्ट' देने की क्षमता नहीं हो, सरकार आपको 0.5 प्रतिशत ब्याज पर उसका भी लोन दे देती है। मतलब आप ख़ाली जेब घर ख़रीद कर ला सकते हैं। वहीं टेलीफ़ोन बिल या टी.वी. या कोई भी मनोरंजन आपको महँगा पड़ सकता है। घर ज़रूरत है, मनोरंजन एक शौक़ है। इस बात पर ये बल देते हैं। या ये चाहते हैं कि आप दौड़ें, पहाड़ चढ़ें पर घर बैठ टी.वी. न देखें।

लकड़ियों के लाल रंग के घर पूरे नॉर्वे में दिखते हैं। हालाँकि सफ़ेद रंग भी लोकप्रिय है। कुछ नीले और पीले रंग के भी। पर शहर के एक हिस्से में अक्सर एक ही रंग नज़र आता है। इसकी एक वजह है, बराबरी का सबक़। यहाँ पड़ोसियों से अलग दिखने की होड़ कम है। सब ख़ुद को अपने आस-पड़ोस का हिस्सा मानते हैं। उसी बैकग्राउंड में मिल जाना चाहते हैं, चाहे कितने भी अमीर हों। ये और बात है कि भारत की तरह पड़ोसियों के बीच मेल-मिलाप नहीं, सब अपनी निजी ज़िंदगी ही जीते हैं।

घरों की छत सपाट न होकर त्रिकोणाकार ढलान वाली होती है, ताकि बर्फ़ पिघल कर आसानी से गिर सके। यह संरचना भारत के पर्वतीय इलाक़ों में भी है। कुछ नया नहीं। कई घरों के छत पर घास उगे भी नज़र आते हैं। यह जान-बूझकर उगाए जाते हैं। घास की वजह से घर की छत जंगली नज़र आती है, पर कहते हैं कि इससे घर ग़र्म रहता है। ईंट के पक्के घर न के बराबर हैं। हालाँकि अब कई आधुनिक घर बन रहे हैं, पर कम हैं।

मैं जब अपने लिए घर ढूँढ रहा था, तो देखा कि नदी के पश्चिमी किनारे घर सस्ते हैं, पूर्वी किनारे महँगे। जबकि पहाड़ नदी के पश्चिमी किनारे है। सारी कंपनियाँ और उद्योग पश्चिमी किनारे है। फिर पूर्वी किनारा महँगा क्यों? पूर्वी किनारे पर कुछ छोटे पहाड़ हैं। पहाड़ के नीचे के घर सस्ते, पहाड़ के ऊपर के घर महँगे। यानी एक व्यक्ति एक महँगा घर पहाड़ के ऊपर लेगा, फिर रोज़ नीचे आएगा, नदी पार करेगा और कंपनी तक जाएगा। वहीं कोई व्यक्ति एक सस्ता घर कंपनी के पास लेगा और पैदल आराम से कंपनी जाएगा। ये क्या तर्क है?

     ख़ुशहाली का पंचनामा

नॉर्वे सूर्य को नमस्कार करता है। मन ही मन पूजता है, हमसे ज़्यादा। नॉर्वे के लिए सूर्य का प्राकृतिक महत्व है, क्योंकि ये साल के कुछ ही महीने ठीक से मिलते हैं। सबसे पहले उसे मिलते हैं, जो पूरब की ओर पहाड़ के ऊपर रहता है और सबसे बाद में उसे जो पश्चिमी तरफ़ पहाड़ के नीचे रहता हो। सूर्य ही तर्क है। सूर्य से ही मकान के दाम निर्धारित होते हैं। बाकी की सुविधाएँ मायने कम रखती हैं।

मेरे शहर से कुछ दूर एक 'रॉयकन' नामक स्थान है, जो पहाड़ों के बीच फँस गया है। सूर्य दिखते ही नहीं। तो उस शहर के लोगों ने ऊपर पहाड़ पर शीशे के बड़े पैनल लगा दिए हैं, जिस पर जब सूर्य की किरणें पड़ती हैं तो 'रिफ़्लेक्ट' होकर नीचे शहर पर पड़ती हैं। इनका दिन, इनकी धूप उन शीशे के पैनलों के भरोसे है। तो सूर्य का महत्व आप समझ सकते हैं।

यह लगभग तय है कि स्वतंत्र घरों की ज़मीन का तीन-चौथाई हिस्सा ख़ाली छोड़ा जाए। यह पद्धति भारत के भी सुनियोजित शहरों जैसे चंडीगढ़ और ग्रेटर नोएडा में कमोबेश है। इस वजह से घर ज़रूर ज़मीन के अनुपात में छोटे नज़र आते हैं, पर घरों के आस-पास एक ख़ाली जगह नज़र आती है, जहाँ आप पौधे उगाएँ, बच्चों का क्रीड़ा-स्थल बनाएँ। कुछ भी बनाएँ, दूसरा घर नहीं खड़ा कर सकते।

आम नॉर्वेजियन बाग़वानी में उस्ताद होता है। यहाँ कान में बड़े हेडफ़ोन लगाए मशीन से घास काटते लोग दिखेंगे। अपने फूलों को सँवारते। बागान के बाड़ को छाँटते। पत्ते चुनते। बाग़वानी के बड़े इंतेजाम हैं। एक गोल रोबोट है जो पूरे दिन बागान में अपनी मर्ज़ी से घूमता रहता है और घास को समान आकार में रखता है। किनारे उगी घास को छाँटने के लिए एक अलग छँटाई की मशीन है। ग़र बड़ा बागान हो तो एक गाड़ी है, जिस पर बैठ कर चलाओ, वो घास छाँटता जाएगा। एक फ़व्वारेनुमा नल है, जो घूम-घूमकर पानी पटाएगा। इसी वक़्त लोग अपने बाड़ों को रंगते भी नज़र आएँगे। कोई नौकर नहीं। हर उम्र के लोग ख़ुद ही लगे पड़े हैं। युवा कई बार अपने माता-पिता या सास-ससुर को बुलाते हैं और वे बागान को अपने अनुभव से और ख़ूबसूरत बना देते हैं।

मेरे एक पड़ोसी सूडानी शरणार्थी बनकर दशक पहले आए थे। उन्होंने कई अफ्रीकी पौधे लगाए हैं। ख़ासकर कंद-मूल। उनका बागान दरअसल मुझे अस्त-व्यस्त नज़र आता है, अफ्रीकी जंगलों जैसा। पर वह भी इसे सँवारने में लगे होते हैं। संभवत: अफ्रीका का सौंदर्य यही है। जंगलनुमा बागान। इसी जंगल के बीच से वो 'स्ट्रॉबेरी' भी चुन लाते हैं। पता नहीं, छोटी सी जगह में क्या-क्या लगा रखा है? कभी-कभी देखता हूँ, इसी जंगल में नीचे ऊँकड़ू बैठकर आकाश की ओर देखते रहते हैं। संभवत: अपनी मातृभूमि याद करते हों। सूडान। मैं भी सोचता हूँ ऊँकड़ूँ बैठ जाऊँ। गाँव याद करूँ। खेत याद करूँ। आम के पेड़ याद करूँ। ख़ैर, मैं तो लौट सकता हूँ, जाता रहता हूँ। शरणार्थी के साथ शर्त है कि ग़र लंबे समय के लिए लौटे तो उनसे शरणार्थी सुविधाएँ ले ली जाएँगी। जो ठीक भी है। देश रहने लायक हो ही गया तो कहीं और शरण क्यों लेना?

मुझमें और अफ्रीकी में एक समानता तो है ही कि हम लोगों के बीच बड़े हुए। हमारा एक समाज है, परिजन हैं, जिन्हें हम याद करते हैं। नॉर्वेज़ियन तो जंगल में अकेले रहने के आदी हैं। उनकी दुनिया उनके अंदर ही सिमटी है। एकला चोलो रे।

किथ की ही बात करूँ। किथ ने अभी बिल्कुल पॉश इलाक़े से अपना घर बेचकर कहीं पहाड़ पर घर बना लिया है। उस जगह सड़क तो जाती है लेकिन 5 कि.मी. की परिधि में कोई इंसान नहीं। वह कहते हैं कि यह शहर का सबसे ऊँचा घर है और यहीं पहुँचने की उनकी बचपन से तमन्ना थी। अभी बर्फ़ गिरने की वजह से उसके घर का रास्ता काफ़ी कुछ बंद है, पर वो उछलता-कूदता समय पर ऑफ़िस आता है।

नॉर्वेजियन कहीं भी रहते हैं। आप एक घने जंगल में 10 कि.मी. अंदर हैं, कहीं कोई इंसान नज़र नहीं आ रहा। कि तभी अचानक एक भूत सरीखा नॉर्वेजियन टहलता दिख जाएगा। आप चारों ओर झाँकेंगे, तो पेड़ों के बीच छुपा एक लाल लकड़ी का घर नज़र आएगा और फिर दस कि.मी. कुछ नहीं। मुमकिन है कि वह वहाँ अकेला रहता हो और उसके पास इंटरनेट-टी.वी. सभी

सुविधाएँ हों। वह शायद कहीं 30-40 कि.मी. दूर काम भी करता हो, पर रहेगा इस वीराने में।

जंगल तो छोड़िए, मैं एक दफ़े नाव से एक फ़्योर्ड से गुज़र रहा था। ये ऐसे रास्ते हैं, जहाँ नाव से ही जाना संभव है। यहाँ मैं पक्का था, कोई न होगा। कोई था भी नहीं। कि तभी नदी के बीच एक टीले पर घर नज़र आया। मेरे ख़्याल से वह टीला इतना छोटा था कि उस पर एक ही घर संभव था। वहाँ जनाब रहते हैं। दूर-दूर तक एक इंसान नहीं। नाव से ही ऑफ़िस जाते होंगे। मजबूरी नहीं, शौक़ से।

कभी-कभी सोचता हूँ गर इनका यही शौक़ है तो इन सबको उठा के भारत के बाढ़ प्रभावित इलाक़े छोड़ आऊँ।

"भला इस वीराने में रहने का क्या तुक है? तुम्हें पड़ोसियों का सुख नहीं मिल पाता?" मैंने किथ से एक बार पूछा।

"कई लोग साथ भी रहते हैं। मुझे यह पसंद नहीं कि कोई घर में झाँकता रहे।"

"तुम्हें भारत आना चाहिए। छत पर खड़े होकर पड़ोसियों से बतियाने और एक-दूसरे की चाय पीने का अलग ही आनंद है।"

"जब बातें होंगी तो रंजिश भी होगी। ईर्ष्या भी होगी। अब पड़ोसी ही न हो, तो चैन की ज़िंदगी गुज़रेगी। जैसे समुद्र के मध्य कोई द्वीप है, वहाँ थोड़े ही कश्मीर और फ़िलीस्तीन जैसी समस्याएँ होंगी?"

"देश की बात और है और घरों की बात और। अकेले में तो व्यक्ति घुट जाए। यूँ समाज से कट कर रहना भी कोई जीवन है?"

"समाज तो है ही। बस समाज हमारे घरों में आकर न झाँके तो ज़िंदगी आसान होती है।"

"तुम्हारी बात कुछ ठीक भी लगती है, पर मैं ऐसे शायद न जी पाऊँ।"

"तो तुम मेरे पड़ोसी बन जाओ। मैं तुम्हारे घर झाँकता रहूँगा, तुम मेरी झाँकना। हा हा!"

घर वीराने में रहे, यह तो चल भी जाए। घर के काम भी ख़ुद ही करने पड़ें तो भारत याद आने लगता है। लकड़ी के घरों को हर दूसरे साल ख़ुद ही धोना-रंगना मेहनत का काम है। ग़र तारपीन सरीखे तेल से लकड़ियों को न रंगते रहे तो लकड़ियाँ सड़ जाएँगी। जिसे देखो वो घर सँवारने में व्यस्त है। लकड़ियों की कलाकारी करने का उस्ताद है। विद्युत-चालित आरी से लकड़ियाँ काट यह काम किस सहजता से पुरुष-महिलाएँ कर लेते हैं! तो यह बढ़इयों का देश भी है ही।

नॉर्वे क्या अब लगभग पूरे पश्चिम में फ़र्नीचर 'असेम्बल्ड' कम ही मिलते हैं। लकड़ियाँ अलग, नट-बोल्ट अलग। यह धंधा तेज़ी से फैल रहा है। भारत में भी। इसमें सबसे बड़ा ख़ुराफ़ात 'आइकिया' नामक कंपनी का है। आपको कुछ तख़्ते मिलेंगे। सैकड़ों 'स्क्रू', 'हिन्ज' (कब्ज़ा), कील और एक मैनुअल। लोग रात बिता देते हैं एक बिस्तर तैयार करने में। फिर भी खाट पक्का नहीं बनता। कहीं से कोई पाया टेढ़ा, कहीं कुछ ग़लत लग गया। आप बेशक़ बढ़ई को मोटी रक़्म देकर करवा सकते हैं, पर इसमें फ़र्नीचर से दो-तीन गुनी ज़्यादा रक़्म लग जाएगी। औसतन लोग ख़ुद ही करते हैं।

जो भारतीय यहाँ कुछ वर्ष बस गए, वो भी बढ़ई बन गए। मैं भी तमाम कुर्सियाँ, खाट बनाता रहता हूँ। घर की पेंटिंग कर लेता हूँ। कुछ पलस्तर लगा लेता हूँ। अब लकड़ियाँ काटनी सीखनी है। दरअसल भारतीय परिवारों में भी ग्रामीण परिवेश में इनकी शिक्षा मिलती रहती है। लोग खेती-बाड़ी और गृह-निर्माण से जुड़े काम करते रहते हैं। विकास और शहरीकरण के साथ स्वावलंबन घटा, हालाँकि इसी परावलंबन के बहाने रोज़गार भी बढ़े। किंतु क्रियाशीलता और स्वावलंबन एक मूलभूत गुण है। अगर हमें किसी वीराने द्वीप पर छोड़ दिया जाए, तो क्या हम जी पाएँगे?

खैर, ब्याज-दर की बात कर रहा था। घरों के ब्याज-दर सस्ते हैं, पर उनका क्या जो 'डिफ़ॉल्ट' करते हैं और कर्ज नहीं चुका पाते? क्या ऋण-माफ़ी न होती होगी? ग़र कोई दिवालिया ही हो गया, तो सरकार क्या करेगी? नॉर्वे तो विश्व के मर्मशील देशों में है, तो ऋण माफ़ करना इसकी प्राथमिकता होनी चाहिए।

एक व्यक्ति ने शिक्षा का कर्ज लिया और बांग्लादेश के अपने गाँव चले गए। कई साल वहाँ गुज़ारे और सोचा कि नॉर्वे सरकार कर्ज भूल गई। नॉर्वे से बाक़ायदा उस देश चिट्ठी गई, उन्हें नोटिस पहुँचाई गई और उन्हें ढूँढ कर निकाला गया। वह नॉर्वे वापस आए और सरकार ने उन्हें रोज़गार दिलवाने में भी मदद की। उन्होंने यहाँ काम किया और कर्ज की भरपाई की।

नॉर्वे सरकार कभी कर्ज माफ़ नहीं करती। वह ब्याज घटा देगी, अवधि बढ़ा देगी, किंतु कर्ज माफ़ नहीं करेगी। वह वसूल कर रहेगी, चाहे आप पाताल में जाकर छुप जाएँ। यह एक कल्याणकारी देश ज़रूर है पर धन नहीं छोड़ता। शिक्षा का कर्ज अमूमन आप जीवन-पर्यंत चुका सकते हैं। कुछ-न-कुछ सरकार को भरते रहें, पर यह नहीं कह सकते कि आप कंगाल हैं और नहीं चुका सकते। आपके धन पर सरकार की नज़र हमेशा रहेगी और वह कर्ज निकाल ही लेगी।

सरकारी कर्ज तो छोड़िए, एक निजी कंपनी के फ़ोन का बिल अगर किसी ने नहीं भरा, तो पहले चिट्ठी आएगी। फिर भी नहीं भरा तो वो एक वसूली कंपनी के पास चली जाएगी। वसूली कंपनी कुछ ज़्यादा शुल्क लगाकर बिल भेजेगी। ग़र वह बिल नहीं चुकाया, तो 'क्रेडिट-स्कोर' ख़राब होगा। इससे आगे कर्ज

लेने में तकलीफ़ होगी। लेकिन फिर भी नहीं चुकाया तो यह उस इलाके के 'लैंसमैन' यानी दारोगा के पास चली जाएगी।

'लैंसमैन' सचमुच भोजपुरी फ़िल्मों के दारोगा जी वाला रुतबा ही रखते हैं। एक मित्र के पिता 'लैंसमैन' थे, वह बताते हैं कि इलाके की सभी युवतियाँ उन पर फ़िदा थी। यह साठ के दशक की बात है। अब ख़ैर ऐसा नहीं रहा। लैंसमैन भी बस एक सरकारी कर्मचारी ही है, रंगदार ऑफ़ीसर नहीं। पर वे कर्ज वसूली के उस्ताद हैं।

मेरे साथ कभी यह अनुभव नहीं हुआ पर लैंसमैन उस व्यक्ति को बुलाते हैं जिसने कर्ज लिया। उनसे पूछताछ होती है। वह कुछ बहाना बनाते हैं, मसलन बेरोज़गार हैं या धन नहीं है। पर कर्ज फिर भी माफ़ नहीं किया जाता। उनकी क्षमता देख मोहल्लत दी जाती है। और ग़र फिर भी नहीं चुकाया, तो घर आकर उस फ़ोन बिल के बराबर कीमत की कोई सामान उठा कर ले जाते है। आपने बिल नहीं भरा और आरामकुर्सी पर बैठे टी.वी. देख रहे हैं। लैंसमैन आएगा, टी.वी. उठा कर ले जाएगा। कर्ज वसूली हो गई। यह भारत की कुर्की-ज़ब्ती से मिलता-जुलता है, पर यहाँ यह भारत से अधिक सहज नज़र आता है। बड़े आराम से सामान ज़ब्त, कर्ज चुकता।

❑

बच्चों का देश

एक भारतीय बंधु परेशान हैं कि पत्नी गर्भवती है और डॉक्टर बुला ही नहीं रहे। न कोई अल्ट्रासाउंड, न कोई नियमित जाँच-पड़ताल। कुछ अस्पताल में जुगाड़ लगा दूँ। भारत होता तो गर्भधारण एक पर्व होता। स्त्री-रोग विशेषज्ञ के पास आना-जाना, अल्ट्रासाउंड कराना लगा ही होता। मैंने तलब की तो पता लगा कि नॉर्वे में गर्भधारण की किसी को ख़ास चिंता नहीं। यह कोई रोग नहीं कि उन पर ध्यान दिया जाए। गर्भवती महिलाएँ बस से सफ़र कर रही हैं। बर्फ़ीले रास्तों पर टहल रही हैं। ऑफ़िस आ-जा रही हैं। अल्ट्रासाउंड बस एक पाँचवे महीने में ही होगा। अपने फ़ैमिली डॉक्टर से दो-तीन मुलाक़ात हो भी जाए, स्त्री-रोग विशेषज्ञ से मुलाक़ात ही नहीं। मैंने मित्र को यह बातें बता दी कि अब जिस देश में हो, उसी का क़ानून मानना होगा। इंतज़ार करिए। जब डिलिवरी होनी है, हो जाएगी।

आख़िर जब वह वक्त आया कि बच्चे का जन्म होगा, तो घबड़ा कर अस्पताल फ़ोन घुमाया। उनसे बेतकल्लुफ़ी से बातचीत हुई और दर्द की जाँच-पड़ताल कर वापस घर भेज दिया। जब दर्द आख़िर उस मुकाम तक पहुँचा तो बच्चे का अस्पताल बुला कर जन्म भी हो ही गया। नॉर्वे के अस्सी प्रतिशत जन्म 'नॉर्मल डिलिवरी' से ही होते हैं और यह एक मिडवाइफ़ करती हैं। तो अस्सी प्रतिशत महिलाएँ शायद कभी स्त्री-रोग विशेषज्ञ को देखें ही नहीं। भारतीय शहरों में यह प्रतिशत कितना है, बताने की ज़रूरत नहीं। 'नॉर्मल डिलिवरी' धीरे-धीरे भारत में एक मिथक बनता जा रहा है। पर क्या इतनी जाँच और इतनी सावधानी के बाद महिलाएँ भारत में अधिक सुरक्षित हैं? महिला मृत्यु के आँकड़े देखें तो नॉर्वे भारत से पच्चीस गुना अधिक सुरक्षित है और विश्व की सबसे कम गर्भवती मृत्यु दरों में है।

और यह सब मुफ़्त तो है ही। बच्चे के पिता और परिवार को एक बढ़िया होटल में रहने की व्यवस्था मिली और बच्चे को सजा-धजा कर विदा किया गया। एक मोटी रक़म सरकार ने बैंक में और जमा कर दी कि अब बच्चे को

आराम से पालिए। तो एक कठिन दिखने वाली प्रणाली दरअसल सब कुछ अंततः स्वस्थ और सुलभ बना गयी।

नॉर्वे में बोतल से दूध पीते बच्चे बस-ट्रेन में कम मिलते हैं। हर सार्वजनिक स्थलों और ऑफ़िसों में स्तनपान के कमरे हैं। मेरी एक कर्मचारी जब लगभग एक साल की छुट्टी के बाद लौटीं, 'रोस्टर' बना, मैंने देखा कि एक घंटे के दो 'पॉज़' हैं। मुझे समझ नहीं आया, फिर देखा 'अम्मो' लिखा है, मतलब स्तनपान का विराम। दो घंटे प्रतिदिन का विराम है जिसमें वो पास के 'क्रेच' में जाकर स्तनपान करा आएँगीं।

70 के दशक़ में ऐसा नहीं था। पूरा नॉर्वे 'फ़ॉर्मूला मिल्क' और बोतल का फ़ैन हो चला था। नया-नया अमरीकी फ़ैशन चला था। नॉर्वे तब अमीर न था, अमरीका की नक़ल उतारता था। स्तनपान लगभग न के बराबर हो रहे थे।

तभी एक महिला मिसेज़ हेलसिंग ने एक 'कैम्पेन' चलाया और स्वास्थ्य मंत्रालय में एक अधिकारी से मिलीं। भाग्य से वह अधिकारी भी हार्वर्ड से इसी संबंध में शोध कर आई थीं और उनके पेट में चौथा बच्चा था। उन्होंने अपने बच्चे का स्तनपान ही कराया, बोतल नहीं लगाया।

वही अधिकारी आगे चल कर नॉर्वे की प्रधानमंत्री बनीं और इस मुहिम में 'डोर-टू-डोर' कैम्पेन में जुट गईं। प्रधानमंत्री ने आखिर ख़ुद अपने बच्चे को दूध पिलाकर शुरुआत की थी। बात जम गई। नॉर्वे से बोतल काफ़ी हद तक कम हो गया। उन प्रधानमंत्री का नाम था ग्रो ब्रंटलां।

यहाँ ठंड की सुबह देर से होती है, उत्तरी नॉर्वे में होती ही नहीं। ऐसे अंधेरे और बर्फ़ीले मौसम में सुबह सरकारी स्कूल जाना कठिन लगता है, पर औसतन स्कूल अटेंडेन्स 90 प्रतिशत से ऊपर है। साक्षरता तो ख़ैर 100 (99.8) प्रतिशत है ही, मैट्रिक पास 82 प्रतिशत लोग हैं। यह थोड़ा-बहुत सौ से कम प्रतिशत भी शरणार्थियों की वजह से है।

स्कूल एक उत्सव है, मौज-मस्ती है। प्रिंसिपल का निकर पहनकर बच्चों के साथ फुटबॉल खेलना और शिक्षकों का छात्रों के साथ मिल बर्फ़ की मूर्तियाँ बनाना। गणित की सातवीं-आठवीं की क्लास भी बाहर खुली हवा में लगती

है। खुली हवा में बैठने का नियम तब भी है जब बाहर 30 से.मी. मोटी बर्फ़ जमी हो, ज़ोरदार बारिश हो रही है। यह निर्दयी नियम लगता है कि छोटे बच्चों को भीषण बारिश में बाहर छोड़ दिया गया हो, पर यही नियम है। इससे बच्चों में एक 'स्पार्टन' सशक्त जीवनशैली आ जाती है, जो नॉर्वे के प्रतिकूल मौसम और पहाड़ियों में जीने के लिए आवश्यक है। पर यह शंका होती है कि यहाँ पढ़ाई कब होती है?

ये चीनीयों और जापानियों से गणित में पीछे हैं, पर औसतन सभी लोग कैलकुलेशन में शातिर हैं। भारत में भी गणित में शातिर लोग हुए हैं, पर समान रूप से नहीं। यहाँ एक ट्रक ड्राइवर भी गणित के जोड़-तोड़ में तेज है। मैं एक दिन स्विमिंग-पूल से निकल रहा था तो एक पिता 'नंबर-लॉक' वाला ताला दिखाकर अपने सात-आठ साल के बच्चे से पूछ रहा था कि इससे कितने कॉम्बिनेशन बन सकते हैं? सवाल आसान नहीं इतने छोटे बच्चे के लिए। 0 से 9 तक के अंक के बनी तीन अंकों की कितनी संख्या? बच्चे ने कुछ जोड़ कर कहा हज़ार, जो सही भी है। चेस चैंपियन नॉर्वेजियन मैग्नस कार्लसन का विश्वनाथन आनंद को हराना एक संयोग भी हो सकता है। पर औसतन हर नॉर्वेजियन का गणित अच्छा है।

मुझे याद है, मेरे गाँव के मल्लाह बुज़ुर्ग ने मुझे ढाई और सवा का पहाड़ा सिखा दिया था, जिसे सवैया, अढ़ैया कहते थे। बच्चा-बच्चा और कुछ में उस्ताद हो न हो, गणित में उस्ताद था। फिर धीरे-धीरे रटे-रटाए 'पोएम' का युग आया। अंग्रेजी के टशन का। गणित नेपथ्य में जाता रहा। पर मेरे विचार से जितना भाषा का ज्ञान महत्वपूर्ण है, उतना ही गणित भी।

बढ़ईगिरी की चर्चा तो मैं कर ही चुका हूँ। डाक्टरी में भी तमाम संख्या और ज्यामिति के उपयोग हैं। बिज़नेस में तो ख़ैर हैं ही। गणित तो सार्वभौमिक है।

अब एक बच्चे की मार्कशीट ग़र ऐसी हो—

"गणित: सटीक तर्क और बौद्धिक क्षमता, लेकिन धैर्य की थोड़ी कमी की वजह से कई बार कुछ जल्दबाज़ी करते हैं। इनका रुझान त्रिकोणमिति की ओर अधिक है और अल्जेब्रा की ओर कम। लंबे प्रश्नों से अधिक ये छोटे प्रश्नों

में सफल होते हैं। हमारा प्रयास इनको स्टेप-बाई-स्टेप उत्तरों को धैर्य से लिखने की आदत डलवानी है, जिससे ग़लतियाँ कम हो। यह संभव है कि कुछ छात्र त्रिकोणमिति में अधिक रुझान दिखाएँ और ऐसे छात्रों को हम 'आर्किटेक्चर' विषय की ऑपशनल क्लास जाने का सुझाव देते हैं।"

यूरोप के स्कूलों की मार्कशीट अक्सर राशिफल जैसी नज़र आती है। न ढंग से नंबर, न ग्रेड। यह सिलसिला दसवीं तक चलता है। भारत के इंटरनेशनल स्कूलों में भी यह ट्रेंड आया है, पर उनके अलग-अलग मापदंड हैं और ये स्कूल काफ़ी महँगे हैं। एक बड़ी समस्या तो यह है कि इंटरनेशनल स्कूल के बच्चे भारत के NEET सरीखे परिक्षाओं में नाकों चने चबा जाएँ। अचानक 'रैंक' और 'मार्क्स' की दुनिया में धकेले जाने पर उनकी अभिमन्यु जैसी स्थिति हो जाती है और चक्रव्यूह में फँस कर रह जाते हैं।

किसी भी विषय को एक संख्या जैसे 'गणित में 97/100' से आँकना कठिन है, वह भी बस एक ख़ास दिन के प्रदर्शन पर। अगर आप शिक्षक को लिखने कहें तो छात्र की पूरी कुंडली निकाल कर रख दें और वह ही असल आकलन होगा। यह प्रयोग दसवीं तक की जा सकती है, जिससे सही रुझान पता लगे। उसके बाद तो सबकी अलग 'स्ट्रीम' होगी तो उनमें 'ग्रेडिंग' की जा सकती है। लेकिन शिक्षक तो ख़ुद ही भारत में कई बोझ तले हैं। एक तो छात्रों की संख्या अधिक है, दूसरा सरकारी शिक्षकों के ऊपर तमाम प्रशासनिक बोझ। उन्हें इतना वक्त कहाँ?

अटेंडेंस और स्कूल में रुचि की एक और वजह हो सकती है। यहाँ कुछ जगहों पर खाना स्कूल की तरफ़ से मुफ़्त है जो क्लासरूम में ही खाना होता है। एक पाव दूध और फल जितने मर्जी खाएँ। कुछ ब्रेड और माँस भी। यह भारत के 'मिड-डे मील' से मिलता-जुलता है। एक नॉर्वेजियन मुफ़्त का भोजन कभी नहीं छोड़ता।

शिक्षा तो ख़ैर आप डाक्टरी, इंजीनियरिंग, एम.बी.ए. जो मर्जी करें, सब मुफ़्त है। आठवीं तक यूँ तो ग्रेड प्रणाली नहीं है, पर औसतन 33% नंबर लाने पर आगे सुविधा होगी। मैं इस प्रणाली के तकनीकी स्वरूप पर नहीं जाऊँगा। वह कुछ पेचीदा है।

 ख़ुशहाली का पंचनामा

स्कूल का एक दूसरा महत्वपूर्ण पहलू है-'वोकेशनल एजुकेशन'। यह भारत में भी है, पर हर सरकारी स्कूल में मुहैया नहीं हो पाती। यहाँ हर बच्चे को बढ़ईगिरी, आर्ट, जिम्नास्टिक्स, खाना पकाना, फ़ुटबॉल और स्वेटर बुनना बड़े प्यार से सिखा डालते हैं। नॉर्वे का लगभग बच्चा-बच्चा लकड़ी चीरना जानता है, लड़कियाँ भी। लकड़ियों के घर होते हैं, बालकनी की रेलिंग तो ख़ुद ही बना डालते हैं और पेंट भी कर डालते हैं स्टाइल से।

जो लंबा पढ़ गया, डॉक्टर-प्रोफ़ेसर बन गया। जो न पढ़ा, वह बढ़ई-प्लंबर बन गया। सब इतने क़ाबिल हैं कि नौकरी मिलने की दर विश्व में सबसे अधिक 83% है। कुछ भी काम करो, कमाई तो नॉर्वे में सबकी लगभग बराबर ही है।

वैसे भारत में भी 'वोकेशनल एजुकेशन' खुलकर आए तो क्या बुरा है? मैं तो कील भी ठीक से नहीं ठोक पाता, लकड़ियाँ क्या ख़ाक चीरूँगा!

कुछ दिनों पहले एक मित्र की बेटी से बात हो रही थी, जो यहाँ की स्कूली मैट्रिक पास कर निकली। अब पूछा कि आगे क्या प्लान है? उसने कहा कि बाल काटने का प्रशिक्षण लेना है। मैंने ग़ौर किया कि उसने बड़ी ख़ूबसूरती से अपने बाल कटवा भी रखे थे। डिज़ाइनदार। तो यह शौक समझ आया कि वह भी सलून खोलना चाहती है।

यहाँ के क्लास में बस दस-बारह छात्र होते हैं। मैंने बाकियों का भी पूछ लिया। एक वियतनामी मूल का लड़का साथ ही था, जो फ़ोटोग्राफ़ी में कुछ डिप्लोमा वग़ैरह करने की बात कह रहा था। बड़े चुलबुले स्वभाव का लड़का। उसने मुझे बाकी क्लास की भी बात बता दी। एक भारतीय मूल की लड़की है जो लंदन जाकर पढ़ाई करेगी। कुछ लड़के हैं, जिनमें दो इलेक्ट्रिशियन बनना चाहते हैं। एक पाकिस्तानी मूल का लड़का है, जिसके ग्रेड सबसे अच्छे रहे। वह भी कुछ आगे पढ़ेगा। एक लड़की और है, जो पता नहीं क्या करेगी, पर वह फ़िलहाल मोटरसाइकल का कोर्स कर रही है।

मैंने सार यह समझा कि भारतीय और पाकिस्तानी को छोड़ आगे की कॉलेजिया पारंपरिक पढ़ाई कोई नहीं करेगा। मैं बड़ा निराश हुआ। पर अपने आस-पास के नॉर्वेजियन लोगों को देखा, तो बात समझ आई। इनमें नौकर

कम हैं, मालिक ज़्यादा। सलून वाला, बिजली मिस्त्री, फ़ोटोग्राफ़र, बढ़ई सबने अपनी कंपनी बना रखी है। कमाई अच्छी है।

भारतीय और पाकिस्तानी अक्सर वैतनिक कार्य करते हैं, जिसे लोक-भाषा में 'नौकरी' भी कहते हैं। क्या हम नौकर बनने के लिए पढ़ते रहे और वे मालिक बनने के लिए?

शिक्षा के एक और पहलू की चर्चा ज़रूरी है। पूरे स्कैंडिनैविया में धर्म की शिक्षा भी स्कूलों में अनिवार्य है। पहले लूथेरान क्रिश्चियन पढ़ाई जाती थी। आजकल ईसाई धर्म घटा कर 50 प्रतिशत और बाकी इस्लाम, बौद्ध, यहूदी, हिंदू धर्म पढ़ाए जा रहे हैं। नास्तिकता भी पढ़ाई जा रही है। धर्म की शिक्षा पर कई विवाद हुए पर ये 100 साल से अड़े हुए हैं। कहते हैं, धर्म चाहे दो-चार और बढ़ा लो, ये शिक्षा बंद नहीं होगी। इन देशों के अपने तर्क है, जिनसे शायद विश्व सहमत न हो।

पर इसका मूल कारण क्या है? धर्म की शिक्षा तो हमें घर पर ही मिल जाती है। स्कूल में क्यों? पंडित और मौलवी का स्कूल में क्या काम? क्या इनका ध्येय मिशनरी स्कूल की तरह सबको ईसाई बनाना है? पर यहाँ तो सब ईसाई ही हैं, बाकी धर्म तो इक्के-दुक्के हैं। ईसाइयों को क्या ईसाई बनाना? यह सवाल मेरे मन में घूमते रहे। कई लोगों से पूछा और कई जवाब मिले।

कुछ का कहना है कि धर्म की शिक्षा घरों में एक जैसी नहीं दी जा सकती। और तथ्यपूर्ण नहीं दी जा सकती। किसी के घर में धार्मिक माहौल है, किसी के घर में नहीं। पर बच्चों को तो मूलभूत शिक्षा मिले। फिर वे चाहें तो चर्च जाएँ, न जाएँ, उनकी मर्जी।

यहाँ स्कूल ख़त्म होने के बाद एक 'कन्फ़र्मेशन' होता है। यह चर्च के अंदर होता है, जहाँ एक अठारह साल का युवा यह निर्णय लेता है कि वह ईसाई बने रहना चाहता है या नहीं। यह अजीब विरोधाभास है। ईसाई बने रहना चाहता है या नहीं? ग़र 'ना' कह दे तो? उनका कहना है कि ग़र धर्म की शिक्षा मिलने के बाद भी वह मना करता है तो वह संज्ञान से निर्णय लेता है। अपने माता-पिता के दबाव में आकर नहीं। हालाँकि देखा यह जाता है कि यह 'कन्फ़र्मेशन'

ख़ुशहाली का पंचनामा

कराते ही नहीं। वे अपना धर्म पक्का नहीं करना चाहते। कभी दस साल बाद इच्छा हुई तो करा ली। यह हिंदू धर्म के 'उपनयन' संस्कार से मिलता-जुलता है, हालाँकि वहाँ यह बात इतने स्पष्ट तौर पर अब नहीं कही जाती। उपनयन (जनेऊ) कई परिवारों में विवाह के वक्त होता है, कई परिवारों में दस-बारह वर्ष की किशोरावस्था में, कई जाति और संप्रदायों में होता ही नहीं। जो हिंदू जन्मा, वो हिंदू ही रहेगा, बशर्ते कि कभी धर्म-परिवर्तन कर ले।

एक और विरोधाभास है कि यह धर्मनिरपेक्ष राष्ट्र है। ऐसे में धर्म की शिक्षा देकर यह धार्मिक गुटबाज़ी स्कूल से ही कर रहे हैं। क्या यह ठीक है? तमाम बच्चों से मिलकर मुझे यही लगा कि हर कोई ख़ुद को धर्मनिरपेक्ष ही कहता है। वे बारम्बार अपने देश को धर्म और नस्ल से स्वतंत्र कहते हैं। बच्चे स्कूली भाषणों में भी यही राग गाते हैं। कहीं ये धर्म की शिक्षा का असर ही तो नहीं? जैसे यौन-शिक्षा से यौन-हिंसा की कमी की वकालत होती है, क्या धर्म-शिक्षा से सांप्रदायिक हिंसा रुक जाएगी? इन प्रश्नों का मेरे पास उत्तर नहीं, पर यह देश उदाहरण ज़रूर है।

मुहल्ले में मेरे घर का आँगन ज़्यादा बड़ा और खुला-खुला है। बच्चे खेल रहे थे, कुछ देर में मुहल्ले के गोरे बच्चे भी आ गए। फिर सूडानी पड़ोसी के बच्चे भी। पड़ोस वाले पोलैंड के बच्चे भी। कुछ ही देर में गदर मच गया।

अब सब इधर-उधर दौड़ रहे हैं। लुका-छिपी का खेल चला। फिर एक अफ्रीकी बच्चे ने कुछ पत्थर के टीले बना दिए और सब बॉल से मारते। मैं ऊपर के कमरे से देख रहा था। यह तो 'पिट्टो' या 'सतोला' जैसा था। जो भी था, सारे बच्चे गेंद मारते, पत्थर गिरते ही दौड़ने लग जाते।

काफ़ी देर खेल चला, तो कुछ माएँ लाड़लों को खींचने आ गई। इसी चक्कर में मेरी धर्मपत्नी भी बाहर आकर बतियाने लगी। धीरे-धीरे माँओं का गैंग अलग ही ठहाके मारने लगा। बच्चे अलग लगे पड़े हैं। यह पूरा प्रकरण चलता रहा।

इस बीच बच्चे पता नहीं कब घर के अंदर घुस गए। एक डब्बे में चॉकलेट और कैंडी रखी थी। सब लूट गए। जैसे ही जेब में चॉकलेट खोंसे बाहर आए,

माँओं ने धड़ लिया। वे भाग पड़े। चिल्ल-पों मच गई। मोहल्ले में हुड़दंग। बच्चों के पिता-वर्ग के कुछ पुरुष बाहर खड़े सिगरेट पी रहे हैं। माएँ जीन्स में बच्चों के पीछे दौड़ रही हैं।

सब धूल-धूसरित। यहाँ भी यही चेतावनी कि कल से किसी को अपने आँगन में घुसने मत देना। बच्चे बड़े शरारती हैं। और फिर अगली शाम वही माहौल। सोचता हूँ एक अमरूद का पेड़ लगा लूँ। चॉकलेट से बढ़िया अमरूद लूटें। पड़ोसी ने गाड़ी के टायर का झूला बना लिया है, वो भी हिट है। मैं बच्चों को पकड़ गणित के सवाल पूछता हूँ, भागे फिरते हैं।

मुझे छोटे शहर का बचपन याद आता है। नॉर्वे के बच्चे और माँ-बाप भी भारत जैसे ही हैं।

अब आज शनिवार है, तो बच्चों में उत्साह है। आज वो चॉकलेट खाएँगे। बाकी दिन नॉर्वे में नहीं खा सकते। ऐसा मुझे सालों से रह रहे भारतीयों ने कहा। उन्हें शायद नॉर्वेवासियों ने। उन्हें उनके बाप-दादाओं ने। क़ानून में कहीं नहीं लिखा, पर बच्चे हफ़्ते के 5 दिन चॉकलेट नहीं खाते।

स्कूल में चुपके से यह बात बच्चों से पूछी जाती है, कि क्या तुम्हें घर पर चॉकलेट दिया जाता है? अनिवार्य रूप से सरकार हर तीन महीने दाँत-जाँच करती है, वहाँ भी पूछताछ होती है। जो माता-पिता खिलाते हैं, वे बच्चों को सिखा-पढ़ा भेजते हैं कि किसी से कहना मत। लेकिन अगर बच्चे ने चुगली कर दी, तो डेंटिस्ट आपका आधा घंटा बस इस विषय पर सर खायेंगे कि चॉकलेट बच्चों को हफ़्ते में बस एक दिन दें। बच्चे भी धीरे-धीरे नियमतः कैलेन्डर देख ही चॉकलेट माँगते हैं। अब हमने ग़लती से दे दी, तो याद दिलाते हैं कि आपने ग़लत दिन दे दी, ये नॉर्वे में नहीं होता। मैंने कई नॉर्वेजियन परिवारों में पूछा। कोई बच्चों को हफ़्ते के कार्य-दिवसों पर चॉकलेट नहीं देता। जैसे यह कोई राष्ट्रीय नीति हो।

ऐसे कई अजीबोग़रीब अनकहे नियम यहाँ चल रहे हैं, जिसका कोई तर्क नहीं देता। बस ये कहता है, ये नॉर्वे में नहीं होता।

 ख़ुशहाली का पंचनामा

अब कुछ दिनों पहले बेटी को फ़ुटबॉल कैंप ले गया। कई बच्चे थे, यह पिछड़ने लगी। देखा, बाकी के तेज़ बच्चे धीमे हो गए, सबने गति कम कर ली, बॉल पास किया और इसे गोल करने दिया। फिर जोश में यह भी दौड़ी, खेल की गति बढ़ी और सब मिल कर खेलने लगे एक गति से।

यह कैसा समाज है जहाँ टॉप करना या जीतना गुनाह है? अग़र दो लोग रेस लगाते हैं और दोनों में फ़ासला ज़्यादा हो तो आगे वाला गति धीमी कर देता है। यह एक नैतिक क़ानून है स्कैंडिनैविया में, जिसे 'यैंतालोव' या 'Law of Jante' कहते हैं।

यह क़ानून कहता है कि आप ख़ुद को दूसरों से ज्ञानी, स्मार्ट, बेहतर या अमीर न समझे। आप किसी की कमजोरी पर न हँसे। यह भारत में भी कहा जाता है, पर यहाँ बच्चा-बच्चा पालन करता है। बल्कि कोई माँ-बाप भी यह नहीं कह सकते कि उनके बेटे ने फ़लाँ मेडल जीता। यह ख़ुशी उन्हें छुपानी होगी, क्यूँकि किसी और के बेटे ने नहीं जीता। यह सब मुझे अजीब लगता है। 'किलर इंस्टिंक्ट' है ही नहीं, तभी ओलंपिक में कुछ ख़ास नहीं करते। विंटर ओलंपिक के दशकों से विजेता हैं, लेकिन वह तो ख़ैर बर्फ़ीला देश है और शीतकालीन खेल तो इनकी रगों में है।

एक बच्चे को यह समझाना कि तुम्हें टॉप नहीं करना, कितना अजीब लगता है। मैंने पिताओं को इस विषय पर समझाते भी देखा है, कि तुम कहाँ आगे स्की किये जा रहे हो? पीछे मुड़कर देखो, सबके साथ चलो। अग़र मेरा बच्चा आगे जाता, तो मैं 'रिफ्लेक्स' से ताली बजाता पर ये ताली नहीं बजाते।

यहाँ अधिकतर खेल या परिक्षाएँ भी ग्रुप-टास्क होती हैं। जीत या हार 'ग्रुप' की होती है, एक की नहीं। और यह ग्रुप भी हर दूसरे दिन बदल दिए जाते हैं। किसी से पूछो 'बेस्ट-फ्रेंड', शायद न कह पाए। 'बेस्ट' शब्द ही ग़ायब कर दिया है इन मंदबुद्धियों ने। ख़ैर!

फ़ुटबॉल कैंप में सबके हिस्से 6 वर्ष उम्र के छह-छह बच्चे आए जिन्हें शुरुआती फ़ुटबॉल के गुर सिखाने हैं। मेरे हिस्से में भी आए और मैंने नियमानुसार विभिन्न क्रियायें करवानी प्रारंभ की जिसकी ट्रेनिंग मुझे चीफ़ ने दे दी थी।

एक बच्चे को मैं कितना भी सिखाता कि ड्रिबल करते जाओ और फिर गोल करो। वह जहाँ भी बॉल रखी हो, वहीं से गोल कर दे। उसके समझ में ड्रिबल-टैकल का कोई स्थान नहीं था। तफ़्तीश की तो पता लगा, वो पुर्तगाली मूल का है और ब्राज़ील में पैदा हुआ। पिछले साल ही नॉर्वे आया। जब उस 6 वर्ष के बच्चे ने बिना ड्रिबल किये, बाकी बच्चों को चीरते फ्री किक की तरह गोल दाग दिया, मुझे रोनाल्डिन्हो याद आ गए।

वहीं एक अंतर्मुखी बच्चा था, जो बॉल लेकर वहीं गोल घुमाता रहता। ड्रिबल कर छकाता, दूसरों से छीन लेता। बस बॉल उसी के पास रहे, यही उसकी तमन्ना थी। एक बार मैंने छीनने की कोशिश की, थोड़ी देर में उसके हाथ से निकलने लगी, तो कूद पड़ा और बॉल को दोनों हाथ से पकड़ लिया। उसकी गोल करने में कोई रूचि नहीं थी, बस बॉल से करतब करने में। मैंने पूछा कि क्या बनना चाहते हो?

उसने कहा,

"मेस्सी!"

साल भर नंबर लगाया तो बेटी के 'वायलिन' सीखने का नंबर आया। यह सरकारी संगीत-केंद्र है 'कल्चर-स्कूल'। हर बच्चा यहाँ कुछ-न-कुछ सीखता है। कई घरों में पियानो मिलेंगे 'ड्राइंग-रूम' के कोने में। जिसे देख देवानंद बनकर बजाने का मन करता है शिफ़ोन साड़ी में लिपटी महबूबा के लिए। यह शौक दशकों पुराने हैं, पर यहाँ आज भी चल रहे है। कहीं सैक्सोफ़ोन मिलेगा, जिसे बजाकर 'माइल्स डेविस' बन जाओ। या उठा लो गिटार।

पर नॉर्वे का वाद्यराज है वायलिन। इसका एक सिरा गले से लगाए और दूसरा सिरा आगे हाथ तानकर पकड़े युवती कितनी सुंदर लगती है! आँखें बंद किये, पहाड़ों के बीच अपनी धुन में सुमधुर संगीत बजाती। यहाँ के लोक-धुनों पर। अन्य कई पश्चिम देशों के विपरीत स्कैंडिनैविया में लोक-संगीत परंपरा ठीक-ठाक जीवित है।

जब सबके बच्चे सीखेंगे तो मेरे बच्चे भी सीखेंगे। सरकार की तरफ़ से एक वायलिन भी मुहैया कराई गई, हालाँकि कुछ शुल्क भी लगेगा, पर काफ़ी

कम। संगीत की परवरिश सरकारी ख़ज़ाने से ही मुख्यत: होती है। और ये भी नहीं कि पचास बच्चों को एक साथ बिठा दिया। हर बच्चे की बीस मिनट की अलग-अलग कक्षा और फिर हफ़्ते भर घर में अभ्यास। चूँकि यह तैयारी कम उम्र में (छह वर्ष) शुरू होती है, संगीत की अच्छी नींव पड़ जाती है। भले ही बड़े संगीतकार न बन पाएँ, सुरों की एक प्राथमिक शिक्षा तो मिल ही जाती है।

हिंदुस्तानी संगीत और लोक-संगीत यूरोप के मुक़ाबले समृद्ध ही कहा जाएगा, पर शनै:-शनै: क्षीण हो रहा है। राजा और सामंतों के बाद गुरू-शिष्य परंपरा को सरकारी मदद न मिलने से यह ख़त्म हो गया। स्कूलों में यह शिक्षा कमो-बेश दी जाती है पर इसका विस्तार नहीं। इतना ही नहीं, परंपरागत स्कूली शिक्षा के सामने संगीत की शिक्षा गौण मानी जाती है। जब सुरों की शिक्षा नहीं मिली तो संगीत सुनना भी दुरूह हो गया।

जब संगीत बजता है तो नृत्य भी होता है। यहाँ के गाँवों का 'बिग्देदांस' मुझे ख़ास कर पसंद है। एक वायलिन जैसा वाद्य-यंत्र जिसे 'हार्डिंगर फ़िडल' कहते हैं, वह बजता है और एक प्रेमी युगल नृत्य करते हैं। दोनों ताल के साथ गोल-गोल घूमते हैं अपने पारंपरिक वस्त्र 'बूनाद' में। यह नृत्य यहाँ के गाँव की शादियों का लोकप्रिय नृत्य है, जो लगभग सब जानते हैं। यह सब देख कर गाँव की याद आती है। भारत के गाँवों में भी संगीत था और अब भी है।

यह सब कितना आसान हो जाता है जब बच्चा स्कूली शिक्षा के समय ही सब सीख ले। मैंने नहीं सीखा तो युवावस्था में संगीत की रूचि आई। पर तब तक देर हो चुकी थी। कुछ ख़ास सीख नहीं पाया। सुर टूटने लगे क्योंकि तैयारी न थी। जिसने बचपन में जुगत लगा कर सीख ली, वो सीख गया।

कई दिन हो गए, सिनेमा हॉल नहीं गया। भारत में महीने में दो-तीन दफ़े मॉल जाना और सिनेमा देखना एक कामकाजी परिवार का रस्म सा है। जिसकी जैसी कुव्वत, वैसा घूमना-फिरना। पर हाट-बाज़ार तो जाना ही है। यहाँ ऐसी रस्म नहीं, तो ख़ालीपन नज़र आता है। आख़िर सोचा कि फ़िल्म देख ही आऊँ। हिंदी फ़िल्में लगाने का ज़िम्मा पाकिस्तानियों ने ले रखा है। बुकिंग कर दी और चल पड़े, पर वहाँ जाकर पता लगा कि बच्चे फ़िल्म नहीं दे सकते। यह तो कोई

अमिताभ बच्चन और दो-तीन युवतियों की पारिवारिक सी फ़िल्म थी। फिर क्यों?

यहाँ बच्चे बस बाल-फ़िल्म ही देख सकते हैं। कुछ उम्र के बाद किशोर-फ़िल्म। पर प्रेम-प्रसंग या अन्य मार-धाड़ फ़िल्में अठारह वर्ष के बाद ही। ऐसा ही मदिरा के साथ भी है। बच्चों के सामने 7 बजे शाम (कहीं कहीं 8 बजे) के बाद आप ख़ुद भी शराब नहीं पी सकते। ये कैसी यूरोपीय और पश्चिमी संस्कृति है? बच्चा फ़िल्म ही नहीं देख सकता?

हर वर्ष 16 मई (स्वतंत्रता दिवस की पूर्व संध्या) को जो भी 18 वर्ष का होता है, उनको उस दिन से पूर्ण आज़ादी मिलती है, जिसे वो 'ग्रैजुएशन' कहते हैं। शाम से हुड़दंग चालू होती है। 16 मई की रात स्वेच्छा से ये ताजे-ताजे वयस्क मदिरापान करते हैं, कुछ यौन-संबंध भी। और इसी दिन यह फ़िल्म भी देखेंगे। ये 'ग्रैजुएशन डे' इनके लिए जीवन भर यादगार रहता है।

18 वर्ष से पूर्व क़ानूनन यहाँ न कोई मदिरा पीता है, न वयस्क सिनेमा देखता है और न यौन-संबंध। एक दिन में बदलना इनके लिए भी कठिन होता है। इस 16 मई मैंने कई उन्मादित युवकों से बात की, कुछ शराब पहली बार पीकर अजीब से मुँह बना रहे थे, कुछ को युवतियों से झिझक। पर यौवन का आग़ाज़ एक 'फ़ैन-फ़ेयर' से होता है। ये नहीं कि किसी भी उम्र में छुपकर 'एडल्ट-फ़िल्म' देख ली, शराब-सिग़रेट पी ली और बन गए युवा। अठारह वर्ष की दहलीज पार करो, फिर जो मर्जी करो।

अठारह बरस से ही नॉर्वे में वनवास भी मिल जाता है। बोरिया-बिस्तर बाँधो, निकल जाओ। यह बड़ी अजीब स्थिति है।

आज छुट्टी हुई तो मेरे मित्र का पुत्र रौला शहर की पुलिया पर मिला। एक-दो दफ़े मेरे साथ फ़ुटबॉल भी खेला है और यूँ भी घर में मुलाक़ात होती रहती है। अगस्त के पहले हफ़्ते में वह अठारह का हो जाएगा, ठीक उसी जन्मदिन के दिन उसे ड्राइविंग लाइसेंस चाहिए। मैंने पूछा,

"क्यों? उसी दिन क्यों?" उसने कहा,

"उस दिन के बाद लिया तो फ़ीस मुझे भरनी पड़ेगी।"

मेरे मित्र (भारतीय सिस्टम में बॉस) यहाँ के धनाढ्य लोगों में है। बड़ा लकड़ी का बँगला और सामने बड़ा मैदान। सब उनका। पर रौला को घर छोड़ना होगा। वह भी किसी और शहर नहीं। इसी शहर, पर अलग। अपने पैसे से सब करना है, कंगाली में जीना है। रौला को यहीं होटल में शाम की शिफ़्ट की नौकरी मिली है और मेरा अंदाजा है कुछ पॉकेट मनी से भी बचाया होगा।

रौला ख़ुश है कि अब वह शराब पी पाएगा। गर्लफ़्रेंड बनाएगा।

भारत में यह ठीक से परिभाषित नहीं कि घर कब छोड़ना है? छोड़ते सभी हैं, पर कोई क़ानून या नियम नहीं। जब मन है छोड़ो। शराब-शबाब की भी उम्र निर्धारित है, पर वो भी काफ़ी अलग-अलग है। कुछ स्कूल से सब कुछ करते हैं। कुछ कॉलेज से, कुछ नौकरी के बाद, कुछ कभी नहीं। शारीरिक संबंध का भी यही हाल है, पर विवाह से इतर अनैतिक कहलाता है (था)। पर भारत में विवाह की उमर अलग-अलग है।

ऊपर से करियर भी तो है। कभी करियर पहले बनता है, कभी प्रेम पहले होता है, कभी दोनों साथ होते हैं, कभी दोनों नहीं होते। आत्मनिर्भरता हो तो संभवतः आप मनचाहा करें। पर पिता के धन पर ऐश नॉर्वे में संभव नहीं। अठारह के बाद तो बिल्कुल नहीं। अब या तो पश्चिम की मानिए या पूरब की।

भारतीय युवाओं के लिए पहला उपाय है कि अठारह वर्ष के बाद मुक्त हो जाना। मज़दूरी कर, पैसे कमा कर ही अपने दम पर ही गर्लफ़्रेंड, शराब इत्यादि। कठिन है? जो है, यही है। पिता खून-पसीना लगा धन कमाए और बेटा शराब में उड़ाए। यह ठीक नहीं। दूसरा तरीका है कि हिसाब नोट किया जाए और पिता को वापस किया जाए। और तीसरा, जो भारतीय सिस्टम है, उससे चलिए।

फ़िलहाल रौला जा रहा है पिता के साथ फ़्लोरिडा। यह पिता के ख़र्चे पर आख़िरी ऐश है।

❑

चिरंजीवियों की दुनिया

जब मैं नॉर्वे आया ही था, मुझे मेरे नॉर्वेजियन मित्र ने ढाई बजे दिन में डिनर पर आमंत्रित किया। मैंने बार-बार पूछा, 'लंच या डिनर?' और उसने कहा डिनर।

अधिकतर नॉर्वेजियन 5-6 बजे शाम तक डिनर कर लेते हैं और यही उनका मुख्य गरम भोजन है। भारत में चार बजे तो हम ऑफ़िस से निकलते हैं, पाँच बजे चूड़ा-चना फाँक रहे होते हैं। जब तक सूरज न डूबा, रात न हुई, भोजन कैसे होगा?

लंच भी यहाँ सब 11 बजे दिन में करते हैं, जो ठंडा भोजन होता है। कुछ ब्रेड और कुछ मांस के पैकेटबंद स्लाइस। मांस कभी कच्चा, कभी उबला और कभी-कभार तला और मसालेदार। जिसकी जैसी श्रद्धा। पर लंच अक्सर ठंडा ही खाते हैं और डिनर गरम।

लंच-डिनर के अतिरिक्त हालाँकि सुबह 7 बजे हमारी तरह 'चूड़ा-दही' नाश्ता करते हैं। चावल या जई (oat) के फ़्लेक्स को दही में गूँथ कर खाने का रिवाज है। अंडे को आधा उबालो और उसका छिलका बस थोड़ा सा ऊपर से हटाओ, जिससे कि अंडे में छेद बन जाए। फिर चम्मच से कुरेद-कुरेद कर खाओ। या यूँ ही ब्रेड के साथ कुछ भुने मांस के टुकड़े।

हाँ! डिनर भरपेट होता है और कोई जानवर बलि चढ़ता है। आजकल हिरण और 'एल्ग' यानी कुछ जंगली हिरण पॉपुलर हैं। क्रिसमस स्पेशल वैसे भेड़ या सूअर की छाती का मांस है। कैल्कुन (टर्की या बड़ा बगुला) वे खाते हैं जो अमरीका से प्रभावित हैं। बाकी साल गाय-भैंस की बीफ़ और गर्मियों में ताज़ी मार कर लाई मछली मुख्य हैं। मुर्गे को ये कमज़ोर मांस समझते हैं, ख़ास भाव नहीं देते। मुर्गा अमरीका और इंग्लैंड में ही लोकप्रिय है, बाकी यूरोप में मुर्गा खाते लोग कम मिलते हैं। सूअर को बाकी वर्ष यह मांस नहीं समझते। सब्जी की तरह बच्चों के ब्रेड में या पॉपकॉर्न वग़ैरह के साथ फ्राई कर खा जाते हैं।

हरी सब्ज़ी ज़रूर खाते हैं, पर कच्ची। गोभी, टमाटर, गाजर, मूली, मशरूम, कुछ कंद, साग वग़ैरह सब फ़टाफ़ट मशीन से काटकर रख लेते हैं और मवेशियों की तरह चबा जाते हैं। साथ में लुम्पा (पतली रोटी) या उबले आलू या घर में बेक किए ब्रेड भी ज़रूरी हैं।

पाँच बजे के बाद अमूमन भोजन नहीं। कुछ युवा रात को एक सैंडविच खा भी लें, बाकी बिना खाए ही सोते हैं। भोजनोपरांत शाम को 5-6 बजे से सब दौड़ते, खेलते मिलेंगे।

सेहत सब की अच्छी है, इसलिए मैं भोजन की निंदा नहीं कर सकता। पर जब भी मेरा डब्बा खुलता है, उनकी जीभ लपलपा जाती है। कभी-कभार न्यौता देता हूँ, मिनटों में उँगलियाँ चाटकर साफ़ कर देते हैं। भारतीय भोजन के दीवाने तो हैं। शायद इसलिए कि इनके जीवन से वास्तविक 'कुकिंग' ग़ायब है।

चाहे पौराणिक भारतीय या रोमन प्रथाओं की बात करें, भोजन के प्रहर कुछ मिलते-जुलते रहे हैं। सुबह का नाश्ता, हल्का लंच और गोधूलि बेला में डिनर। इसे ग़लत नहीं कह सकते, क्योंकि यहाँ के लोग विश्व-स्तर पर सबसे स्वस्थ लोगों में हैं। क्या भारत में भी ऑफ़िस ख़त्म होते ही पाँच बजे भोजन कर लेना मुमकिन होगा? व्यक्तिगत स्तर पर ही संभव है। भारत कोई छोटा और नवजात देश तो है नहीं कि जब मर्जी खिला दिया। भारत में भोजन एक उत्सव है, जहाँ पाक एक कला है और समय इसकी गुणवत्ता का वाहक है। जितनी देर लगेगी, उतना लज़ीज़ भोजन बनेगा। पाँच बजे तक क्या पकेगा और क्या बनेगा?

अब मुझे भोजन का शौक़ है। आनुवंशिक मामला भी है, कुछ अपनी प्राथमिकता भी। कुछ दिनों से पेट से चर्बी घटाने की क़वायद में एक समय फल और हरी सब्ज़ी से गुज़ारा कर रहा हूँ। आज डेढ़ महीने बाद पाँच किलो घटा तो काफ़ी दिनों बाद जोश में पेट भर मनचाहा खाया।

मेरे विभाग में जो युवा महिलाएँ हैं, वे भी पेट घटाने के चक्कर में हरी सब्ज़ियाँ खा रहीं हैं। हमारे लंच टेबल पर बस घास-फूस नज़र आता है। बिना चीनी के चॉकलेट। एनर्जी-फ्री पेय, एवोकैडो। मांस में अधिक से अधिक कुछ

मछलियों के स्लाइस। यह जीवन भी कोई जीवन है? पर टेबल का एक कोना ख़ुशनुमा होता है।

यह कुछ मजदूरों का कोना है। यहाँ के मजदूर मस्त लंबे-तगड़े होते हैं, डंगरी जैकेट डाले और पैंट-धूल में लिपटे। वो भूरे रंग के मोटे ब्रेड, चीज़ के बड़े टुकड़े और मांस का एक बड़ा टुकड़ा लेकर बैठते हैं और हब्शियों की तरह नोंच-नाँच कर खा डालते हैं। ये यूरोप के ग़रीब इलाक़ों जैसे पोलैंड, सर्बिया, ग्रीस और रोमानिया वग़ैरह से आते हैं। इनको खाते देख मुझे गाँव के किसान-मजदूर याद आ गए।

उनका भोजन मोटी गेहूँ या मडुआ (रागी) की रोटी इनके मोटे ब्रेड से मिलता-जुलता है। नमक-तेल की जगह 'चीज़' ने ले ली। मांस का टुकड़ा वहाँ भी खाते हैं, आँत वग़ैरह। इनको कैलोरी की चिंता नहीं, सब कैलोरी पसीने में बहा लेते हैं। बाकी जो ललबबुआ वर्ग है, वो यहाँ हो या वहाँ, यही सोच रहा है कि पेट की चर्बी का क्या करूँ?

ईस्टर के मौके पर एक मित्र ने अपने पहाड़ी घर पर आमंत्रित किया। यह बात बार-बार आएगी कि हर नॉर्वेज़ियन का ऊपर जंगलों में एक झोपड़ा होता है। ठीक वैसे ही जैसे हर शहर में बसने वाले का अब एक गाँव होता है। फ़र्क ये है कि नॉर्वेज़ियन साल में दो-तीन दफ़े यहाँ पहुँच कर साफ़-सफ़ाई करते हैं और सपरिवार इस वीराने में समय बिताते हैं। मुझे जब निमंत्रण दिया, तो यह पहले ही बता दिया कि अपना बोरिया-बिस्तर लेकर आऊँ और अमुक दिन का भोजन मुझे बनाना है। यह सब तय था कि एक दिन वह खाना बनाएँगे, एक दिन उनका सौतेला बेटा, एक दिन बेटी और एक दिन मैं। जो खाना बनाएगा, वह उसकी सामग्री भी लेकर ही आएगा।

ख़ैर, खाना बनाना ख़ास समस्या थी भी नहीं। किसी ने मेक्सिकन डिश बनाई, किसी ने ख़ालिस नॉर्वेज़ियन, तो हमने भारतीय। यह खाना टेबल पर सजाया जाता। लोग ज़्यादा थे, तो एक और मेज़ जोड़ दी जाती। पर सब साथ ही खाते। नॉर्वेज़ियन कभी अलग खाना पसंद नहीं करते। भले ही पूरे दिन वे न बतियाए, अपना स्वतंत्र जीवन जीएँ, पर खाने की मेज़ पर वे ज़रूर साथ होंगे। सब कुछ अलग-अलग, पर चूल्हा एक।

  ख़ुशहाली का पंचनामा

अब भारतीय भोजन तो गरमा-गरम ही अच्छा लगता है, पर वे तब तक इंतज़ार करते रहे जब तक हम साथ न बैठ जाते। यह भी एक वजह होगी कि नॉर्वे में पिज़्ज़ा ठंडा भी खाया जाता है। गरम खाने का ख़ास प्रचलन नहीं, बस खाना साथ होना चाहिए।

यही हाल ऑफ़िसों में भी है। एक ख़ास वक्त पूरा ऑफ़िस खाने की मेज़ पर होगा। बॉस से लेकर हर छोटा-मोटा स्टाफ़ साथ बैठेंगे। उसी वक्त अश्लील चुटकुले भी चलेंगे और बेतुके ठहाके भी। खाने की अदला-बदली भी चलेगी। कोई कोल्ड-ड्रिंक और चॉकलेट खाकर उनकी ख़िल्ली उड़ाएगा, जो कैलोरी बचाने में लगे हैं। ग़र इस मेज़ पर कोई नहीं मौजूद, तो पूछ-ताछ होगी कि वह क्यों नहीं आया। कभी-कभार कुछ इंतज़ार भी कर लेंगे।

कुछ ऑफ़िसों में कैन्टीन हैं, पर अपना डब्बा लेकर आने का भी ख़ूब रिवाज है। कुछ शेयरिंग का भी हिसाब-किताब है। अब तीन लड़कियों ने मिल एक ब्रेड का पैकेट, जैम वग़ैरह ख़रीद लिया और हफ़्ते भर चलाया। अलग-अलग ख़त्म न कर पाते, ख़ामख़्वाह फेंका जाता। कुछ ने आपसी हिसाब-किताब भी बना रखा है कि एक दिन फलाँ खाने का इंतज़ार करेगा तो दूसरे दिन फलाँ। नॉर्वे भले ही एक वैयक्तिक स्वतंत्रता का देश नज़र आए, यह अचानक सामुदायिक भी हो जाता है।

बड़े ऑफ़िसों में जहाँ सौ-दो सौ लोग हैं, वहाँ का भोजनालय भी विशाल है, पर खाते सभी साथ ही हैं। यह ज़रूर है कि एक मेज़ पर सब नहीं खा सकते। पर लोग एक ख़ास क्रम में बैठना शुरू करते हैं। जो जैसे-जैसे आता गया, अपने से पहले व्यक्ति के साथ बैठता गया। यह नहीं कि एक ने पहली मेज़ चुनी तो दूसरे ने आख़िरी और अकेले बैठ खा रहे हैं। ख़ायेंगे तो साथ ही। यही वह वक़्त भी होगा जब क़िस्मत होगी तो ऑफ़िस की एक सुंदरी आपके साथ बैठ जाएगी और आप बतियाने लगेंगे। यह एक छोटा रिश्ता बनने का वक़्त है और एक-दूसरे को जानने का। बल्कि इस किताब के अधिकतर संदर्भ उन भोजन की मेज़ों पर ही मिले, जब मैं अलग-अलग लोगों से गप्प मारता रहा।

गाय के दूध के मट्ठे को एक लोहे के बर्तन में जलाया जा रहा है। दूध गाढ़ा होकर भूरे रंग का होता जा रहा है। फिर इसमें बकरी का दूध मिलाया जा रहा

है। दूध का पानी सूख गया है और बस भूरे रंग का ठोस पदार्थ बन गया है। नॉर्वे में 'ब्रूनओस्त' तैयार हो रहा है। खाकर देखा तो हू-ब-हू पेड़ा। लगा मथुरा पहुँच गया।

यह 'ब्रूनओस्त' पूरे यूरोप में शायद कम ही मिले, पर नॉर्वे का यह विशिष्ट भोजन है। बाकी हर तरह के सफ़ेद-पीले 'चीज़'[1] मिलते हैं, पर यह भूरे रंग का 'चीज़' बस नॉर्वे में। यहाँ के 'गुडब्रैंड्स' घाटी में 1800 ई. में जब आर्थिक मंदी आई, तो एक ग्वालिन आन्ने होवे ने इस पेड़े का आविष्कार किया। यह नॉर्वे में इतना लोकप्रिय हुआ कि ओस्लो में एक फ़ैक्टरी बनाई गई। कुछ ही वर्षों में वह घाटी समृद्ध हो गई और राजा ने उस ग्वालिन को सम्मानित किया। पेड़े से आर्थिक मंदी का ख़ात्मा? अजीब लगता है। पर यही सत्य है। आज भी इसी घाटी के पेड़े मशहूर है। यह नॉर्वे का मथुरा है।

मैं 'ब्रूनओस्त' में काजू और कुछ मेवे डालकर पेड़ा बना लेता हूँ। यहाँ के लोग ब्रेड में लगाकर खा लेते हैं। इन्होंने पेड़े का आविष्कार तो कर लिया पर मिठास नहीं ला पाए। शायद मिठास की ज़रूरत ही नहीं महसूस हुई। पर यह सब अजीब नहीं लगता कि पूरी दुनिया में पेड़े बस भारत और नॉर्वे में मिले?

एक दफ़े एक गाड़ी पेड़ा लेकर सुरंग से गुज़र रही थी और उसमें आग लग गई। धू-धू कर पेड़ा जलने लगा। पेड़ा जितना ज्वलनशील कोई मिठाई नहीं, यह तभी दुनिया को पता लगा। यहाँ लोगों ने बताया कि वह पेड़ा जलकर और भी स्वादिष्ट हो गया था।

एक और बात शायद आपने ग़ौर की हो। मैंने लिखा ग्वालिन। नॉर्वे में गाय का कारोबार पहले औरतों के हाथ में था। दूध दुहने से 'चीज़' और पेड़ा बनाने तक। आज भी यहाँ के किसान जब बाज़ार लगाते हैं तो ग्रामीण महिलाएँ ही यह पेड़ा बनाकर लाती हैं। हिन्दुस्तान में भी कुछ ऐसा ही था, हालाँकि अब पुरुष इस धंधे में अधिक हैं। बड़े बर्तनों में पेड़ा बनाने वाली यहाँ की महिलाएँ हृष्ट-पुष्ट होती हैं। ख़ैर, यहाँ महिलाएँ पेड़ा बनाए न बनाए, भारतीय महिलाओं की अपेक्षा तगड़ी तो होती ही है।

---

1   cheese

 ख़ुशहाली का पंचनामा

सब पेड़े का कमाल है।

"डॉक्टर झा! आपकी रिपोर्ट आज मिली। कुछ व्यस्तता थी और फिर छुट्टियाँ आ गईं। आपने लिखा था, मरीज को कैंसर है। मुझे भी अंदेशा था, तो एडमिट करवा दिया था। मैं आज ही छुट्टी से वापस आया। मरीज के परिजनों से पता चला, वो चल बसे।" डॉ. जैकब्सन का पत्र देख मैं अवाक् रह गया।

मरीज बस एक दिन चल बसे और उनके फ़ैमिली डॉक्टर आज बता रहे हैं? ये कैसा अजीब देश है?

हिंदुस्तान में जब कोई बीमार होता है, मरणासन्न होता है या कैंसर होता है; उसका कबीला, उसका गाँव, उसके हज़ारों परिजन, उसके परिजनों के मित्र सब साकाँक्ष होते हैं। पचास जगहों से 'ओपिनियन' लिए जाते हैं। डॉक्टरों की फ़ेहरिस्त तैयार होती है। दिल्ली, बंबई, वेल्लोर सब घूम आते हैं। हर कोई एक नुस्खा बताता है। फ़ोन पर, राह चलते, ट्रेन में, सोशल मीडिया पर। अस्पतालों में परिजनों का ताँता लगता है। डॉक्टरों से पैरवी कराई जाती है। अनुष्ठान होते हैं। मृत्यु से विजय पाने की पुरज़ोर कोशिश होती है। मृत्यु के बाद सार्वजनिक क्रंदन, आक्रोश, अविश्वास और समर्पण। ब्राह्मण-भोज, गोदान और पिंडदान। मृत्यु एक उत्सव है, जो बस यूँ ही नहीं हो जाता। आप जीएँ दुनिया के किसी कोने में, मगर मरें भारत में ही। अमरीका में मरकर आपको मोक्ष-प्राप्ति संभव नहीं। विश्व के 90 प्रतिशत भूत विदेशी हैं। भूत गोरे होते हैं, काले नहीं।

लगभग दशक पहले गुड़गाँव के एक अस्पताल में टटपूँजिया डॉक्टर था। रात में जब सब बड़े डॉक्टर रुपयों के अंबार पर कचमच करते सोते थे, मैं जागता था। भारत में अक्सर बड़ी बीमारियाँ रात्रि के प्रथम से द्वितीय प्रहर में होती है। असल मरीज वो है, जो सन्नाटे को चीरता, परिजनों की चीख-पुकार के साथ एम्बुलेंस से पधारे। जो दिन-दहाड़े चल-फिर कर आये, अमाँ वो भी कोई मरीज है?

"डॉक्टर साहब! इमरजेंसी है!" ये फ़िल्मी अंदाज़ में कैजुएल्टी के दरवाज़े को धक्का देकर घुसने वाले मरीज कंपन पैदा कर देते हैं।

सब पढ़ा-लिखा विलुप्त हो जाता है और आप कैसे सुपरमैन की तरह उछलकर छाती पर चढ़ जाते हैं। नर्स दो-चार इंजेक्शन ठोक देती है और आप

मास्क पहन मरीज को लेकर द्रुत-गति से लगभग मौक़ा-ए-वारदात से फ़रार होकर आई.सी.यू. में घुस जाते हैं। ये एक कला है, जो मुझे रूसी डॉक्टरों ने सिखायी। रूसी डॉक्टर मतलब वो भारतीय डॉक्टर जो रूस से पढ़कर आये। इमरजेंसी सँभालने में इनका कोई सानी नहीं। उनसे ही मैंने सीखा कि गर नूह (हरियाणा) से मरीज आए तो पिछले दरवाज़े से भागना होता है। हो सकता है किंवदंती हो, पर एक दफ़ा एक मरीज के साथ कुछ लट्ठ लिये लोगों का दस्ता आया था।

"डॉक्टर! पैसे जितने लगें ले ले, पर उँगली जुड़ जाणी चाहिए इसकी।"

हाथ में एक प्लास्टिक के थैले में उँगली पकड़ा दी। मरीज के हाथ में जैसे-तैसे रक्त-शोणित गमछा बाँध रखा था। मैं ठहरा नौसिखिया, काँपने लगा। जल्दी से फ़ाइल तैयार की।

पूछा,

"कहाँ से हैं आपलोग?"

"नूह"

"बस नू?"

"हाँ भई नूह! कभी नाम नहीं सूणा के?"

सूरमाओं को बुलवाया और उँगली जोड़ दी गई। ख़ूब गले मिलकर गए। 'नू' आने का न्यौता भी दिया, पर कभी हिम्मत नहीं बनी।

हिंदुस्तान में हर शहर से कुछ जुड़ा है। आप किस राज्य से हैं, किस जिले से हैं, किस गाँव से हैं और गाँव के किस हिस्से से हैं? इससे आपका व्यवहार काफ़ी हद तक निर्धारित हो सकता है। आप समझते हैं कि आपको कोई नहीं जानता तो काशी के घाट या मथुरा घूम आयें। वहाँ के पंडे भी आपकी जन्म-कुंडली और कुल-वृक्ष सुनाने की क्षमता रखते हैं।

यहाँ नॉर्वे में मुझे क़ैदियों की तरह एक 'नंबर' दिया गया है। मुझे ही नहीं, समस्त नॉर्वेवासियों को। यही पद्धति लगभग विश्व के सभी विकसित देशों में है। इस नंबर से आपका इतिहास-भूगोल सब निकल कर आ जाएगा। भारत में

  ख़ुशहाली का पंचनामा

भी कई नंबर आये और गए। पासपोर्ट, वोटर कार्ड, पैन-कार्ड पर इनमें कोई भी ऐसा एक नंबर नहीं जिसे आप मुँह पर मारकर आगे बढ़ सकें। कोई आई. डी. है तो ऐड्रेस-प्रूफ नहीं। कोई दोनों है, पर आपका पता वो नहीं। अब बिजली बिल लगाओ, फ़लाना लगाओ। अजी, इन सरकारी महकमों से बेहतर तो बनारस के पंडे हैं। एक झटके में सारा चिट्ठा खोल कर रख दें। अब आधार कार्ड आया तो निजता की समस्या आ गई। पर नॉर्वे में यह नंबर ही आपकी पहचान है।

चलिए, नंबर से जोड़ दिया, वह तो ठीक है। इन देशों में आपसे एक डॉक्टर भी बाँध देते हैं। इन्हें आप फ़ैमिली डॉक्टर पुकारें या कुछ भी, यही सर्वेसर्वा हैं। ये प्रथा भारत में भी थी। फ़ैमिली डॉक्टर ही क्या फ़ैमिली हजाम (नाई) भी होते थे। इनको आपके परिवार की हर छोटी-मोटी मर्ज़ का इल्म होता। इन पर हम अंधविश्वास करते। ये जो भी दवा देते, उसी से जीते। ये कहते, अब बचने की उम्मीद नहीं। लोग ख़ुशी-ख़ुशी मर जाते। पर जब बाकी अंधविश्वासों पर गाज गिरी, तो इन पर भी शक़ किया जाने लगा। लोग 'सेकंड ओपिनियन' लेकर इनको ठेंगा दिखाने लगे।

कुछ डॉक्टर अच्छे, कुछ बुरे कहलाने लगे। कुछ की दवायें रामबाण, कुछ बिल्कुल नहीं असर करती। डॉक्टरों के 'साइन-बोर्ड' लंबे होने लगे। MBBS से MRCP, FAGCP, ACGOG, DTCD, कोई अक्षर बचना नहीं चाहिए। जितनी लंबी बोर्ड, उतने बड़े डॉक्टर। विदेशों से तमग़े।

गर विदेशी तमग़ों की इतनी क़ीमत है, तो भला विदेशी स्वयं तमग़े क्यूँ नहीं लगाते? अमरीका हो या यूरोप, कहीं 'साइन-बोर्ड' की परंपरा नहीं। सभी डॉक्टर एक ही जैसे हैं, एक ही दवा देते हैं। न भी देते हैं, तो आप कुछ ख़ास नहीं कर सकते। डॉक्टर यहाँ बस एक कर्मचारी है, भगवान नहीं। उसकी बुद्धि बस अंतरराष्ट्रीय शोध-सिद्ध 'प्रोटोकॉल' तक सीमित है, अपनी कलाबाजी नहीं दिखाता। बड़े अस्पताल के डॉक्टरों की तरह ये नहीं कहता कि अब तक जो भी इलाज हुआ, वो बकवास है। असल इलाज तो अब शुरू होगा।

विदेशों में भी मशहूर डॉक्टर हैं, जिनकी किताबें भारतीय डॉक्टर पढ़ते हैं पर वो विदेशों में पूजे नहीं जाते। उनमें लिखने की कला थी, किताब लिख दी

पर डॉक्टरी में वे समकक्ष हैं। यहाँ कोई भी डॉ. त्रेहान या देवी शेट्टी जैसे मशहूर नाम नज़र नहीं आते। कम से कम मरीज़ों को तो कोई इल्म नहीं। जिसके पास भी आपके इलाज करने का सर्टिफ़िकेट है, वह क़ाबिल है। हाँ! इस सर्टिफ़िकेट तक पहुँचने में ज़रूर पापड़ बेलने होते हैं।

आप जब तक क़ाबिल नहीं हो जाते, ये आपको मरीज देखने की स्वतंत्रता नहीं देते। हिंदुस्तान में पहले सर्टिफ़िकेट मिलता है, क़ाबिलियत आपको धीरे-धीरे हासिल करनी होती है। आप कैसे क्लिनिक बनाते हैं, कैसे मरीज से बात करते हैं, कैसे विश्वास जमाते हैं और आप दिखते कैसे हैं? डॉक्टर एक 'ब्रांड' है जिसकी 'मार्केटिंग' उन्हीं के ज़िम्मे हैं। कई डॉक्टर जो लोकप्रिय हो जाते हैं, वे मरीज़ों को वक्त नहीं दे पाते। जिनके पास वक्त है, वे लोकप्रिय नहीं होते। मिला-जुला कर इलाज का कोई 'प्रोटोकॉल' नहीं, बस आपकी मर्जी चलती है। एक लिखेगा आम, तो दूजा इमली। दोनों के तर्क हैं, अपना-अपना तजुर्बा है। पर प्रोटोकॉल-पद्धति में ऐसा नहीं होता।

मसलन नॉर्वे (या किसी विकसित देश) में अगर आपको खाँसी-जुकाम है, तो आप अपने फ़ैमिली डॉक्टर को फ़ोन करेंगे। वह आपको कोई दवा नहीं बताएँगे। आपसे दो हफ़्ते बाद मिलने की तारीख़ देंगे। आप खीज कर रह जाएँगे। दो हफ़्ते बाद आप ठीक हो चुके होंगे और ख़ुद ही 'अपॉइंटमेंट कैंसिल' कर देंगे। वाइरल बीमारियाँ अपने-आप ठीक हो जाती हैं, घरेलू उपचार से। ठंड में कपड़े पहनने से। गरम पानी पीने से। ये हम सब जानते हैं, पर हमें एंटीबॉयटिक फाँकने की तलब हो गई है। 'टैक्सिम-सिप्लॉक्स' के पत्ते और डोज़ ऐसे बनवाते हैं, जैसे पान में कत्था लगवा रहे हों। फ़लाँ एंटीबॉयटिक मुझे एक दिन में फ़िट कर देगी। साथ में रजनीगंधा के पाउच की तरह विटामिन फ़ाँक लूँगा तो कमज़ोरी भी न होगी। 'व्हाट्स-ऐप' पर अपने चिकित्सक मित्र से एंटीबॉयटिक लिखवाना। इंटरनेट पर उपचार ढूँढना। हर तीसरा व्यक्ति बीमारी विशेषज्ञ बन कर घूम रहा है।

पर ताज्जुब की बात है, नॉर्वे जहाँ तापमान-25 डिग्री तक जाता है, वहाँ सर्दी-जुकाम न के बराबर होते हैं। आपका बदन कुल्फ़ी बन जाएगा, पर आप खाँसेंगे नहीं। मुझे तो हल्की सी ठंडी हवा बहने से जुकाम होता था। यहाँ क्यूँ

 ख़ुशहाली का पंचनामा

नहीं होता? इसकी एक वजह हो सकती है कि यहाँ वाइरस ही नहीं होते। पर तफ़्तीश की तो इसकी पुख़्ता वजह मिली।

यहाँ चाहे बर्फ़ गिर रही हो या बरसात, बच्चों को स्कूल वाले बाहर खेलने ले ही जाते हैं। उन्हें जितनी भी सर्दी-जुकाम होनी है, जीवन की शुरुआत में ख़ूब होती है। बीमार पड़ने पर आपको 3 दिन 'किंडर-गार्डेन' नहीं आने देते। और चौथे दिन से फिर वही प्रक्रिया शुरू। एक वर्ष बिना एंटीबॉयटिक खाए बीमार होकर ठीक होने के बाद बच्चा अजीब अक्खड़ बन जाता है। सर्दी-जुकाम हमेशा के लिये छू-मंतर हो जाता है। जब बच्चों को नहीं होता तो बड़ों को भी नहीं होता। वाइरस होते तो हैं पर शरीर के तोरण-द्वार भेद नहीं पाते। धीरे-धीरे वाइरस भी हिम्मत हार जाते हैं। कभी-कभी लगता है, ये दवा-विहीन जीवन हमें पिछली सदी में धकेल रहा है। पर क्या बुरा है?

बिना एंटीबॉयटिक के प्रयोग के इस देश (या अन्य कई देश जैसे ऑस्ट्रेलिया) की औसत आयु 80 वर्ष से ऊपर है। हम एंटीबॉयटिक खा-खाकर 60-65 वर्ष पर अटके हैं। भारत में कई युवा अस्पताल में मरते हैं, यहाँ क्यूँ नहीं मरते? कहीं हमारी 'इम्यूनिटी' एंटीबॉयटिक खाकर ख़त्म तो नहीं हो रही? भारत में 'सुपर-बग' यानी महान कीड़े पाए जाते हैं जिनके सामने सब एंटीबॉयटिक बेकार है। हमने अपने सारे एंटीबॉयटिकास्त्र यूँ ही वाइरसों पर बरबाद कर दिए। जब असल बैक्टीरिया आए, तो तरकश ख़ाली।

वैसे मेरा तर्क बकवास है कि एंटीबॉयटिक खाने से उमर घटती है। ग्रीस विश्व के सबसे अधिक एंटीबॉयटिक खाने वाले देशों में है और फ्रांस भी। पर इन देशों में भी औसतन लोग 80 वर्ष से ऊपर जीते हैं। बस यहाँ आप अपनी मर्जी से एंटीबॉयटिक नहीं खा सकते। 'ओवर द काउंटर' यानी सीधे दुकान से नहीं ख़रीद सकते। डॉक्टर लिखेंगे तो खा सकते हैं।

ग्रीस की बात आयी तो वहाँ के इकारा द्वीप में 100 वर्ष जीने वाले कई लोग हैं। ऐसा ही कुछ लोग पाकिस्तान की हम्ज़ा घाटी या जापान के ओकिनावा द्वीप के बारे में भी कहते हैं। इकारा में लोग ख़ूब सिगरेट पीते हैं, शराब भी। फिर भी 100 साल कैसे जीते हैं? वहाँ सभी लगभग शाकाहारी हैं और ख़ुद ही उगाते

हैं, ख़ुद ही खाते हैं। ऐसे भोजन को 'ऑर्गैनिक फ़ूड' भी कहा जाता है। इसमें कई 'एंटी-ऑक्सिडेंट' होते हैं, जो आपको मरने नहीं देते। बाकी वहाँ बैल-वैल शायद नहीं है और सब खेत ख़ुद ही खोद डालते हैं और यही उनका व्यायाम है। ऐसा ही कुछ अमरीका के अमिश प्रजातियों में भी देखा जाता है।

एंटीबॉयटिक या दवाओं की बड़ी कंपनियाँ भी इन विकसित देशों में ही हैं। ग़र हम बीमार न हों, उपयोग न करें, सारी कंपनियाँ डूब जाएँ। भारत के लिए पेनिसिलिन एक इतिहास है। एम्पिसिलिन और एमॉक्सिसिलिन भी आधों पर बेअसर है। नॉर्वे अब तक इन्हीं घिसी-पिटी दवाओं पर है। मैं जब भारतीय अस्पताल में था तो एक 30 वर्ष की संभ्रांत महिला पिछले पंद्रह बरस से पेशाब में जलन के लिये बदल-बदल कर एंटीबॉयटिक फ़ाँक रहीं थी। जब उनका ये जाँच किया गया कि इन पर कौन सी एंटीबॉयटिक असर करेगी, तो पता लगा बस एक! उस दवा के एक डोज़ की क़ीमत 1200 रुपए। यह ब्रह्मास्त्र है। दवा न दो तो हल नहीं। दवा दो तो अब आगे कुछ सालों बाद यह भी बेअसर हो जाएगी। आप सोचिए कि क्या निर्णय लिया गया होगा? ब्रह्मास्त्र बस पेशाब के इंफ़ेक्शन में छोड़ दिया गया वो भी 30 वर्ष की उम्र में। नॉर्वे या यूरोप में इस फ़ैसला लेने पर कमिटी बैठ जाती। भारत में यह सुबह के पाँच मिनट के राउंड में निर्धारित हो गया। कोई बात-विचार नहीं। हम यूँ ही विश्व के सबसे बड़े दवा-मार्केट में एक नहीं। यहाँ दवा चना-ज़ोर-गरम की तरह घूमते-फिरते बाँट दी जाती है।

लोग कहते हैं गंगा में डुबकी लगाने से सारी बीमारियाँ मिट जाती हैं। मुझे वैज्ञानिक रूप से आंध्र के पतंचेरू में ऐसी नदी मिल गई है और वह भी अपनी पढ़ाई के सिलसिले में नॉर्वे की एक डॉक्यूमेंट्री देखते हुए।

मैं 'सुपर-बग' से जुड़ा एक नॉर्स्क लेख लिख रहा था तो यह डॉक्यूमेंट्री मिली। नॉर्वे ही नहीं, लगभग पूरे विश्व की ऐंटीबॉयटिक का बड़ा हिस्सा भारत से आता है। हैदराबाद से कुछ दूर मेडक और पतंचेरू का इलाका है जहाँ दुनिया भर की ऐंटीबॉयटिक फ़ैक्टरियाँ है। कंपनियाँ एंटीबॉयटिक बनाती हैं, वही सिप्लोक्स-डॉक्सिसाइक्लिन वग़ैरह और अपना कचरा यहाँ नाले में डाल देती हैं जो नदी में चला जाता है। प्रतिदिन इतनी एंटीबॉयटिक बहती है जिससे

90 हज़ार लोगों का इलाज संभव है। यहाँ का पानी पी लें, आपको किसी दवा की ज़रूरत नहीं। अमृत है।

जनाब! अमृत क्या, ज़हर है ज़हर! यहाँ के आस-पास खेत बंजर हो गए। नदी का पानी पीला पड़ गया है। यहाँ के बच्चे इतना ऐंटीबॉयटिक पी चुके हैं, कि उन पर कोई दवाई असर नहीं करती। उनके अंदर 'सुपर-बग' आ गया है जिसे हम 'ऐंटीबॉयटिक रेजिस्टेंस' कहते हैं। बच्चे ही नहीं, बड़े भी।

पहले मनमोहन सिंह जी की सरकार के सामने बात उठाई गई, पर बड़ी-बड़ी दवाई कंपनियों के सामने घुटने टेक दिये। इन कंपनियों से तेलंगाना का 30% जीडीपी आता है। मैं कंपनियों के नाम नहीं लूँगा, कुछ इनके तले मेरी भी ग़र्दन दबी है। पर, इनकी दवाइयों से अमरीका और यूरोप के लोगों की जान बचती है। अब इस ऐंटीबॉयटिक-गंगा से कुछ बच्चों की जान पर ख़तरा भी है। जब यह डॉक्यूमेंट्री यहाँ बैठे देख रहा था, तो अजीब सी कुलबुलाहट हो गई। जैसे ये हमारी ग़रीबी और बेबसी का चित्रण कर घड़ियाली आँसू बहा रहे हों और इनके साथ मैं भी।

नॉर्वे सरकार ने निर्णय लिया कि जब तक यह दवा कंपनियाँ अपने कचड़े निकास का रास्ता बेहतर नहीं बनाती, यह वहाँ से दवा लेना बंद कर देगी।

मेरा पाठक बंधुओं से निवेदन है कि अपनी मर्जी से ऐंटीबॉयटिक फ़ाँकना बंद करें। आपके अंदर भी 'सुपर-बग' घूमेगा। गंगा वही असल है जो इलाहाबाद और काशी से गुज़रती है। गंगा जो पतंचेरू में है वह तो हम डॉक्टरों की प्रिस्क्रिप्शन से निकला ज़हर है। जो दवाएँ नॉर्वे में लिख रहे हैं, उससे भारत के बच्चे मर रहे हैं। यह कैसी नियति है?

मैं यह नहीं कह रहा कि हम पूर्णतया वैदिक दुनिया की ओर लौट जाएँ। हम जैसे चिकित्सक तो भूखे मर जाएँगे पर 'फ़ैमिली डॉक्टर' प्रणाली संभव है। जब विश्व के सभी विकसित देश अपनाते हैं, तो ठीक ही होगा। फ़ैमिली डॉक्टर को एंटीबॉयटिक लिखने की शक्ति कम है। वे कुछ गिनी-चुनी दवाओं में निपटा देंगे। गर ज़रूरत होगी, एक स्पेशलिस्ट के पास भेजेंगे। यह एक प्रोटोकॉल है। आपको एंटीबॉयटिक मिलेगी लेकिन ठोक-बजाने के बाद। स्पेशलिस्ट से

सुपरस्पेशलिस्ट होते हुए आप एम्स भी पहुँचेंगे, लेकिन वह सुप्रीम-कोर्ट है। पहुँचने की वजह होनी चाहिए। इन देशों में ये प्रणाली डिजिटल है। मरीज दौड़-भाग या पैरवी नहीं करता। आपके फ़ैमिली डॉक्टर से ऑनलाइन स्पेशलिस्ट को लिखित अर्ज़ी जाती है और ऐसे ही ऑनलाइन ऊपर तक। आपको फ़ोन या चिट्ठी आती है कि फ़लाँ दिन हाज़िरी दें। इसलिये किसी ख़ास डॉक्टर या ख़ास अस्पताल में ख़ामख़्वाह भीड़ इकट्ठी नहीं होती। आप यूँ ही सेकंड-थर्ड ऑपिनियन के चक्कर लगाते बेहाल नहीं होते।

बाकी, मरते यहाँ भी हैं, वहाँ भी। लेकिन मरने का एक प्रोटोकॉल है।

नॉर्वे में शराब बाकी यूरोप की अपेक्षा दोगुनी और अमरीका की अपेक्षा लगभग तीन गुनी (बीयर) महँगी है। यहाँ आप दोस्तों से ज़िद भी करें तो वर्किंग-डे पर शराब पीने को कोई बिरला ही तैयार होगा। शराब की दुकानें लगभग 100 कोस की दूरी पर हैं जो 6 बजे बंद हो जाती हैं। वीक-डे पर शराब पीने वाले को लोग 'अल्कॉहलिक' कहते हैं। शराब पीकर गाड़ी चलाने पर आपका लाइसेंस 5 साल के लिये उसी वक्त रद्द कर दिया जाता है। 18 वर्ष से नीचे के लोग छू भी नहीं सकते। लोग अक्सर शराब ख़रीदने स्वीडन जाते हैं, पर वहाँ से भी ज़्यादा ला नहीं सकते। मिला-जुला कर यह शीत-प्रदेश होने के बावजूद लगभग शराब-मुक्त है। लेकिन लगभग!!

यहाँ हर शुक्रवार सभी काम ख़त्म होते ही गाड़ी घर छोड़ देंगे। बस या टैक्सी से जायेंगे और रात के 3-4 बजे तक लगातार शराब पीयेंगे। इस अजीबोग़रीब परंपरा को 'हेल्गाफ़िल्ला' यानी 'वीकेंड टुल्ल' होना कहा जाता है, जो यहाँ की संस्कृति का हिस्सा है। आज हल्ला-हंगामा-पुलिस सब होगा और कल से वही दौड़ना, खेलना, पहाड़ चढ़ना।

भारत में भी शराब-बंदी कानून से अधिक आवश्यकता है कि लोग अपनी जीवन-शैली बदलें। गर शराब पीते हैं, तो काम के दिनों में न पीएं, शराब पीकर गाड़ी न चलाएँ। एक नियम से चलें। मैं केरल गया तो देखा वहाँ कुछ ऐसे ही नियम बने। जैसे शराब महीने के उन दिनों बंद, जब वेतन मिलता है। यानी वेतन शराब में न उड़ाएँ। शराब-बिक्री बस सरकारी दुकानों पर होती, जहाँ लंबी पंक्ति

में लग कर ख़रीदना होता। ऐसे में लोगों ने काम के दिनों में शराब पीना कम कर दिया है। पर यह अस्थायी हल है। स्थायी हल आपको पता ही है।

शराब की बात ठीक है, पर नॉर्वे शायद यूरोप का इकलौता देश है जहाँ कमोबेश हर कोई खैनी खाता है, जिसे यहाँ 'स्नूस' कहते हैं। बस-ट्रेन हो या बोर्ड मीटिंग, किसी तबके के हों। हर मीटिंग में लैपटॉप इत्यादि सामने रख एक खैनी की डब्बी भी रखेंगे। और जब भी कुछ 'ब्रेनस्टॉर्मिंग' होगी तो सब जीभ के नीचे खैनी घुसेड़ लेंगे। महिला भी, पुरुष भी। कोई ग़लती से घर भूल आया, तो उधार माँगेगा और अगले दिन उतनी ही खैनी वापस कर देगा। कल स्वीडन जा रहा हूँ, खैनी के ऑर्डर आ रहे हैं। वहाँ कुछ सस्ती है।

सपरिवार एक मित्र के घर भोजन पर गया। ऊपर पहाड़ पर आलीशान मकान, लगभग शीशे का शीशमहल। मेरे शहर का दूसरा सबसे ऊँचा मकान, जहाँ से पूरा शहर नज़र आता है। पति-पत्नी दोनों ही सुंदर युवा नॉर्वेजियन। इससे सभ्य सुशील परिवार शहर में मिलना कठिन। नए साल का आगाज़ था। बच्चों ने कुछ पटाखे फोड़े और हमने भोजन प्रारंभ किया। भोजनोपरांत पति-पत्नी दोनों ने अपनी-अपनी डब्बी निकाली और हमारी तरफ़ बढ़ा दी। जैसे पान बढ़ाते हैं, वैसे तंबाकू। हमने मना कर दिया, तो उन्होंने अपने-अपने होंठ के नीचे दबाया और हम वापस गप्प मारने लगे।

आप अग़र खैनी नहीं खाते, तो आप इस संस्कृति के हिस्सा पूरी तरह नहीं बन सकते। आप अग़र खाते हैं, तो उनके ही कुंभ के बिछड़े भाई हैं। ऐसा ये समझते हैं।

क्या ये खैनी-भोगी देश सचमुच दुनिया का सबसे विकसित देश है?

एक 90 वर्ष के वृद्ध व्हील चेयर पर बैठे हैं, उनकी आर्म-चेयर पर एक स्क्रीन है, उसमें वो अख़बार पढ़ रहे हैं। उसी में विडियो-कॉलिंग की सुविधा भी है, जिससे वो अपने परिजनों से बतियाते हैं। उनके MRI में छोटा सा 'ब्रेन-हिमॉरेज' है। मैं उनके डॉक्टर को फ़ोन लगाता हूँ और उन्हें बताता हूँ। डॉक्टर उन्हें अस्पताल भिजवाने की तैयारी करते हैं।

मैंने कहा,

“परिजनों को बता दूँ?”

वह कहते हैं

“क्या ज़रूरत है? करना तो सब आपने ही हैं और मैं अभी अख़बार पढ़ पा रहा हूँ, मरूँगा नहीं। ये आर्टिकल पढ़कर बता दूँगा।”

गजब का आत्म-विश्वास है।

दरअसल यह हाई-फ़ाई व्हील-चेयर उन्हें सरकार ने दी है। वह एक 'सिकेहेम' यानी वृद्ध मरीज़ों के घर में रहते हैं। वहाँ तमाम सुविधाएँ हैं। उनके बिस्तर पर एक 'सेंसर' है जिससे वो जब लेटते हैं, बत्ती धीमी हो जाती है। उठकर बैठते हैं तो बत्ती जल जाती है। उनके गले में एक गैजेट है। अगर वह घूमने निकलते हैं और एक ख़ास समय तक वापस नहीं आए तो नर्स को फ़ोन चला जाता है। उनके जीवन की ज़िम्मेदारी पूरी सरकार की है और वह उन्हें यूँ ही मरने नहीं देगी।

'ग्लोबल एज़-वॉच इंडेक्स' (2015) के अनुसार नॉर्वे वृद्धों के लिए विश्व में नंबर दो है। भारत 71वें पायदान पर है। यहाँ आप 67 साल में रिटायर होते हैं, पर आप चाहें तो 62 में हो सकते हैं। 62-67 वर्ष के बीच अगर आप काम करें तो आपको पूरी सैलरी और पेंशन दोनों मिलेंगे। पेंशन आपकी सैलरी का 67% होता है, यानी 167% आय इन पाँच सालों में। हर वृद्ध को सभी 'असिस्ट-डिवाइस', जैसे ये व्हील-चेयर व़ग़ैरह मुफ़्त मिलते हैं। अगर आपको कोई बीमारी है तो हर रोज़ एक नर्स आपके घर आकर देख जाएगी। कई लोग मर्ज़ी से वृद्ध-होम में रहते हैं जहाँ डॉक्टर-नर्स सभी होते हैं। वृद्ध ख़ूब सैर-सपाटे भी करते हैं, क्यूँकि उन्हें पेंशन के अतिरिक्त भोजन, रहना सब मुफ़्त होता है। एक पेंशन 'यूनिवर्सल' है यानी आप नौकरीपेशा थे या नहीं, जो लगभग 30,000 क्रोनर मासिक है। पर अगर आय थी तो पेंशन ज़्यादा। कुल मिलाकर बुढ़ापा मज़े में और बिना बच्चों पर निर्भरता के कटता है।

भारत में कई वृद्धों की पी.एफ., ग्रेच्युटी बच्चों के शिक्षा-विवाह इत्यादि में साफ़ हो जाती है। मेरे ख़्याल से रिटायरमेंट-प्लानिंग और आत्म-निर्भरता

ज़रूरी है। मुझे कोई शिकायत नहीं देश की प्रगति से, पर वृद्धों के लिये अधिक से अधिक योजनाएँ हों तो बेहतर है।

कुछ ऐसा ही आत्मविश्वास नज़र आया जब मैंने एक विकलांग मित्र को गाड़ी चलाते देखा। पत्नी एक अच्छी कॉरपोरेट नौकरी में थीं और पति अब टाँगों की क्षति से विकलांग होकर घर पर ही काम करते। उनकी बेटी स्कूल जाती, तो कभी वह लेने आते, कभी पत्नी। गाड़ी सरकार ने ही दी थी, जो एक वैन सरीखी थी। जैसे ही गाड़ी रुकती, इसके दरवाज़े खुल जाते। दरवाज़े के किनारे से एक 'रैम्प' निकल आता। उनका सीट दरअसल एक 'व्हील-चेयर' था, जो खुल कर रैम्प पर आ जाता। वह इसे चलाकर नीचे उतर आते। फिर वापस इसी प्रक्रिया से बड़े आराम से गाड़ी पर सवार होकर चले जाते। गाड़ी के पेडल हाथ से ही नियंत्रित होते। कमाल की बात है कि यह सारा इंतजाम सरकार ने कर रखा था। अगर वह नौकरी न भी करते, तो सरकार वेतन की आधी रक़्म और तमाम सुविधाएँ मुहैया करती ही। नॉर्वे विश्व के सबसे अधिक विकलांग प्रेमी देशों में है। हालाँकि यहाँ दिव्यांग जैसे शब्द नहीं हैं और विकलांग होना कोई सामाजिक समस्या सीधे तौर पर नहीं मानी जाती। पर मेरा प्रश्न यह था कि जिस देश में इतने तलाक़ होते हैं, वहाँ एक विकलांग की सुंदर पत्नी उन्हें छोड़ कर क्यूँ नहीं जाती? मैंने जब एक मित्र से पूछा तो उन्होंने कहा कि यह हमारी संस्कृति में नहीं। एक विकलांग को छोड़ कर उसकी पत्नी कभी नहीं जाएगी। पत्नी तभी छोड़ कर जाएगी, जब वह ठीक हो जाएगा। मैंने पूछा,

"क्यों?" उसने कहा,

"क्योंकि नॉर्वे में ऐसा नहीं होता।" इस बेतुके उत्तर को पता नहीं मैं कितनी बार सुनूँगा।

मेरे मन में एक शाम यह प्रश्न आया कि क्या सचमुच नॉर्वे एक 'हैप्पी' या प्रसन्न देश है? या यह बस आँकड़ों पर बुना एक भ्रम-जाल है?

दुनिया का सबसे ख़ुश देश आत्महत्या में भी टॉप 10 में है। ऐसा क्यों? मैं इंतज़ार कर रहा था कि मेरी साइकोलॉजिस्ट दोस्त कुर्दिस्तान से वापस आए, तो पूछूँ। कुर्दिस्तान! मोसुल से दो मील दूर। लोग अभी स्पेन या फ़्लोरिडा जाते

हैं और यह बाल काले रँगवा कर इराक़ हो आई। कहती है एक दफ़े देखना था कि विश्व की सबसे अशांत जगह कैसी है? पागलपन की शुरुआत तो यहीं से होती है।

यह बस नॉर्वे ही नहीं, सब पर लागू होता है, कि जो स्थान बहुत ही ज़्यादा ख़ुश हैं, वहाँ अंदर ही अंदर एक घुटन होती है। अमरीका में यूटा और हवाई द्वीप सबसे ख़ुश राज्य हैं और दोनों आत्महत्या-दर में टॉप 10 में हैं। वहीं न्यूयार्क, जो सबसे तनावपूर्ण जगह है, वहाँ आत्महत्या सबसे कम होती है।

दरअसल एक देश या राज्य के ख़ुशी के पैमाने हैं अमीर-ग़रीब में भेद, सामाजिक असमानता और औसत उम्र। डॉ. लिस्टर (मेरी साइकोलॉजिस्ट मित्र) के अनुसार जिन देशों में अमीर-ग़रीब में काफ़ी फ़र्क है, वहाँ कुछ लोग बिल्कुल गटर में होते हैं। उन्हें यह नहीं पता होता, आज रात खाएँगे क्या? किसी भी पिरामिड में वे सबसे नीचे और देश की जनसंख्या का बड़ा हिस्सा होते हैं। देश का सारा धन कुछ 1-2% लोगों में सिमटा होता है। इसलिए अगर पूरे देश का जीवन-स्तर या औसत उम्र आँका जाए तो वह उन ग़रीबों के आधार पर होगा। चूँकि नॉर्वे विश्व के सबसे सामाजिक रूप से समान देशों में है, जहाँ सब लगभग बराबर कमाते हैं, जीते हैं, उसकी औसत उम्र या जीवन-स्तर अच्छी होगी। यहाँ कोई ग़रीब नहीं। हाँ, अमीर भी नहीं। पूरे नॉर्वे में किसी के पास अपना प्राइवेट प्लेन या 40 गाड़ियाँ नहीं।

फिर आत्महत्या क्यों? यह पेचीदा मामला है। आपने 'पीयर प्रेशर' तो सुना ही होगा। एक 'बैक-बेंचर' कभी क्लास के टॉपर से नहीं जलता, वह उससे जलता है जो उसके साथ बैठा है। एक भिखारी अंबानी से नहीं जलेगा, वह उस भिखारी से जलेगा जो सड़क की दूसरी ओर कटोरी लेकर बैठा है। अब जब यहाँ कोई आर्थिक या सामाजिक दूरी नहीं, सब बराबर हैं, तो हर कोई एक-दूसरे से मन ही मन जलता है। सब एक दूसरे की कमाई ऑनलाइन देख सकते हैं, तो यह और साफ़ हो जाता है। यही अवसाद (डिप्रेशन) का रूप लेती है और आत्महत्या भी होते हैं।

एक और कारण है 'विंटर ब्लूज़' यानी सूर्य की रोशनी कम होना। पर डॉ. लिस्टर के अनुसार नॉर्वेजियन उससे नहीं परेशान होते, बाहर वाले होते हैं। एक

   ख़ुशहाली का पंचनामा

भारतीय जिसकी हर पूजा सूर्य से शुरू होती है, वह जब 4 महीने सूर्य ही न देखे, तो पगला जाता है। ऐसे ही पाकिस्तानी, अफ़्रीका वाले, किसी भी देश वाले। आप अँधेरे में फ़ुटबॉल नहीं खेल सकते, नॉर्वेजियन रात को ही खेलते हैं। उन्हें भीम की तरह अँधेरे में भोजन करने की आदत है।

पर क्या नॉर्वे की सरकार यूँ ही किसी को मर जाने देती है? इस संबंध में कुछ पढ़ा वाक़्या याद आया।

मशहूर भौतिकविद रिचर्ड फेनमैन एक दफ़ा दक्षिणी अमरीका से गुज़र रहे थे तो एक गड्ढे में गिरी गाड़ी और उसमें बैठा आदमी दिखा। देखने से भद्र पुरुष लग रहा था। उसने कहा, यहाँ ये रोज़ ही होता है, कोई नयी बात नहीं। रिचर्ड फेनमैन की भी तमन्ना थी, एक बार ऐसे ही 'परफ़ेक्ट' गड्ढे में गिरें पर अमरीका वाले गड्ढे को ऐसे चारों ओर से सुरक्षित कर देते हैं, कोई भला गिरना भी चाहे तो गिरे कैसे?

मैं बिहार के स्वर्णिम काल में (जिसे कुछ लोग जंगलराज कहते हैं) मुज़फ़्फ़रपुर से दरभंगा सफ़र कर रहा था। बस कुछ झटके खाकर एकदम फ़ॉर्मूला वन रेस की तर्ज़ पर पूरी 180 डिग्री पलट कर उल्टी हो गई। मेरे सहयात्रियों ने फ़टाफ़ट बस के शीशे ऐसे निकाले जैसे कई बार निकाल चुके हों। दरअसल ये बहुत सुलभ होता है। कीचड़ में कमर तक मैं भी था और बस भी। लेकिन सब इतनी से सहजता से हो रहा था, कि मैं पाँच मिनट में अपना झोला उठाए अगली बस की प्रतीक्षा में था।

यहाँ एक 30 वर्ष के स्वस्थ लड़के को हृदय का पेसमेकर बस इसलिए लगा रहे हैं क्यूँकि उसे 60 की उमर में हार्ट-अटैक की संभावना है। ये सरकार कर रही है, क्यूँकि उसके पिता अभी मरे तो सरकार को अच्छी रक़म अदायगी करनी पड़ी। अब बेटा नहीं मरना चाहिए। बेचारे की मरने की संभावनाओं को ख़त्म कर दिया जा रहा है। भला कोई मरना चाहे तो मरे कैसे?

❑

वेलफ़ेयर स्टेट में काम

स्टीव एक बड़े कंपनी का छोटा मैनेजर है। मैनेजर को कुछ लोग 'एक्ज़ेक्यूटिंग ऑफ़िसर' भी कहते हैं। इनकी तुलना आप 'बड़ा बाबू' से भी कर सकते हैं और नहीं भी। सरकारी ऑफ़िसों में अमूमन एक ही 'बड़ा बाबू' होते हैं, जिनके पास हर फ़ाइल की कुंजी होती है। हर कामयाबी का रास्ता इनकी चौखट से ही गुज़रता है। 'बड़ा बाबू' का एक महत्व है। अगर वो बीमार हों या उनके बेटे का मुंडन हो तो ऑफ़िस थम जाता है। घड़ी की सूइयाँ वहीं रुक जाती है। फ़ाइलें उनके इंतजार में विरह-गान गाती है। सोचिए बड़ा बाबू को अगर गोली मार दी जाए तो कितनों के पेंशन रुक जाएँ, साहब की नींद उड़ जाए, सब कुछ बिखर जाए।

पर प्राइवेट कंपनियों में हज़ार मैनेजर होते हैं। एक मैनेजर को मारो, दूसरा रक्तबीज की तरह खड़ा मिलेगा। सारा ज्ञान कहीं लिखा होता है, डॉक्यूमेन्टेड। इसी प्रणाली को 'ISO' सर्टिफ़िकेट इत्यादि भी कहते हैं। किसी व्यक्ति-विशेष की कोई अहमियत नहीं। वह बस एक पुतला है, जो फलाँ-फलाँ काम करेगा और घर जाएगा। ऐसे पुतलों में वह गंभीर मुद्रा में पान घुलटते 'बड़ा बाबू' की छवि कहाँ? स्टीव भी ऐसा ही एक पुतला है। भावहीन, विरक्त।

"कैसे हो स्टीव? सुना है तुम्हारी कंपनी बिकने वाली है?"

"हाँ! किसने कहा?"

"टी.वी. पर समाचार देखा। तेल के दाम घट रहे हैं, कंपनियाँ बंद हो रही है।"

"ठीक सुना है। कुछ हज़ार लोगों की छँटनी हो रही है।"

"ओह! और तुम?"

"मैं इस छँटनी का मैनेजर हूँ।"

"मतलब?"

"मतलब मेरा काम है अनुपयुक्त लोगों की लिस्ट बनाना।"

“फिर तो तुम बच गए।”

“मुझे कौन निकालेगा? मैंने अमरीका से MBA किया है और आठ साल का अनुभव है।”

जब बाढ़ आती है तो ये नहीं देखती क्या बहा रही है? उसे क्या पता कि फलाँ गुंबद जहाँगीर ने बनवाया या वो रायसाहब की कोठी है। बाढ़ समाजवादी होती है। भेद नहीं करती, सब बहा ले जाती है। हमारे अमरीका से MBA स्टीव जो ‘लिस्ट’ बना रहे थे, उसमें वो ख़ुद बह गए। अब रोज़ दिन-दहाड़े मैदान में फ़ुटबॉल खेलते दिखते हैं। पतझड़ आया तो ‘स्क्वाश’ खेलने लगे। बर्फ़ गिरी तो ‘स्की’ करने लगे।

झील में बर्फ़ की परत जम गई है, लोग-बाग अब झील के इस बर्फ़ीली सतह पर चल रहे हैं। इस बर्फ़ पर चलना ऋषिकेश के लक्ष्मण झूले की याद दिलाता है। जैसे ही गति बढ़ाई या दौड़ने लगे, बर्फ़ समेत डोलने लगेंगे। वैसे कुछ लोग झील पर मोटरसाइकल भी दौड़ा रहे हैं, चक्कों में नुकीले ‘स्टड पिन’ लगाकर। वहीं कहीं बीच में स्टीव नज़र आ रहे हैं।

“क्या कर रहे हो स्टीव?”

“आइस-फ़िशिंग”

“अजी! ये क्या बला है?”

“इस ड्रिल से बर्फ़ में छेद करना है और फिर मछली मारना है।” स्टीव ने एक मशीन दिखाकर कहा।

“और तुम्हारी नौकरी?”

“इस साल तो ‘ऑयल सेक्टर’ डाउन है। अगली गर्मी तक उम्मीद है।”

“तो तुम अपने देश क्यों नहीं चले जाते?”

“वहाँ क्या रखा है? वहाँ की हालत तो और ख़स्ता है।”

स्टीव सर्बिया के हैं। कुल, वर्ण और जात का पता नहीं। उनकी बातों से लगता है, यूरोप का एक हिस्सा किसी गहरे संकट में है। नहीं तो अच्छे भले देशों जैसे सर्बिया, लिथुआनिया, पुर्तगाल, पोलैंड, यहाँ तक कि जर्मनी से लोग

भागकर नॉर्वे क्यों आते? आते भी तो, नौकरी जाने पर वापस क्यों नहीं लौटते? बेरोज़गार होकर इस कंपकंपाती ठंड में बर्फ़ के बीच ड्रिल करके मछली मारने का भला क्या औचित्य?

स्टीव क्या, कोई नहीं लौटा और न लौटने का इरादा है।

"भई, ख़र्चा-पानी कैसे चलाते हो स्टीव?"

"अस्सी प्रतिशत सरकार देती है और दस प्रतिशत बीमा कंपनी।"

"किसका अस्सी प्रतिशत?"

"मेरे वेतन का।"

"बिना कुछ किए? कब तक?"

"दो साल तक तो देगी ही। उसके बाद भी कुछ प्रतिशत मिलता रहेगा अगर नौकरी न मिली।"

"ये क्या अजीब सरकार है?"

स्टीव की बातें सौ फ़ीसदी सच थी। नॉर्वे की सरकार बेरोज़गार का पूरा ख़र्च वहन करती है। कैसे करती है, क्यों करती है, वो बाद में बताऊँगा। पर करती है। फिलहाल स्टीव छह महीने से बस तरह-तरह के खेल खेल रहा है और बैंक में पहली तारीख को पैसे आ जाते हैं। घर की ई.एम.आई., बच्चों की फ़ीस। सब यथावत जा रही है। भला कोई नौकरी क्यों करे?

सन् 2010 में जब आई.टी. सेक्टर डूबा था तो विश्व के कई इंजीनियर सड़क पर आ गए थे। मेरे एक मित्र सिंगापुर से कोल्हापुर आ गए थे और खेतीबाड़ी में पिता का हाथ बँटाने लगे थे। उनके बच्चे अचानक से मराठी माध्यम में पढ़ने लगे। हर हफ़्ता-दो हफ़्ता पूना जाकर साक्षात्कार देते और निराश लौट जाते। बीस पैसे प्रति शब्द पर एक अंग्रेज़ी प्रकाशन संस्थान में 'प्रूफ़रीडिंग' भी की, पर वहाँ से भी निकाल दिए गए। फ़ोन करता तो मुँह चुरा लेते, फ़ोन ही न उठाते। यहाँ तो बेहूदगी की हद है। कोई बात छुपा ही नहीं रहा कि उसकी नौकरी चली गई। सब जश्न मना रहे हैं बेरोज़गारी का। ऑफ़िस जाने वाले लोगों का उपहास कर रहे हैं, फ़ुटबॉल खेलकर।

 ख़ुशहाली का पंचनामा

स्टीव की नौकरी पहले भी एक बार जा चुकी है, जब वह अमरीका में थे। उनकी घर वापसी हो गयी थी वापस सर्बिया। उस दौरान इस MBA ने कार मैकेनिक का भी काम किया। ये बातें स्टीव खुलकर बताते हैं और अमरीका को ख़ूब गाली देते हैं। कहते हैं, वह बस पूँजीवादी देश है। अपने समाज का कोई दायित्व नहीं लेता।

मैं भी अमरीका में रहा हूँ और मैं स्टीव से पूरा सहमत नहीं। अमरीका एक तिलिस्म है, पर ख़ूबसूरत तिलिस्म। तिलिस्म न होता तो नॉर्वे के लोग भी अमरीका क्यों जाते? कहते हैं अमरीका के बस उत्तरी डकोटा इलाके में नॉर्वे से अधिक नॉर्वेजियन हैं। अगर उनका देश इतना संपन्न है, तो वो अमरीका में क्या कर रहे हैं? ये बातें समझने के लिए आपको स्टीव की मानसिकता से अलग सोचना होगा।

माना कि स्टीव की बेरोज़गारी का अमरीका में कोई इलाज नहीं, पर अगर स्टीव काबिल है तो वो अमरीका में अरबों बना सकता है। नॉर्वे में नहीं। नॉर्वे हर अमीर से अमरीका की अपेक्षा कहीं ज़्यादा टैक्स वसूलती है। वह किसी के बहुत अमीर बनने में कई रोड़े अटकाती है। वह चाहती है कि सब एक समान रहें। 'इगैलिटैरियन' समाज है नॉर्वे। अमरीका सपनों की धरती है। अगर आप सपने देखना पसंद करते हैं, तो अमरीका जाएँ, नॉर्वे नहीं। नॉर्वे यथार्थवादियों की धरती है। और भारत? भारत यथार्थ और सपनों के बीच का त्रिशंकु समाज है।

भारत में साम, दाम, दंड, भेद से धंधा (व्यवसाय) चलता है। साम का अर्थ है 'जुगाड़'। आपका सामंजस्य या पहुँच कितनी ऊपर है? कॉर्पोरेटर, विधायक या सांसद? इनके साम के बगैर धंधा असंभव। अगर आप टाटा-बिरला-अंबानी के समकक्ष हैं, फिर तो आपकी पहुँच प्रधानमंत्री कार्यालय तक हो तो बेहतर है। दाम का अर्थ तो सुलभ है। खरे शब्दों में कहें तो 'घूस' या अंग्रेज़ी में 'किकबैक'। दंड आपके प्रतिद्वंद्वियों के लिये मारक यंत्र है। कुछ भी करें, जैसे सामने वाली दुकान के साइन-बोर्ड से बल्ब निकाल लें। मेरे क्लिनिक के साथ दो दाँत के डॉक्टर के क्लिनिक थे। दोनों आए दिन एक दूसरे की शिकायत करते कि वो बल्ब निकाल लेता है। मैं उनकी इस कला से इतना प्रभावित हुआ

कि मैंने अपने दो दाँत उनसे ही निकलवाए। इतनी सफाई से निकाला, कि कुछ अहसास ही नहीं हुआ। मसूड़ों को हवा तक नहीं लगनी दी और दाँत गायब। 'भेद' एक तरह की 'निगेटिव पब्लिसिटी' है। मेरे शहर में 'डॉ. गुप्ता' नाम के मशहूर बंगाली डॉक्टर हुआ करते थे। रातों-रात किसी ने पूरे शहर की दीवालों पर एक नोट चिपका दी कि 'डॉ. गुप्ता पागल हो गए हैं।' दिखते भी थोड़े सनकी थे। मोटा चश्मा लगाते थे और विदेशी कुत्ता पालते थे। सुबह मॉर्निंग वाक पर कुत्ता लेकर निकले, सब अजीब नज़रों से घूरने लगे। कि कहीं काट न लें। कुत्ता नहीं, डॉ. गुप्ता!

खैर, एक अच्छी ख़बर मिली। स्टीव की नौकरी लग गई, वो भी बस एक दिन यूँ ही। भला यूँ ही नौकरी लगती है क्या? सरकार ने एक 'मास्टर-प्लान' बनाया और आर्कटिक सागर में तेल की खुदाई शुरू करने की बात हुई। सारे बेरोज़गारों को वापस वहाँ की कंपनियों में धकेल दिया गया। जो लोग अब तक फोकट की खा रहे थे, अब सरकार को मोटा टैक्स भरेंगे।

स्टीव को नौकरी की रत्ती भर भी ख़ुशी नहीं। आर्कटिक सागर बिल्कुल उत्तरी ध्रुव के पास है। जिस 6 महीने रात वाले नॉर्वे को आप सुनते आये हैं, वो वहीं है। पहाड़ों का बीहड़ है जो बर्फ़ से लदा होता है। घनघोर अंधेरा जिसमें गोविंदा-स्टाइल पीले फ़्लोरेसेंट कपड़े पहन कर घूमना सरकारी कानून है। आप काले कपड़े पहन कर घूमेंगे तो बिल्कुल नज़र नहीं आएँगे। यह काले पानी की सज़ा है, जो स्टीव को मिली है। सरकार ने उसे अब तक इसलिए खिलाया-पिलाया कि वह मना नहीं कर सकते। स्टीव बलि का बकरा था और उसे अहसास ही नहीं। बिल्कुल गॉडफादर शैली में ऐसा ऑफ़र दिया जिसे वह ठुकरा नहीं सकता। तो चल पड़ा स्टीव कॉग्सबर्ग से ध्रुव की ओर। भालुओं से लड़ने अपनी बंदूक की नाल साफ़ करने लगा। कहाँ यहाँ चैन से मछली मार रहा था, अब पहाड़ी भालुओं से लड़ेगा।

रामनाथन की कहानी स्टीव से भिन्न है। कहानी भी भिन्न है और आदमी भी टेढ़े किस्म का लगता है। जितना पूछो, उतना ही जवाब देता है। कभी-कभी वह भी नहीं देता। पर उसकी नौकरी बच गई। और वह बची शास्त्रार्थ से। शास्त्रार्थ से दार्शनिक अपनी सत्ता स्थापित करते होंगे, धर्मगुरु अपना धर्म। किंतु यह नौकरी में शास्त्रार्थ परंपरा पहली बार सुनी।

यहाँ जब नौकरियों से छंटनी शुरू हुई, तो यह शास्त्रार्थ का नियम आया। आपको जब कोई नौकरी से निकाले, आप अपने बराबर या अपने नीचे के पद के ख़ास व्यक्ति को सीधी चुनौती दे सकते हैं। यह रोमन ग्लैडिएटर सरीखी अपने अस्तित्व की जंग है, जहाँ दो कॉर्पोरेट गुलाम योद्धा एक दूसरे से लड़ेंगे। जो जीतेगा, वो नौकरी पर रहेगा। जो हारेगा, उसकी छुट्टी होगी।

फिर से अपनी बात उदाहरण देकर दोहराता हूँ। रामनाथन के बॉस या उनके विभागाध्यक्ष को जब निकाला गया, तो उन्होंने कहा कि मैं रामनाथन का काम कर लूँगा। उसे निकाल दिया जाए। यानी वज़ीर इस शतरंज में प्यादे की जगह ले रहे थे और प्यादा मैदान से बाहर। दूसरी तरफ़ यह भी तो देखिए। एक महाशय उच्च पद से नीचे आकर काम करने को तैयार थे। दरअसल यहाँ ऊँच-

नीच तो है नहीं। हर काम अच्छा ही है। क्या फ़र्क पड़ता है अगर पद में नीचे ही आ गए? अलबत्ता नौकरी तो बची।

अब एक पैनल के सामने दोनों में अपनी नौकरी बचाने के लिए मुकाबला होगा। रामनाथन यह सिद्ध करेंगे कि फलां काम के लिए वह अपने विभागाध्यक्ष या बॉस से बेहतर हैं।

मैंने जब सुना तो सोचा कि इस मितभाषी भारतीय की नौकरी तो गई। वह पैनल में अपने बॉस से क्या जीत पाएगा? पर भारतीय वहाँ ज़रूर बोलते हैं, जहाँ पेट का सवाल हो। और तकनीकी ज्ञान में धोबिया-पाट भी दे देते हैं। मैंने वह साक्षात्कार नहीं देखा, पर पता लगा कि रामनाथन ने अपने बॉस को शास्त्रार्थ में परास्त कर दिया और उन्हें जाना पड़ा।

पर उल्टा भी तो हो सकता था? रामनाथन हार भी सकते थे। किसी भी हाल में कंपनी का फ़ायदा ही है कि छंटनी के बाद जो भी कार्य के लिए बेहतर होगा, वही बचेगा। यह डारविन का सिद्धांत है, 'सर्वाइवल ऑफ़ फ़िटेस्ट'। जो अधिक सक्षम होगा, वही जिएगा।

हालांकि सोचता हूँ कि अगर भारत होता, तो बीच में आत्मसम्मान (ईगो) भी आता। एक मैनेजर पद का व्यक्ति गिर कर क्लर्कगिरी नहीं करना चाहता। साहब भला नौकर की कमीज कैसे पहने? कम से कम अपने कनिष्ठ (जूनियर) से शास्त्रार्थ को अपनी तौहीन ज़रूर समझता। पर वहाँ भी अगर बॉस अपने क्लर्क को अगर चुनौती देते, तो शायद हार ही जाते।

इसका कारण क्या हो सकता है? सोचिएगा।

नौकरियों की इस रेलमपेल से तो दुनिया हताश है, पर यहाँ माज़रा कुछ और है। एक सुस्ती का आलम है।

पत्ते हौले हिलते हैं, हौले से चलते हैं जहाज़। हवाएँ, नदियाँ, रास्ते। यहाँ तूफान भी तटों पर बस धीमी सी लहर लाकर लौट जाता है। ये नॉर्वे है, जहाँ घड़ियों की टिक-टिक आप गिन सकते हैं। समय थम सा जाता है। बाकी की दुनिया 24 घंटों में दिन को बाँटती होगी, यहाँ लोग 1440 मिनट का हिसाब नहीं दे पाते।

अब नौकरी को ही ले लें। आप कितने प्रतिशत नौकरी करना चाहेंगे? यह सवाल अजीब है पर कोई यहाँ 13%, कोई 22%, कोई 45% नौकरी करता है। मुझे 3 स्टाफ़ की ज़रूरत थी, 7 लोग बुलाये गए और सातों को नौकरी दे दी गई। किसी को 33%, किसी को 67% बाँट दिया। यहाँ की एक रीति रही है कि अगर साक्षात्कार के लिए बुलाएँ तो किसी महाविकट परिस्थिति में ही मना करते हैं। ये और बात है कि कइयों को बुलाते ही नहीं। पर खामख्वाह साक्षात्कार में बेइज़्ज़त नहीं करते और बिना नौकरी वापस नहीं भेजते। हालांकि अभी नौकरियाँ घट गई हैं, हालात बिगड़ गए हैं और कुछ विदेशी कंपनियाँ बुलाकर बेइज़्ज़त करने की रस्म अदायगी करने लगीं हैं।

पर वापस प्रतिशत नौकरी पर लौटता हूँ, नौकरी के गणित पर।

प्रवासियों को छोड़ दें तो 100 प्रतिशत नौकरी कोई करना भी नहीं चाहता। उम्र के साथ यहाँ लोग कार्य% घटाते जाते हैं, आराम बढ़ाते जाते हैं। मालिक या सी.ई.ओ. स्तर के लोग 30-35% काम करते हैं और कुछ 10-15% कंपनी के शेयर रखते हैं। मालिक कम काम तो और देशों में भी करते होंगे, पर यहाँ यह लिखित है। यह प्रतिशत पक्का है। इसके एक-एक मिनट का हिसाब लिया जाएगा। अगर आप सिगरेट पीने या कुछ और में समय लगाते हैं तो उतना प्रतिशत घटा लें। 82% नौकरी करें, 18% सिगरेट फूँकें।

आपका वेतन भी प्रतिशत के हिसाब से और टैक्स भी प्रतिशत हिसाब से कटेगा। मेरे एक मित्र की हाल ही में लंबी बीमारी निकली, जिसकी वजह से वह लंबे समय बैठ नहीं सकते। उन्होंने नौकरी नहीं बदली, 24% कार्य समय घटा लिया। वेतन कुछ ख़ास नहीं घटा, क्योंकि टैक्स भी कम हुआ। और घटा भी तो, ख़ुद का बेहतर ख़याल रख पा रहे हैं। ऐसे ही कई लोग बच्चों के ऊँची क्लास में जाने पर भी कुछ% घटा लेते हैं। यह प्रतिशत घटाने-बढ़ाने की प्रणाली बड़ी अटपटी है, पर चिंता-रहित ज़िंदगी में सहायक है।

सोचिए हम 100% काम करते-करते अचानक एक दिन रिटायर हो जाते हैं और शून्य पर आ जाते हैं। 100 से 60, 40, 20 और फिर शून्य पर आना कैसा रहेगा? माकूल सवाल है कि कोई प्रतिशत घटा कर आख़िर अपना वेतन घटाना क्यों चाहेगा?

नॉर्वे के लोग बस चैन से मछली मारना चाहते हैं। दुनिया घूमना चाहते हैं। आसमान के तारे लंबे समय तक दूरबीन से फ़ोकस करना चाहते हैं या बस पहाड़ों पर बने एक आशियाने में आराम करना चाहते हैं जिसे ये 'हित्ता (hytta)' कहते हैं।

ग्रीष्म काल में लगभग पूरे देश में दिन लंबे होते हैं। कई इलाकों में 'मिडनाइट सन' यानी 12 बजे रात तक सूर्य दिखता है। 10 बजे रात को नदी किनारे धूप में खेलते बच्चे देखना आम है। दस बजे रात की धूप में! इसे रात कहना ही गलत है, यह बस लंबा दिन है। कुछ लोग जो तीन बजे काम छोड़ चुके हैं, उनके पास नौ घंटे का दिन शेष है, जिसमें जो मर्जी करें। यह खाली बचा दिन उनके कार्य-समय से भी अधिक है। मुझे बेंगलूरू के ट्रैफ़िक में परिवार के साथ दो घंटे नसीब हो जाएँ, यही बहुत था। यहाँ अब हर घंटा भारी पड़ता है। आदमी करे तो करे क्या इन घंटों का? समय अचानक टीस मारने लगता है। जो शौक वाले लोग हैं और धुनी हैं, उन्हें समय कई अवसर देता है। जिन्हें कोई शौक़ नहीं, उनके लिए यही समय पहाड़ है।

पर पहाड़ क्यों? आप घंटों बस आसमाँ के तारे देखते बैठ सकते हैं। यह देख सकते हैं कि बादलों के रंग कैसे कुछ नीले, कुछ गुलाबी, कुछ सीपिया, कुछ हरे रंग ले रहे हैं। नॉर्वे वालों को क़िस्मत से आसमान के कई रंग नसीब भी हुए हैं। रंग नृत्य करते हैं, जिसे 'ऑरोरा बोरियैलिस' कहते हैं। ये क्या हैं, अलग से बताऊँगा। पर सवाल ये है कि क्या हमारे पास इन नफ़ीसी के लिये सचमुच वक्त है? लोग बिल गेट्स के बारे में कहते हैं कि अगर उनके पैसे का बटुआ रास्ते में गिर जाए, तो भी उनको उठाने में समय बर्बाद नहीं करना चाहिए। क्योंकि वो अगर उठाने में लगे कुछ सेकंड बचा लें, तो वो बटुए से अधिक पैसे कमा लेंगे। यानी उनका हर सेकंड बटुए से कहीं अधिक कीमती है। पर नॉर्वे या शायद किसी स्कैंडिनैवियाई देश में समय की महत्ता पैसों से कहीं अधिक है।

अमरीका में कई डॉक्टर 60 घंटे प्रति हफ़्ते काम करते हैं, भारत में यह आँकड़ा 80 से 110 घंटों तक है। टॉप सर्जन दिन के 14-16 घंटे भी काम करते हैं। यहाँ नॉर्वे के डॉक्टर महीने भर से हड़ताल पर हैं कि उन्हें 40 घंटे से अधिक काम कराया जा रहा है। उन्हें पैसे भी दिये जा रहे हैं, पर वो बस वक्त माँग रहे

 ख़ुशहाली का पंचनामा

हैं। वो बस 40 घंटे से अधिक काम नहीं करना चाहते। भारत में वेतन-वृद्धि की हड़ताल होती थी, जिसमें मैंने भाग भी लिया था। यहाँ वेतन घटा कर खाली समय बढ़ाने की हड़ताल है। यह वेतन-घटाऊ बुद्धि दुनिया के कई देशों के पल्ले नहीं पड़ेगी।

मैं कभी रुक कर सोचता हूँ कि अगर यही वक्त भारत में होता तो क्या करता? हम खाली वक्त में करते क्या हैं? और नॉर्वेज़ियन क्या करते हैं?

अक्सर हम इतवार को मॉल घूमते हैं, सिनेमा देखते हैं, दोस्तों से मिलते-जुलते हैं। नॉर्वे इतवार को कुछ नहीं करता। यहाँ ज़िंदगी में 24 घंटे के 'पॉज़' का बटन दब जाता है। सारी दुकानें, बार, मॉल सब कुछ बंद। सड़कें बिल्कुल खाली मिलेगी। हालांकि अब कुछ खेल-कूद के उत्सव होने लगे हैं, पर कई नॉर्वेजियन वो भी नहीं करते। वो या तो पहाड़ वग़ैरह चढ़ते, दौड़ते हैं या बस घंटों टाँगे पसार कर लेटते हैं। वो और उनका पूरा परिवार लगातार 12-13 घंटे एक ही मुद्रा में धूप सेंकते या टी.वी. देखते मिल सकते हैं। वो कुछ नहीं करते। जैसे मर गए हों। आप फ़ोन करो, वो नहीं उठाएँगे। उनका फ़ोन शायद पूरे दिन बंद हो। और-तो-और पुलिस-थाने भी इतवार को बंद होते हैं।

यहाँ का एक पॉप्युलर टी.वी. चैनल है 'स्लो टी.वी.'। लोग कहते हैं यह विश्व में कहीं संभव नहीं सिवाय स्कैंडिनैविया के। इसमें 12 घंटे की 'रियल टाइम' स्वेटर-बुनाई दिखाई गई। मतलब ऊन के पहले धागे से पूरे स्वेटर बुनने तक 'नॉन-स्टॉप' और इसे देश के 11 लाख लोगों ने देखा। यह बता दूँ, पूरे नॉर्वे की जनसंख्या ही 50 लाख है। कोई 12 घंटे स्वेटर बुनाई एक-टक कैसे देख सकता है? कहते हैं, लाखों लोगों ने साथ-साथ पूरे के पूरे स्वेटर बुन लिए।

ओस्लो से बर्गेन की ट्रेन यात्रा मनोरम है। पर कोई यह सफ़र लगातार साढ़े छह घंटे 'रियल टाइम' दिखाए तो? यह प्रोग्राम 15 लाख लोगों ने देखा। लोग कहते हैं कि प्रोग्राम ख़त्म होते ही वे उतरने के लिये बैग ढूँढने लगे। फिर याद आया कि वो तो 'लिविंग-रूम' में बैठे हैं। यहाँ तक कि जुलाई की छुट्टियों में साढ़े-पाँच दिन लगातार एक जहाज को धीरे-धीरे नॉर्वे का चक्कर लगाते दिखाया गया और लोगों ने देखा। यह कोई क्रिकेट मैच भी नहीं, बस धीमी गति

से समंदर में जाता जहाज़। हर पाँच-छह घंटे में जहाज़ तट पर रुकता, वहाँ के लोग नॉर्वे का झंडा ले स्वागत करते और फिर धीरे-धीरे जहाज आगे बढ़ता। लोग बस एकटक देखते रहते। जैसे वक़्त थम गया हो।

इसी तर्ज़ पर एक पर्वतारोही हैं। वो पहाड़ चढ़ते हैं और उसकी भी नीरस गति में पूरी रिकॉर्डिंग लोग देख रहे होते हैं। वो और उनका कुत्ता कैसे पहाड़ पर अपनी गति से चढ़े जा रहे हैं, कब रुक कर खा रहे हैं, कब हाँफ रहे हैं। सब बिना ख़ास संपादन के। ज्यों-का-त्यों। बीस-बाइस घंटे का सफ़र लगातार टी.वी. पर चल रहा है और लोग टकटकी लगाए बैठे हैं।

दुनिया में लोग कहते हैं, उनके पास वक़्त नहीं है। वक़्त की बर्बादी से तरक्की रुकेगी। वक़्त किसी का इंतजार नहीं करता। उन्हें कह दें कि कम से कम दुनिया का एक कोना ऐसा है जहाँ वक़्त रुकता है और तरक्की नहीं रुकती।

जर्मनी के लोग एक सांख्यिकी के हिसाब से साल में सबसे कम घंटे काम करते हैं। नॉर्वे भी कुछ घंटों के फ़र्क से दूसरे-तीसरे नंबर पर है। जर्मनी का पता नहीं पर नॉर्वे कानूनी तौर पर जुलाई में बंद हो जाता है। लगभग सब कुछ। रास्ते सूने हो जाते हैं। सब देश से बाहर कहीं समंदर किनारे धूप सेंक रहे होते हैं।

औक़ात के हिसाब से मियामी, बैंकॉक, स्पेन या गोवा जाते हैं। प्रवासी घर लौट जाते हैं। आपको एक 'फेरीपेंगेर' नाम से छुट्टियाँ बिताने के पैसे मिलते हैं। आप काम करना चाहें तो भी धकिया कर भेज दिया जाता है। मरीज़ भी गायब और डॉक्टर भी।

'फेरीपेंगर' यानी छुट्टी के पैसे का गणित आख़िर है क्या? कंपनी क्यों काम बंद कर छुट्टी के पैसे देगी? यह बेवकूफ़ी नहीं है, सोची-समझी रणनीति है।

हर देश में छुट्टी के अलग नियम होते हैं। भारत में सी.एल. है, ई.एल. है। दुबई वग़ैरह में 'पेड लीव' है। नॉर्वे में 'लीव' का पैसा वेतन से काट लिया जाता है। बस 'सिक लीव' के पैसे मिलते हैं, पर वो भी कंपनी नहीं, सरकार से। यह बड़ा बेदर्द नियम लगता है कि सी.एल./ई.एल. कायदे से नहीं। लेकिन मामला कुछ और है।

     ख़ुशहाली का पंचनामा

यहाँ आपका सैलरी अकाउंट से अलग एक एकाउंट बनता है, जिसमें हर महीने आपकी सैलरी के 12 प्रतिशत के बराबर पैसा जमा होता है। वो आप छू नहीं सकते। यह सीधा एक साथ मिलता है बारहवें महीने में, बिना टैक्स काटे।

यानी वेतन का 12 प्रतिशत x 11 = 132% यह पूरा पैसा आपको दे दिया जाता है और साल में 5 हफ़्ते के 'कम्पल्सरी लीव' पर भेज दिया जाता है। आप चाहें तो भी काम नहीं कर सकते। ज़बरदस्ती भेज दिया जाएगा। अब इसे जो समझिए।

मुझे भारत में कभी दो या तीन दिन से अधिक छुट्टी नहीं मिलती। अब इसमें क्या गाँव जाऊँ और लोगों से मिलूँ? यह सी.एल. किस काम का? अब एकमुश्त महीना भर छुट्टी मिले तो आदमी दुनिया घूम ले। बाकी दो-तीन दिन के अवकाश के पैसे काट लो, पर उस पूरे महीने का वेतन दे दो जब मैं जमैका की तटों पर धूप सेकूँ या गाँव में घूम-घूम भोज खाऊँ।

यह 'वर्क-कल्चर' समझने में वक़्त तो लगा ही। इनकी बुद्धि पर ताज्जुब भी करता रहा। उन दिनों नॉर्वे नया-नया आया था। कुछ महिला स्वास्थ्य कर्मचारियों की ज़रूरत थी, सेक्रेटरी स्तर की। मुझे भी साक्षात्कार लेने बिठाया गया।

चार महिलाएँ आईं। जैसा बता चुका हूँ कि यहाँ साक्षात्कार के लिए लोग कम ही आते हैं। उनमें दो मेरी पहली पसंद थीं। दोनों को काम का अनुभव था। एक ही काम कई वर्ष से कर रही थीं। एक बिल्कुल युवा थी या किशोरी कहिए, इंटर पास। और चौथी की सी.वी. बिल्कुल बकवास। उन्होंने सैलून में बाल काटे थे, बार में ड्रिंक सर्व किए, एक डिप्लोमा मैनेजमेंट कोर्स और मॉल के कपड़े दुकान में सेल्स-गर्ल। पूरा सात साल बिखरा पड़ा था। ऊपर से उनकी ख़ास माँग थी कि उन्हें सिगरेट पीने के लिए प्रतिदिन कुल मिलाकर 15 मिनट का विराम मिले। उन्हें एक स्वास्थ्य-केंद्र में नौकरी देने का सवाल ही नहीं था।

मेरे हाथ में निर्णय नहीं था। बस यूँ ही बिठा दिया गया था। मेरे उम्मीद के विपरीत वो चौथी महिला चुन ली गई। मुझे कोई तर्क नहीं समझ आया, सिवाय इसके कि वो सुंदर थी। सुंदर तो ख़ैर मेरी नज़र में सभी थे, पर और कोई कारण ही नहीं था।

कुछ महीनों बाद वही महिला 'बेस्ट इम्प्लॉयी' के रूप में चुन ली गई। वो सब कुछ सँभाल लेती हैं। शौचालय गंदा हो तो वो भी साफ़ कर लेती है। हर चीज़ पर नज़र रखतीं है। मरीज़ों से सबसे अच्छी तरह बात करना। पूरा 'कोऑर्डिनेशन'। यहाँ तक कि कठिन चिकित्सकीय शब्द समझ गई हैं। वो आदर्श गृहणी की तरह हमारा छोटा सा विभाग सँभाल रही है। ये और बात है, सिगरेट की तलब है, पर हमें तो काम से मतलब है। और वो बख़ूबी कर रही हैं।

मुझे अब भी नहीं समझ आ रहा, यह फ़ैसला मेरे लीडर (बॉस) ने लिया कैसे? 'ब्लाइंड' खेल कर तुरुप का पत्ता चुनना आसान नहीं होता।

बॉस तो शातिर निकले, पर नॉर्वे सभी यूरोपीय देशों में सबसे भोला-भाला देश कहलाता है। स्वीडीश इन्हें बेवकूफ़ भी कहते हैं। नॉर्वेजियन आपकी कही बातों पर भरोसा कर लेते हैं, तफ़्तीश नहीं करते। आपने कह दिया, तो सत्य ही कहा होगा। यह बड़ी सपाट संस्कृति है, जहाँ सबको एक ही तराज़ू से तौल लेते हैं। हर मनुष्य सत्य ही बोले, यह भला कैसे संभव है?

यहाँ एक बड़े ऑफ़िस में कुछ पाँच सौ लोग काम करते हैं। वहाँ की भोजन कैंटीन में आप जो मर्ज़ी खा लें और ईमानदारी से एक काग़ज़ पर लिख दो कि क्या खाया। आपको बिल आ जाएगा। न कोई नज़र रखने वाला, न जाँच करने वाला। फिर भी लोग इतने बेवकूफ़ हैं कि हर कोई नियमत: लिखता है कि उसने फलाँ मांस खाया, फलाँ दही खाई। चाहे किसी मुल्क के हों, यह काम ईमानदारी से करते हैं। भारतीयों से पूछा तो उन्होंने कहा कि क्या पता कोई सी.सी.टी.वी. कैमरा लगा हो? वो इस डर से ऐसा करते थे। असलियत यह है कि कोई कैमरा नहीं होता। लोग यह मान कर चलते हैं कि हर व्यक्ति ईमानदार है।

हिन्दुस्तान के बैंकों और सरकारी ऑफ़िसों में पेन भी रस्सी से बाँध कर रखते हैं कि कोई उठा न ले जाए। पाँच रुपए का पेन कौन उठा के ले जाएगा? और ले ही गया तो क्या हुआ? यह भी संभव हो कि पेन अपनी जगह से इधर-उधर न हो जाए। पर विश्वास में कमी तो है। हम जल्दी भरोसा नहीं करते। इस चक्कर में लोगों को भी बात घुमाने या बदलने की आदत हो गई है। कोई पाँच सौ की घड़ी को दो हज़ार का बता देगा। कोई यह दिखाएगा कि उसने यह घड़ी

  ख़ुशहाली का पंचनामा

दो सौ में ही ले ली और वह ज़्यादा चालाक है। ली भले ही दोनों ने पाँच सौ में हो।

अगर ईमानदारी छोटे-मोटे कामों में आती है, तो बड़े कामों में भी आ ही जाती है। जैसे ट्रैफ़िक नियमों का पालन, भले ही पुलिस आस-पास न हो। पंक्तिबद्ध खड़े रहना। किसी की खड़ी गाड़ी ठोकने पर अपना कार्ड और फ़ोन-नंबर गाड़ी पर लगा जाना। हर जगह सत्य कहना, झूठ न कहना। और चोरी न करना।

मैं अपना छाता बस-अड्डे पर भूल गया। शुक्रवार की शाम थी और मुझे वापस वहाँ सोमवार को ही जाना था। बस-अड्डे जैसी जगह पर बरसात के दिनों में बेंच पर लटका नया छाता। भला सोमवार तक कैसे बचेगा? मैंने उम्मीद छोड़ दी। सोमवार को गया तो छाता ज्यों-का-त्यों पड़ा मिला। किसी ने उठाया ही नहीं। आख़िर वो मेरा छाता था, किसी और का नहीं। तो कोई क्यों उठाता?

ऐसा नहीं कि भारत ईमानदार नहीं। कई दफ़ा ऑटो वाले सामान वापस कर जाते हैं। दिल्ली एयरपोर्ट के बाहर प्रीपेड टैक्सी-स्टैंड पर मेरे पासपोर्ट और कुछ डॉलर छूट गए। एक घंटे बाद मैं लौटकर ढूँढता पहुँचा, वहाँ बड़ी हिफ़ाज़त से 'सेक्युरिटी' के लोगों ने रखा था। मैं पैसे देता रह गया, पर वो लेने को राज़ी नहीं। बंबई के एक भीड़-भाड़ वाली वडा-पाव और चाय-स्टॉल पर अख़बार में लपेटे पच्चीस हज़ार रुपए छूट गए। मुझे एक पारसी बैंकर से मिलना था। मीटिंग के बीच अचानक पैसे ध्यान आए। आधे घंटे से ऊपर हो चुके थे। मैं भाग कर गया तो देखा बेंच पर ज्यों-के-त्यों पैसे रखे हैं। कई लोग वडा-पाव खा रहे थे। किसी की नज़र नहीं पड़ी? बंबई व्यस्त शहर है। लोग चाय पीते हैं, भागते हैं कि 'पीक-हावर' न आ जाए। कौन इधर-उधर की चीज़ें चुराता फिरे?

ईमानदारी हमारे खून में भी है, बस इसे एक दिनचर्या का हिस्सा बनाना है। बच्चों को यह घुट्टी पिलानी है और अपनी अंतरात्मा को जागृत करना है। फिर शायद हम भी तराज़ू न बदलें और मान लें कि हर हिंदुस्तानी सच ही बोलता है।

जनवरी में स्पेन गया तो देखा युवा बैठ कर फूटानी[1]कर रहे हैं। जैसे गाँव में दलान पर करते हैं। गप्प मारना, ताश खेलना। वहीं एक कैसिनो था, उसके बाहर। कैसिनो खाली था। अगर ताश ही खेलना है, तो अंदर कैसिनो में खेल लो। बाहर दलान पर अड्डा जमाने का क्या तुक? मैंने यह तो भांप लिया कि सब खाली तो बैठे ही हैं, कंगाल भी हैं। पैसे हों, तो खेलें।

स्पेन यूरोप का सबसे बेरोज़गार देश बनता जा रहा है। ग्रीस के टक्कर का। लोग कहते हैं कि वह अस्सी के दशक से ही संकट में है। पर समझ नहीं आता। बाकी तो उबर गए, स्पेन पर क्या शामत आ गई?

एक सांख्यिकी के अनुसार अगले कुछ वर्षों में विश्व के 60 करोड़ लोग नौकरी ढूँढ रहे होंगे और क्षमता होगी 20 करोड़। यानी 40 करोड़ बेरोज़गार होंगे। कुछ वर्ष पहले फोर्ब्स पत्रिका में ख़बर छप गई कि ज़िम्बाब्वे में बेरोज़गारी दर 95 प्रतिशत है। पता नहीं पाँच प्रतिशत भी क्यों लगे पड़े हैं? नेपाल की बेरोज़गारी दर लगभग 50 प्रतिशत है। भारत काग़ज़ पर बस 3-4 प्रतिशत बेरोज़गार है, पर भारत उनको भी जोड़ता है जो नौकरी ढूँढ रहे हैं। मिले या न मिले।

नॉर्वे में कई लोग नौकरी से बाहर ज़रूर हैं, पर बेरोज़गारी दर अब भी कम है। इसकी एक वजह है बाज़ार को 'फ़िक्स' कर देना। मुझे अर्थशास्त्र की समझ नहीं, पर व्यवहार का कुछ भान है। अब बाज़ार 'फ़िक्स' कैसे होगा?

जैसे अगर आप भारत में घर बदल रहे हैं और एक 'मूवर-पैकर' ढूँढ रहे हैं। कोई बीस हज़ार माँगता है, तो दूसरा फ़ोन कर दस हज़ार, तीसरा पाँच हज़ार। आप सस्ता चुन लेते हैं। जिसको चुनते हैं, उसके पास कर्मचारी को देने को पैसा नहीं। पाँच हज़ार में क्या बचाएगा और क्या देगा? जिसको नहीं चुनते, वह तो ख़ैर वेतन नहीं ही दे पाएगा। कुल मिलाकर जो रोज़गार में है, वह भी अवैतनिक ही है। पर नॉर्वे में अगर वही कंपनी होती तो सरकारी शर्त रहेगी कि पंद्रह हज़ार से कम कोई 'मूवर-पैकर' ले ही नहीं सकता। सेवाओं का न्यूनतम मूल्य 'फ़िक्स' है। कोई महज प्रतियोगिता के लिए दाम अपनी मर्जी से इतना नहीं गिरा सकता।

---

1   खाली बैठ गप्पियाना, ताश खेलना इत्यादि

    ख़ुशहाली का पंचनामा

बाकी जो रोज़गार के उपाय हैं, भारत में भी हैं। मसलन 'स्किल डेवलपमेंट'। पर इससे बेरोज़गारी जितनी घटेगी, उतनी ही प्रतियोगिता बढ़ेगी भी। 'स्किल' लिए हज़ार होंगे, तो जो सस्ता मिलेगा, उसे ही नौकरी मिलेगी। हाँ, अगर मार्केट 'फ़िक्स' हो तो हर कोई कुछ न कुछ कमा लेगा। 'स्टार्ट अप' और सस्ते कर्ज़ देना भी एक उपाय रहा है। पर उससे कुकुरमुत्तों की तरह कंपनियाँ आएंगी और आ भी रही हैं। यहाँ भी आ रही हैं। कुछ कमा रही हैं, कुछ नहीं कमा रही। एक-एक आदमी की एक-एक कंपनी। चल अकेला, चल अकेला। यह गणित क्या रंग लाएगी, पता नहीं।

यह भारतीय नहीं, विश्व-संकट है। पर भारत जितनी युवा जनसंख्या कहीं है ही नहीं। तो इसका हल भारत के लिए ढूँढना आवश्यक है। दूसरी बात कि भारत का सरकारी ख़ज़ाना भी इन देशों से कमजोर है। सरकार कितनों का जिम्मा लेगी, कितनों को कर्ज देगी? भारत में करदाताओं का प्रतिशत कम है। नॉर्वे जैसे देश कर वसूलने में बेरहम हैं और इनका ख़ज़ाना भी भरा है तो बेरोज़गारों का जुगाड़ कर ले रहे हैं। पर भारत को अपनी राह ख़ुद बनानी होगी।

कर वसूलने का नॉर्वे का तरीका वाकई सतही तौर पर बेरहम लगता है। अब आप दस हज़ार रुपए महीना कमाते हैं और सरकार आकर तीन हज़ार छीन ले, तो कैसा लगेगा? नॉर्वे में न्यूनतम 'टैक्स स्लैब' है ही नहीं। बड़ी बेदर्दी से हर व्यक्ति से टैक्स वसूल लेती है। आप चाहे जितना भी कमाएँ, टैक्स कमोबेश देना ही होगा। पाँच सौ कमाएँ या पाँच लाख, सरकार अपना हिस्सा लेकर रहेगी।

इस टैक्स लूट-पाट से नॉर्वे सरकार अकूत पैसा जमा कर चुकी है। यह ख़ज़ाना विश्व के सबसे बड़े ख़ज़ानों में है। यह उस सामंतवादी काल की याद दिलाता है, जब ग़रीब किसानों के धन से जमींदारों और राजाओं के ख़ज़ाने भरते थे। पर यहाँ खामख्वाह वह माहौल नहीं दिखता। सब दिल खोल कर टैक्स भरते हैं और अपनी सरकार का ख़ज़ाना भरते हैं।

ज़ाहिर है, सरकार इस धन को अपने नागरिकों पर ख़ूब उड़ाती है। बेरोज़गारों पर, वृद्धों पर, ज़रूरतमंदों पर, रोगियों पर। यहाँ कभी इबोला बीमारी आयी भी नहीं, लेकिन सभी नागरिकों को सरकार ने इबोला का महँगा वैक्सीन

दे दिया। अगर कोई अपनी पत्नी पर हाथ उठाए तो उसे जेल होगी और पत्नी को बाक़ायदा एक बढ़िया घर, वेतन सब सरकार देगी। बेरोज़गार का ख़र्च देगी। अब यह भी कुछ लोगों ने धंधा बना लिया है। लोग जनकल्याण राशि पाने के रास्ते ढूँढ़ते रहते हैं। पाकिस्तान से आए लोग ख़ास कर सभी नियमों से वाक़िफ़ हैं और सरकार से हर तरह की सहायता राशि लेते हैं।

लेकिन मूल बात पर ध्यान दें। जनकल्याण तो तभी संभव होगा, जब टैक्स की वसूली होगी। और बेरहमी से वसूली होगी। नॉर्वे के आई.डी. नंबर से चूँकि हर चीज़ जुड़ी है, सरकार पता लगा लेती है कि हमारे पैसे कहाँ-कहाँ हैं? मैं किसी कॉन्फ्रेंस में गया, सरकार ने कुछ टैक्स अपने-आप ही वापस कर दिए कि कांफ्रेंस का टैक्स नहीं लगता। बच्चों के कुछ खेल-कूद की फ़ीस भी वापस कर दी। मैंने माँगा नहीं। उन्होंने ख़ुद ही वापस कर दी।

यहाँ कभी 'टैक्स-रिटर्न' भरने की ज़रूरत नहीं महसूस हुई। सरकार ख़ुद ही सब जोड़-जाड़ कर वर्षांत में कुछ पैसे वापस कर देती है। आपने कितने कमाए, कितने कहाँ जमा किए, कहाँ खर्चे, किस मद में खर्चे, सब वो ख़ुद ही जोड़ लेती है। यह सब काफी हद तक भारत में भी है। टैक्स की चोरी मुश्किल होती जा रही है। आधार लिंक भी हो रहे हैं। सब उसी दिशा में कदम हैं, जो इस व्यवस्था की ओर ले जाते हैं, पर भारत एक विशाल देश है। 'मिनिमम स्लैब' की वजह से भी कई लोग कर नहीं देते। नॉर्वे का हर छोटा से छोटा कर्मी भी करदाता है।

अब सवाल ये है कि टैक्स छोड़े क्यों? रिक्शा वाले, टेम्पू वाले भी टैक्स भर दें तो क्या बुरा है? बदले में आप दे दीजिए, मुफ्त शिक्षा-स्वास्थ्य। यह भी समाजवाद ही है कि नॉर्वे किसी को बड़ा-छोटा वेतन नहीं मानता। कमाई तो कमाई है। सरकार को घुस-घुस कर टैक्स वसूलना चाहिए। भले ही बेरहम लगे, पर यही तार्किक नीति है।

इससे याद आया, यहाँ टीवी पर टैक्स है। अब कुछ लोग बताते ही नहीं कि उनके पास टीवी है। बाज़ार से 'सेकंड हैन्ड' खरीद लेते हैं। एक व्यक्ति रूम में बैठ के टीवी देख रहे थे, टैक्स वालों ने पकड़ लिया और घर घुस कर चालान काट कर निकल लिए। एक टी.वी. देखने की वजह से 'टैक्स-रेड' हो जाए और

   ख़ुशहाली का पंचनामा

चार सौ रुपए की रसीद काट जाए। यह तो हद है। भारत में 'टैक्स-रेड' होना समृद्धि की निशानी है, चिंदीचोरी की नहीं।

एक और बात पर ध्यान दिलाऊँगा। अगर कोई पूछे कि आप कितना कमाते हैं? यह सवाल बड़ा अटपटा लगता है। मई-जून के महीने में एक ख़ास दिन हर साल नॉर्वे सरकार अपने सारे नाग़रिकों की कमाई ऑनलाइन डाल देती है। आप चाहे तो अपने पड़ोसी, अपने सहकर्मी, चौक पर दुकानदार या बस ड्राइवर सब की कमाई देख सकते हैं। कुछ छुपा नहीं। पहले यह एक मोटी 'यल्लो पेज़ेज़' या 'टेलिफ़ोन डायरेक्टरी' जैसी मोटी किताब में आती थी, अब सब ऑनलाइन है। सबके वेतन का चिट्ठा।

यह प्रथा नॉर्वे में सन् 1800 से चली आ रही है। ये अजीब सा 'ट्रांसपैरेंट सिस्टम' है। कोई डींगें नहीं हाँक सकता, तो किसी को अपनी ग़रीबी का मलाल नहीं। सबकी कमाई, कितना कर भरा, कितनी संपत्ति है, सब सामने है। यह फ़ॉर्मूला तभी काम करेगा, जब समाजवाद हो और औसत कमाई बराबर हो। अन्यथा आप कंगाल और पड़ोसी करोड़पति निकल जाए, तो दिल को धक्का लग सकता है। चोरी का भी ख़तरा है। पर यह बातें छुपा कर क्या भेद नहीं दिखता? कंगाल और करोड़पति का फ़र्क क्या भारत में नहीं दिखता? सब साफ़ ही हो, तो क्या बुराई है? इससे सिस्टम तो पारदर्शी रहेगा।

दरअसल नॉर्वे में 'मिनिमम वेज' प्रणाली बहुत ही ताकतवर है। यह लिखित नहीं है पर नैतिक रूप से कड़े तौर पर है। यहाँ की सबसे कम 'फुल-टाइम' सैलरी, चाहे कुछ भी काम करें, लगभग 25-30000 क्रोनर महीना (दो लाख चालीस हज़ार रुपए) है। आश्चर्य है कि अधिकतम सैलरी[1] भी इससे बहुत अधिक नहीं है। सबकी कमाई लगभग एक समान है, CEO से सफ़ाई कर्मचारी तक। ताज्जुब न हो अगर प्रधानमंत्री भी सस्ती दुकान जाकर शॉपिंग करें। इस देश में सब आला दर्जे के कंजूस हैं और किसी को वेतन का गुमान नहीं।

इस प्रश्न पर सोचिएगा कि अगर भारत में भी सबकी वेतन ऑनलाइन कर दें तो क्या पहाड़ टूटेगा?

---

1   कर अदायगी के बाद

अब आपने कभी 'कारण बताओ नोटिस' का जवाब दिया है? अक्सर हम अपनी ग़लतियों पर कैसे 'रिएक्ट' करते हैं? अमूमन हम लड़ जाते हैं या किसी और के मत्थे डाल देते हैं। जैसे ही आपने ग़लती मानी, आप फँसे। यही नियम लगभग पूरे विश्व में है।

कुछ देशों में परंपरा विपरीत है। आप ग़लती एक बार नहीं बार-बार मानिए।

नॉर्वे में एक छोटे स्वास्थ्य विभाग में साल भर में 100-150 ऐसे ग़लती मानने वाले 'नोट' लिखे जाते हैं। यह स्वास्थ्य-सेक्टर में आम है। इसे 'रिफ्लेक्शन-नोट' कहते हैं।

हम जैसे ही कोई ग़लती करते हैं, छोटी या बड़ी, उसे ख़ुद लिखते हैं और ये लिखते हैं कि ये ग़लती कैसे नहीं होती? हम छुपा नहीं लेते और मरीज़ बाद में पेट में कैंची लेकर नहीं आता। वैसे मेरा पेट में कैंची छोड़ने वाला विभाग नहीं, पर अगर छूट गया तो सबसे पहले मुझे ही बताना होगा। मैं यह बात छुपाऊँगा नहीं। मुझे कहना है कि ये मेरी ग़लती से हुआ और कैंची गिनने में गड़बड़ी हुई। अगर मैं ऐसा कहता हूँ, तो मैं माफ हो जाऊँगा और सरकार मरीज़ को मुआवजा देगी। पर अगर मैंने ग़लती नहीं मानी, भिड़ गया तो फँस जाऊँगा।

यह आम है कि स्टाफ़ हर हफ़्ते कुछ लिखकर लाएँ। ऐसी मामूली ग़लतियाँ जिसे छुपाना बहुत ही आसान था। पर फिर भी। समस्या ये है कि अगर उन्होंने नहीं लिखा जो उन्हें पता था और बाद में पकड़े गए तो नौकरी गई। मतलब आप हर महीने अपनी 100 गलतियाँ बताकर 'बेस्ट इम्प्लॉई' कहला सकते हैं और बस एक ग़लती छुपाकर नौकरी से बाहर।

मुझे पुलिस के लोगों ने बताया मुज़रिमों का भी यही रवैया है, खासकर जो नॉर्वे के मूल निवासी है उनका। बिना किसी प्रताड़ना (टॉर्चर) के अपनी ग़लती मानते हैं। यह ग़लती मान कर ख़ुद के 'रिफ्लेक्शन' या आलोचना करने की प्रवृत्ति हर देश, हर व्यक्ति माने तो क्या बुरा है?

❑

 ख़ुशहाली का पंचनामा

'डेथ बाई नेचर' (प्रकृति से मृत्यु)

जब-जब नॉर्वे के इन पहाड़ों को देखता हूँ, सोचता हूँ ऊपर एक मंदिर होता तो क्या ख़ूब होता? लोग ख़्वाह-म-ख़्वाह इन पहाड़ों की रोज़ सुबह-शाम चढ़ाई करते हैं। हाथ में धातु की छड़ी लेकर, बदन से चिपके नीले-पीले सिंथेटिक कपड़े पहन कर। लक्ष्यहीन। कोई अकेला दौड़ रहा है, कोई कुत्ते के साथ। निःशब्द। क्या बुरा होता ग़र 'जय माता दी' बोल चढ़ाई करता? फ़िटनेस की फ़िटनेस, आस्था की आस्था। वृद्ध, अस्वस्थ सब आस्था की दौड़ लगाते। जंगलों के बीच प्याऊ होता, जिसके नीचे लिखा होता 'फ़लाँ सेठ द्वारा प्रदत्त'। हर पड़ाव पर एक छोटा मंदिर होता, जो आस्था को प्रबल करता जाता। हमारे थके क़दम फिर से ऊर्जित चल पड़ते। क़सम से, इन सभी नॉर्वेजियनों को पछाड़ देता। पर यहाँ हाँफ जाता हूँ। सूर्य की किरणें सीधे सर के ऊपर गिरती हैं, जंगल बीहड़ लगता है और पहाड़ असंभव। यहाँ के कुत्ते-बिल्ली भी मुझसे आगे निकल जाते हैं। महिलाएँ बीच में रुककर हाल पूछती हैं, पानी का बोतल पकड़ाती हैं, तब जाकर पौरुष जागता है। उठकर आगे चलता हूँ, फिर दाएँ-बाएँ कुछ छोटा रस्ता ढूँढ़कर वापस लौट जाता हूँ। यह कड़ी समय के साथ टूटती है और मैं आख़िर शिखर पर पहुँच कर लंबी साँस लेता हूँ। न कोई ढाबा, न कोई मंदिर, न कोई संगीत, न परिजन-मित्र। बस मैं शिखर पर सिकंदर बना घूम रहा हूँ।

महाराष्ट्र में अहमदनगर इलाक़े में एक 'थम्स-अप' हिल है, बिल्कुल 'थम्स-अप' पेय-ड्रिंक के मुहर जैसा। उस पर चढ़ाई करने की ख़्वाहिश तो अधूरी रह गई, पर मेरे कुछ मित्रों ने पूरी की। इन्ही पहाड़ों में एक मित्र की मृत्यु भी हो गई। महाराष्ट्र में एक अजीबोग़रीब अंग्रेजी अक्षर 'C' आकार का पहाड़ था। ऐसे पहाड़ों पर लोग 'C' के बाहरी उत्तल (कन्वेक्स) हिस्से से सफ़र करते हैं। पर वह अवतल (कन्केव) रास्ते से सफ़र करना चाहते थे। यानी 'C' आकार में आप लगभग उल्टा चलेंगें और आपको पहाड़ की चोटी अंत तक नज़र नहीं आएगी। शिखर पर पहुँचने से पहले आप धरती से 500 फ़ीट ऊपर पहाड़ के किनारे पर बस हथेलियों से लटकेंगें और फिर 'C' के ऊपर ऐसे जा बैठेंगें

जैसे कृष्ण कालिय नाग पर नृत्य कर रहे हों। पता नहीं, कितना सच है, पर उस वक़्त वह ख़ुद को विश्व के शिखर पर महसूस करने लगे। उन्हें प्रतीत हुआ कि शिवाजी महाराज की तरह घोड़े पर बैठे हैं। प्रकृति अपने सुंदरतम रूप में उनके सामने हैं और बस वहीं कहीं विलीन हो जाना चाहते हैं। अफ़वाहों के अनुसार उन्होंने अपने दोनों हाथ फ़ैलाए और बस छलाँग लगा दी। तमाम पुलिस खोज-दल भी उनके शरीर का कोई हिस्सा नहीं ढूँढ़ पाई। वह प्रकृति में विलुप्त हो गए, डिस्पीरीन की गोली की तरह। जनाब डॉक्टर भी थे।

पहाड़ों के इस देश नॉर्वे में भी अजीबोग़रीब पहाड़ हैं। 'प्रीकीस्टोलेन' अचानक ऊपर पहुँचते ही सपाट हो जाता है। 25 बट्टा 25 मीटर का सपाट शिखर, जैसे किसी बाहुबली ने एक झटके में 'ब्रेड-स्लाइस' की तरह चोटी काट दी हो। 'ट्रौलटुंगा' एक लंबी जिह्वा की तरह ऊपर लटकती है। आप उस जीभ के आख़िरी छोड़ पर ऐसे खड़े होते हैं, जैसे प्रकृति का ग्रास बनने की तैयारी हो। 'पल्पिट रॉक' दो ऊँची पहाड़ों के बीच कहीं ऊँचाई पर लटका एक शिला-पिंड है, जिस पर त्रिशंकु की भाँति आप धरती और गगन के मध्य लटक सकते हैं। 'गाईरैन्जर' महानतम फ़्योर्ड है, जिसे काटती बल खाती नदियाँ और झरने। इन वादियों को 'डेथ बाई नेचर' यानी प्रकृति से मौत कहा गया है।

ये पहाड़ विदेशी सैलानियों के शौकिया पहाड़ हैं। नॉर्वे कहीं और जीता है।

यहाँ की लोकोक्ति है,

"गोर पॉ टूर, आल्द्री सूर"। अर्थात् आप अग़र पहाड़ की चढ़ाई करते रहें, तो आप कभी बीमार नहीं होंगे। ऐसी कई लोकोक्तियों ने इनका दिमाग बचपन से बिगाड़ दिया गया है। ठीक कबीरदास-सूरदास के दोहों की तरह, यहाँ के लोग बात-बात में दोहा सुनाते मिलेंगे। कई तो अंग्रेजी मुहावरों के कॉपी हैं, कई अपने हैं। अजीब बात ये है कि ये दोहों को ब्रह्म-वाक्य मान लेते हैं। हर उम्र के लोग, स्त्री हों या पुरुष, साल के 6 महीने तो निश्चित पहाड़ चढ़ते मिलेंगे। बर्फ़ गिरती है तो ऊपर नहीं जाते, पहाड़ के निचले हिस्से में स्की करते हैं। बारिश होती है तो जंगलों में निकल जाते हैं। हर शाम। यही पहाड़ इनके चौक-चौराहे हैं, जहाँ लोग एक दूसरे को देख मुस्कुराते हैं और ऊपर पहुँच बतियाते हैं।

                                                   ख़ुशहाली का पंचनामा

"आज सूरज बिल्कुल सर पर है। पसीने छूट रहे हैं।" विदार ने कहा। मेरे मित्र हैं, पचास से ऊपर ही उमर होगी। रोज़ पहाड़ चढ़ते हैं, मैं कभी-कभार साथ दे देता हूँ।

"हाँ विदार! चक्कर आ रहे हैं। कब तक यहाँ भटकते रहेंगे? चलो लौट चलें।"

"भटकने का तो सवाल ही नहीं। इस जंगल का हर पेड़ मुझे पहचानता है और मैं उन्हें।"

"तुम्हारा बचपन इन जंगलों में गुज़रा है?"

"हाँ। बचपन में ये पगडंडी भी न थी। अब तो बोर्ड टंग गए हैं। इस जंगल के जानवर वो 'लाइट-टावर' के पीछे वाली पहाड़ी पर चले गए। हाँ, चिड़ियों की चहक वही है।"

"तुम लोग कुछ और नहीं खेलते थे? ये पहाड़ चढ़ना भी कोई खेल है?"

"हाँ, ये खेल नहीं। ये तो बस जीवन का हिस्सा है। खेलता तो मैं फ़ुटबॉल था, मिड-फ़ील्डर। दो बार घुटने का ऑपरेशन हुआ।"

"फिर भी पहाड़ चढ़ते हो?"

"हाँ! और तुमसे तेज़। हा!हा! क्या करोगे घुटना बचाकर? चलो, भागें। ऊपर पहुँच कर स्नान करेंगे।"

"ऊपर? नदियाँ तो नीचे हैं।"

"बिल्कुल शिखर पर झील है। कभी बहुत बड़ा बाँध था यहाँ और हमारी बिजली वहीं से आती थी। अब सारे बाँध बंद हो गए। नॉर्वे अब तेल से बिजली बनाता है।"

बातों-ही-बातों में हम शिखर तक पहुँच गए। विदार ने आव देखा न ताव, कपड़े उतार कर नंगा झील में कूद गया। उछल कर जंगली टार्ज़नों की तरह एक पेड़ की टहनी से लटक गया और एक चट्टान पर जा खड़ा हुआ। आप कल्पना करें एक साठ बरस की नंगी गोरी काया इस तरह उछल-कूद करती

किसी हिम-वानर[1] की प्रजाति नज़र आएगी। धूप में बदन सुखाकर झट से कपड़े पहन लिये और निर्विकार बातें करने लग गया। ये क्या पाशविक संस्कृति है? मुझे भी उकसाया, पर मुझे झील के तल में उबड़-खाबड़ शिलाएँ नज़र आ रही थीं। भय हुआ कि 'डेथ बाई नेचर' न हो जाए और एक सम्मानित चिकित्सक का यूँ जंगल में नग्न-स्नान कहाँ शोभा देता है? ये तो ठहरा जानवर! हमारी एक सभ्यता है, संस्कृति है।

"विदार! स्नान तो नहीं करूँगा, पर कहीं रुक कर पानी ज़रूर पीऊँगा। कितनी धूप है यहाँ ऊपर। नॉर्वे में सूरज हमेशा सर के ऊपर ही क्यूँ होता है?"

"पृथ्वी थोड़ी टेढ़ी है और हम उसकी धुरी पर हैं। बाकी की पृथ्वी पूरब से पच्छिम घूमती है, हम वहीं के वहीं रह जाते हैं। तुमने कभी लट्टू खेला है? लट्टू घूमता रहता है, धुरी घूमते हुए भी केंद्र में अटल रहती है।"

"हाँ! हम तो लट्टू खेलकर ही बड़े हुए हैं। पहले कहीं किसी प्याऊ के पास ले चलो।"

"चलो! आगे एक झरना है।"

"झरना? कहीं नल या प्याऊ नहीं?"

"नॉर्वे में हम पानी में भेद नहीं करते। जो भी इन पहाड़ों में बहता है, वह पेय है। गंदे झील का पानी पीने नहीं कह रहा, बहती धारा से पिलाऊँगा।"

विदार पहाड़ों से बहते एक झरने पर दंडवत हो गया और पशुओं की तरह मुँह लगाकर पीने लग गया। मैंने भी अंजलि भर कर कुछ बूँदें पी। अब इस पहाड़ी जल को सोमरस तो नहीं कह सकता, पर अभूतपूर्व शीतलता और मिठास। नॉर्वे के लोग इसी जल को पीकर 100 वर्ष जीते हैं और हम फ़िल्टर-युग में आ चुके हैं।

नॉर्वे के फ़ाइव-स्टार होटल में भी आप 'मिनरल वाटर' माँगेंगे तो वो प्यार से कहेंगे, जनाब यह नॉर्वे है। यहाँ का पानी विश्व के किसी भी 'मिनरल वाटर' से सौ गुना स्वच्छ है। किसी भी नल का प्रयोग करें, एक ही पानी मिलेगा।

---

1   बर्फीली पहाड़ियों का बंदर

वही पीएँ, उसी से नहाएँ। न यहाँ मनुष्यों में वर्णावली है, न जल में। अमरीकी प्रवासी यहाँ भी इस बात को नहीं मानते, वे यहाँ 'मिनरल वाटर' पीते मिलेंगे। उनका मानना है कि ये वैज्ञानिक रूप से संभव नहीं। पहाड़ों में बहते जल में क्या गंदगी नहीं होती? नॉर्वे वासियों ने ये सवाल पूछना ही नहीं सीखा। जिस दिन अमरीका इसका रहस्य ढूँढ़ लेगा, उसकी नोबेल की पैरवी भी कर देंगे, पर पीते रहेंगे वही पानी। इनका जीवन इसी विश्वास पर चल रहा है और बहरहाल ठीक-ठाक चल रहा है।

भारत में भी 'मिनरल वाटर' संस्कृति शहरीकरण के साथ ही आई। देश के उत्तरी हिस्सों और उत्तर-पूर्व में जल का स्तर काफ़ी ऊपर था। बोर-वेल और चापाकल से सोमरस ही टपकता था। आज भी उत्तर-पूर्व के लोग नॉर्वे से बेहतर पानी पीते होंगे। हिमालय की शीतलता की बराबरी क्या करेंगे नॉर्वे के बौने पहाड़? पर स्वच्छ पेय-जल अपने देश में एक बनावटी संकट बना हुआ है।

ख़्वाह-म-ख़्वाह?

एक अंतरराष्ट्रीय 'अर्बन प्लानिंग' सम्मेलन में भागीदारी ली, जिसमें मेरी भारतीय मित्र भी वक्ता थीं। सभी यूरोपीय वक्ता सौंदर्यीकरण, पर्यावरण, 'इको-सेफ़' कारों, 'इंफ़्रास्ट्रक्चर' पर बोले और वह बस जल पर। कैसे शहर के लोगों को स्वच्छ जल मिले? उन्हें प्रथम पुरस्कार भी मिला, क्यूँकि जल जैसी मूलभूत चीज़ को सब भूल गए थे। यूरोपीय लोगों के लिए जल का कोई महत्व ही नहीं था। उनकी मानें तो जल यूँ ही नदियों, झरनों, पहाड़ों से बस आ जाता है। कभी समाप्त नहीं होता। उसकी क्या योजना? जल टैंकरों में बेचा जा सकता है, उसकी रंगदारी हो सकती है, चोरी हो सकती है, तस्करी हो सकती है, यह बातें उनकी समझ से बाहर है। देश के दो बड़े राज्य जल के लिये 200 वर्ष से लड़े जा रहे हैं। मुफ़्त जल बाँटकर कोई पार्टी चुनाव जीत जाती है। और यहाँ विदार झरने में मुँह लगाकर जल की तौहीन कर रहा है। मन तो करता है, मंतर पढ़कर उसके शरीर पर जल छींट दूँ और भस्म कर दूँ।

ख़ैर, प्रकृति की बात कर रहा था। क्या सूर्य हमारे इतने क़रीब आ सकता है कि उसे हम छू लें? हनुमान जी सूर्य को फल समझ कर खा गए थे। पर क्या यह वैज्ञानिक रूप से मुमकिन है? ज़रा सोचिए, यह गर संभव करना हो, तो कैसे संभव होगा?

पहले तो पृथ्वी को झुका कर सूर्य के निकट लाना होगा। इतने निकट कि सूर्य के सतह और पृथ्वी के सतह के बीच दूरियाँ न रहे। जैसे पृथ्वी सूर्य का चुंबन ले रही हो। और यह चुंबन कितना ख़ूबसूरत होगा? ध्रुव पर आज यही माहौल है।

सूर्य की बाहरी सतह पर बहने वाली हवाएँ, पृथ्वी के आकाश से टकरा रही है। यह बस ध्रुव पर ही मुमकिन है। और जब वे टकराती हैं तो आकाश नीला नहीं रहता। आकाश में हरित बयार चलती है। 'ऑरोरा बोरियैलिस'! यह गगन का प्रेमोत्सव है, जब सूर्य की परिक्रमा करती पृथ्वी उसका आलिंगन करती है। आश्चर्य यह है कि सूर्य कहीं नज़र नहीं आ रहे और शहर अंधकार में डूबा है। किंतु सूर्य और पृथ्वी का वायुमंडल मिल चुका है। यह दृश्य नैसर्गिक नहीं प्रतीत होता। बल्कि मेरी उसी कल्पना को साकार करता है कि यहाँ पृथ्वी

और स्वर्ग के बीच कोई इंद्रधनुषी पुल है, जिस पर बैठ पांडव स्वर्ग गए। उस इंद्रधनुषी माया को मैं बस घंटों बैठ देख पाया और मन में राग झिंझोटी[1] के सुर अनायास आते रहे। विचित्र कल्पनाएँ अंतर्मन में। आंजनेय[2] सूर्य का ग्रास करने प्रस्थान कर रहे हैं, संपूर्ण संसार अंधकार में डूब चुका है और उनकी इस लीला से गगन में रंग-नृत्य हो रहा है। आप भी कहेंगे, मैं कहाँ अवैज्ञानिक बातें कर रहा हूँ? नॉर्वे अजूबा ही नहीं, अलौकिक है।

फोटो: ऑरोलाबोरियैलिस, क्रेडिट: केवलमिस्त्री

मानव ने दक्षिण ध्रुव यानी अंटार्कटिका तो फ़तह कर ली, जहाँ अमरीका का बड़ा शोध संस्थान भी है। पर उत्तरी ध्रुव यानी आर्कटिक में उन्हें मुँह की खानी पड़ी। यहाँ पतली बर्फ़ होती है, जो पैरों के नीचे से रातों-रात फिसल जाती है। कई वापस नहीं लौटे। कुछ वापस लौटे भी तो डींग ज़्यादा हाँकी। पहुँचने का सबूत न दे सके। अब हालाँकि हेलिकॉप्टर से मदद लेकर लोग बिल्कुल 90 डिग्री उत्तर तक पहुँच पाए हैं, लेकिन इसे एक बकवास प्रयोग बताकर अब सब दक्षिण ध्रुव के पीछे ही पड़े हैं।

---

1   एक हिंदुस्तानी संगीत का राग

2   हनुमान

डींगें हाँकने की परंपरा नॉर्वे के लोगों की नहीं। यहाँ हर मुँह से निकली बात ब्रह्म-सत्य होती है। अक्सर क़ातिल भी क़त्ल कर छुपते या 'क्राइम मिस्ट्री' नहीं बनाते। ख़ुद ही आत्म-समर्पण कर देते हैं या पकड़े जाने पर सत्य कह देते हैं। आपने फ़ोन या बातचीत में भी कोई समझौता कर लिया, तो वह क़ानूनी रूप से लगभग मान्य होता है।

नॉर्वे इस मामले में अजीब है। अमरीकी लोग शातिर होते हैं और उन्हें शब्दों की हेर-फेर करना ख़ूब आता है। वे अग़र 'अस्वत्थामा हत:' कह रहे हैं, 'नरो वा कुंजरो वा' ख़ुद ही समझ लें आप। ये '*' की चिह्न बनाकर 'टर्म्स एंड कंडीशन अप्लाई' की शुरुआत अमरीकियों ने ही की होगी।

तो हुआ यूँ कि जब नॉर्वे के रौआल्ड एमंडसन उत्तरी ध्रुव फ़तह करने के लिये अपनी नाव की मरम्मत वग़ैरह करवा रहे थे, इतने में अमरीकी कुक और पियरे साहब ने ढोल पीट कर मुनादी कर दी कि वे उत्तरी ध्रुव पहुँच कर लौट रहे हैं। उन्होंने कह डाला और सब मान भी गए। बहरहाल एमंडसन ने अपना जहाज लिया और चल पड़े। सबसे ये कहकर कि उत्तरी ध्रुव जा रहे हैं, लेकिन जिस भोजन को कोई और जूठा कर चुका हो, उसे खाने में आनंद नहीं। उन्होंने रुख़ बदल लिया और दक्षिण ध्रुव चल पड़े। नॉर्वे बिल्कुल उत्तरी ध्रुव के निकट है, दक्षिण ध्रुव पहुँचने का मतलब है पूरी पृथ्वी लाँघ जाना। कहाँ निकले थे वह चाय पीने चौक की दुकान पर और चल पड़े कश्मीर!

पर एमंडसन को क्या अंदाज़ा था कि उसी वक्त ब्रिटिश जत्था रॉबर्ट स्कॉट की अगुवाई में वहीं चल पड़ा है। इस दौड़ में एमंडसन एक महीना पहले पहुँचे। शायद तट तक दोनों साथ ही थे, पर बर्फ़ीली रास्तों में स्की करनी होती है जिसके नॉर्वेजियन लोग पूरे विश्व के उस्ताद हैं। एमंडसन ने झंडा पहले फ़हराया, स्कॉट ने बाद में। इतना ही नहीं, एमंडसन सुरक्षित वापस पहुँचे पर रॉबर्ट स्कॉट की रास्ते में ही दल समेत मृत्यु हो गई।

ब्रिटिश राज उस समय विश्व-विजयी था और वो आज तक यह नहीं मानता कि एमंडसन पहले पहुँचे। वह स्कॉट को ही ये तमग़ा देता है। नॉर्वेजियन लोगों ने भी एमंडसन को सिर्फ़ इसलिए बुरा-भला कहा क्यूँकि उन्होंने असत्य

 ख़ुशहाली का पंचनामा

बोला था। वह सबको उत्तरी ध्रुव कहकर निकले और हो आए दक्षिण ध्रुव। नॉर्वे में इतना महान आदमी झूठ बोले, यह लोग बरदाश्त नहीं कर पाते। शायद यह किसी नॉर्वेजियन के जीवन का आख़िरी असत्य था।

एमंडसन ने ख़्वाह-म-ख़्वाह झूठ बोला। इस बात की तकनीकी पुष्टि अब तक नहीं हुई कि अमरीकी सचमुच उत्तरी ध्रुव पहुँचे भी थे या नहीं। अमरीकियों ने जुमला फेंका और विश्व ने सच समझ मान लिया।

सत्य पर जितनी पकड़ भारत की रही या जितने प्रयोग गाँधी जी ने लिखित रूप से किए, उतनी शायद नॉर्वे ने नहीं की। पर पुश्त-दर-पुश्त इन्होंने असत्य को पनपने ही नहीं दिया। भारत में असत्य की शुरुआत वहीं से होती है जब पिता पुत्र-पुत्रियों की झूठी तारीफ़ कर रहा होता है। डींग हाँकने की परम्परा कहिए या अफ़वाहें फैलाने की, ये सब प्राकृतिक है। कई लोग तो ये भी कहते हैं कि गाँधीजी भी अधूरा सत्य कहते थे। भगवद्गीता को कोई ठीक से न समझे, तो यह मतलब निकालेगा कि विष्णु अवतार भगवान कृष्ण ने असत्य को 'परिस्थितिवश सत्य' की तरह तौला। यानी अच्छी नीयत से बोला असत्य भी ठीक है। यह अर्थ का अनर्थ निकालना है। गीता का हमने क्या अर्थ समझा, पता नहीं। हम क्यूँ अपनी परिस्थितियाँ और अपने सत्य बनाते हैं?

यूरोप के कई देश नॉर्वेजियन लोगों को बेवकूफ़ भी कहते हैं और भारतीयों को शातिर समझा जाता है। नॉर्वेजियन को कोई भी उल्लू बना सकता है, पर भारतीयों को अमूमन नहीं। कुछ विदेशी हमें ठगों का देश कह डालते हैं। बनारस हो या आगरा, विदेशी फूँक-फूँक कर क़दम रखते हैं। कब, कहाँ, कौन लूट निकल जाए। पर यह सत्य नहीं। दरअसल हम इतने गिरे भी नहीं, जितना कुछ छिटपुट झूठों, राजनैतिक दाँव-पेंचों और कुछ हद तक मीडिया ने बना डाला।

फोटो: एमंडसन और उनके साथी, फ्राम संग्रहालय, ओस्लो

जेंडर-न्यूट्रल देश

यहाँ कई पुरुष अच्छा स्वेटर बुनते हैं, महिलाओं से बेहतर भी। स्कूल में प्रशिक्षण भी दी जाती है, शायद शीत प्रदेश है इसलिए। कम लोग मिलते हैं लेकिन फिर भी, हट्टे-कट्टे पुरुषों का ट्रेन या बस में स्वेटर बुनना अजीब लग सकता है। महिलाएँ अक्सर बच्चों को स्कूल से 'पिक' या 'ड्रॉप' करती मिलेंगी, पर उसके पश्चात बच्चों को नहलाना-धुलाना, घुमाना-खिलाना अक्सर बाप के ज़िम्मे आता है।

महिलाएँ शाम को 'इयर-प्लग' लगाए दौड़ती, 'स्केटिंग' करती, साइकल चलाती मिलेंगी। पुरुष भी दौड़ते मिलेंगे, पर अक्सर बच्चों को सुलाने के बाद।

इनमें से कई चीज़ें पश्चिम के अन्य देशों में हैं, पर स्वेटर बुनना हास्यास्पद लगता है। ख़ासकर जब एक एशियाई समाज से उठ कर आप यहाँ क़दम रखें। भारतीय पुरुष स्वेटर नहीं बुनते अमूमन। भारतीय पुरुष विवाहोपरांत कई ऐसे काम नहीं करते, जो यहाँ करते हैं।

यहाँ रह रहे भारतीयों का मानना है, ये स्त्री-प्रधान देश है। सब ज़ोरू के गुलाम हैं। कई लोग मानते हैं, ये वामपंथी देश है जहाँ सबको 'इक्वैलिटी' की घुट्टी पिलाई गई है। पता नहीं, असल तर्क क्या है? कभी कम्यूनिज़्म, फ़ेमिनिज़्म ख़ास सुना नहीं यहाँ।

नॉर्वे और ख़ासकर डेनमार्क में 'मेल फर्स्ट' पॉलिसी है। आपको पहली नज़र में यह पितृ-सत्ता नज़र आ सकती है। पर जैसे ही बस में या लिफ़्ट में महिला किनारे होकर आपको जाने देगी, आप मामला समझ जाएँगे। आप तुरंत दीन-हीन बन गए और वह शक्तिशाली। यह संस्कृति में जैसे भी आई हो, पर सालों की 'लर्न-अनलर्न' प्रैक्टिस होगी।

मैं ओस्लो की बस में लुंज-पुंज खड़ा था। एक महिला ने कहा कि वहाँ सीट ख़ाली हो गई है, बैठ जाओ। महिला मुझे बैठने कहे और ख़ुद खड़ी रहे? मैं अकड़ कर सीधा खड़ा हो गया, नहीं बैठा। यहाँ की बसों और ट्रेनों में 'लेडीज़ सीट' है ही नहीं, बस विकलांग सीट है। महिलाएँ गर सीट न मिले तो खड़ी

जाएँगी। आप महिला को सीट ऑफ़र कर देख लें, वह पहली बार मना करेगी। दूसरी बार ग़ुस्से से घूर कर मना करेगी। तीसरी बार डाँट पड़ेगी। हालाँकि जो मध्य-एशिया या भारत से आए हैं, उनके अनुरोध पर शायद बुरा नहीं मानें, शालीनता से बस मना कर दें। उन्हें अंदेशा है कि हमारे देश में ऐसा रिवाज़ होगा।

हाल में एक बार में बैठा था। कुछ महिलाएँ आईं और उन्हें निहारते शराब में टुल्ल पुरुषों का हाथ पकड़ कर ले गईं, थोड़ी देर नाचा, फिर वापस उन्हें शराब पीने पटक आईं। उनका महिला समूह नाचता रहा। पुरुष शराब में धुत्त कोने में पड़े रहे। जो पुरुष नाचते रहे, उन्हें महिलाएँ घेर कर हँसने लगीं और वह विदूषक की तरह बीच में बिहुँसता रहा।

इसमें बात ताकत की नहीं, मनोदृष्टि (ऐटीच्यूड) की है। नॉर्वे के पुरुष लंबे-तगड़े होते हैं, पर महिलाओं ने उन्हें क़ाबू नहीं करने दिया। उन्हें 'फ़र्स्ट' बना कर बेवकूफ़ बना दिया। जिसको 'फ़र्स्ट' का दर्जा मिला, वह कमज़ोर है। जब भी हम 'लेडीज़ सीट', 'महिला सुरक्षा', 'महिला आरक्षण' की बात करते हैं, हम उल्टी दिशा में जा रहे हैं। 'पुरुष सीट', 'पुरुष सुरक्षा', 'पुरुष आरक्षण' के मुद्दे रखिए। देखिए, क्या होता है? पूरी गणित ही बदल जाएगी।

वैसे क्या हर परिवार में पत्नियों का काम करना ज़रूरी है? गर पति ख़ूब कमा रहा हो, तो भी? नॉर्वे सरकार की मानें, तो यही ठीक है। सरकारों का घरेलू जीवन में हस्तक्षेप कई प्रवासियों को पसंद नहीं आता।

सरकार ने गृहणियों को चिट्ठी भेज अपने रोज़गार-केंद्र बुलवाया और पूछा कि वह किस तरह की नौकरी कर सकती हैं? क्या पढ़ाई कर रखी है? सबको नॉर्वेज़ियन भाषा सिखाया गया और उनके बायोडाटा ठीक से तैयार किए गए। कुछ महीनों के प्रशिक्षण के बाद उन्हें प्रशिक्षु के तौर पर कंपनियों में लगा दिया गया। हालात ये हो गए कि सभी पत्नियों ने कुछ-न-कुछ नौकरी पकड़ ली।

यह चस्का लगाना इसलिए भी आसान था क्योंकि प्रशिक्षण के दौरान ही सरकार ने उनके ख़ाते में कुछ पैसे डालने शुरू कर दिए थे। जब पत्नियों आत्म-निर्भर होने लगीं, तो उन्हें स्वयं कार्य करने की इच्छा जगी। पर बच्चों का क्या?

सरकार ने यह ज़िम्मा भी ले लिया। छोटे बच्चों का 'क्रेच' और बड़े बच्चों का स्कूल के बाद रख-रखाव का इंतज़ाम और ख़र्च भी सरकार ने कर दिया। पर सरकार ने आख़िर यह सब किया क्यों? आप कहेंगे कि 'जेंडर-इक्वैलिटी' के लिए। वह मुखौटा है, पर अंदर कुछ और खिचड़ी पक रही है।

नॉर्वे को कामगार और टैक्स भरने वाले अधिक से अधिक लोग चाहिए। जो व्यक्ति टैक्स नहीं भरता, वह देश पर बोझ है। और सरकार ने जब देखा कि तमाम गृहणियाँ ख़ाली बैठी हैं, उसने उन्हें काम पर लगा दिया। हर तरह के काम पर, अपनी-अपनी क़ाबिलियत के हिसाब से।

अगर देश का हर व्यक्ति, महिला हो या पुरुष, कुछ भी छोटा-मोटा काम कर कमाए, टैक्स भरे। तभी देश की 'वर्क-फ़ोर्स' पूरी तरह कामयाब होगी। बाहर से लोग नहीं बुलाने होंगे। गर परिवार से एक कमज़ोर पड़ा, तो दूसरा सँभाल लेगा। और बाकी, नारी-पुरुष समानता तो ख़ैर अनायास आ ही जाएगी।

भारत कुछ भी कहिए प्रेम-प्रधान देश है। पहले 'लव-लेटर' लिखे जाते थे, अब चैट-मेसैज करते बस-ट्रेन में मुस्कुराते युवा-युवती मिलेंगे। दिल्ली के बगीचों से मुम्बई के समंदर तक युगल जोड़े दिखेंगे। नॉर्वे उस मामले में रूखा है। यहाँ का प्रेम भी धारदार नहीं।

मेरी कुछ अमरीकी और पोलैंड वग़ैरह की महिला मित्र हैं, उनका मानना है नॉर्वेज़ियन पुरुष विश्व में सबसे सुंदर हैं। सभी लंबे हैं, फ़िट हैं, नीली आँखें हैं, बिल्कुल आर्य-पुरुष। पर वे जब भी 'डेट' पर ले जाते हैं तो बिल बस आधा भरते हैं। सीधा पूछते हैं कि क्या आप बच्चे पैदा करना चाहेंगीं? आप कितना कमाती हैं? कोई प्रेम की बात नहीं करते, न ही नृत्य। हालाँकि सार्वजनिक जगहों पर 'किस' करते जोड़े मिलेंगे, पर वे भी अचानक दौड़ने लगेंगे।

दरअसल यहाँ के लोग गंवई मिज़ाज के हैं। सीधे-सादे हैं। पहले औपचारिकता न के बराबर थी, अब आने लगी है। खाना खाएँगे तो सीधा उछलकर आपके प्लेट के पास पड़ी चीज़ उठा लेंगे। ये नहीं कि बोल दें कि नमक इधर 'पास' कर दें। लड़कियों के साथ भी शर्माते नहीं, बल्कि ख़ैनी (स्नूस) ऑफ़र कर देते हैं। वह भी बेवकूफ़ों की तरह ख़ैनी दबा लेती हैं। जो

ग़लती से प्रेमिका बन गई, उसके साथ बाग में नहीं बैठते। उसके साथ रोज़ दौड़ते हैं, पहाड़ चढ़ते हैं। इन्हें मॉल घूमने का शौक़ नहीं, दूर-दराज़ में सुनसान इलाक़े में घर बनाएँगे।

पहले यह भी संभव था कि प्रेमी-प्रेमिका किसी को भी एक दूसरे का जन्मदिन पता नहीं। क्रिसमस या स्वतंत्रता दिवस पर एक-दूसरे को फूल दे दिया, बहुत है। वैलेन्टाइन डे की तो परंपरा ही नहीं। यहाँ की मैंने कई किताबें पढ़ीं, लेकिन रूमानी प्रेम-ग्रंथ कम हैं। फ़िल्मों से भी ग़ायब है। लैला-मजनू सरीख़ा कोई इतिहास नहीं। होता भी तो लैला-मजनू ट्रैक-पैंट पहनकर इयरफ़ोन लगाए दौड़ते मिलते या स्की करते। जिन्हें भी भाग कर शादी करने की ख़्वाहिश हो, नॉर्वे आ जाएँ। यहाँ की सुंदरियाँ भगा-भगा कर सारी चर्बी निकाल देंगी।

एक भारतीय मित्र ने गूगल पर देखा कि ओस्लो 'वन नाइट स्टैंड' कैपिटल है और यहाँ की लड़कियाँ चरित्रहीन हैं। नारियों को समझना इतना आसान नहीं। गूगल से तो समझने की कोशिश बिल्कुल न करें, न ही किसी टूरिस्ट से।

आपको ध्रुवीय पहाड़ों के बर्फ़ीली गुफ़ाओं से निकल कर घुड़सवारी करती किशोरियों से पूछना होगा। बर्गेन की सामाजिक न्याय के बैनर लिए घूमती महिलाओं से। ओस्लो के बार में सिगरेट पीती उस महिला से, जो चार बच्चों की माँ भी है। गाँव के पारंपरिक परिधान में बेर चुनती बाला। स्की-जंप करती तंदुरुस्त युवती। या फ़्योर्ड किनारे 'सनग्लास' पहने मछली मारती गोरी महिला से, जो सेकंडों में बिकनी पहन कर नदी में जलपरी जैसी कूद जाए। या पहाड़ों में ऊपर वीरान बंगलेनुमा घर में अकेले रहती उस 80 वर्ष की वृद्धा से, जो मुझसे तेज़ पहाड़ों में दौड़ लगाती हैं।

यह ठीक है कि यहाँ बस-ट्रेन में 'लेडीज़ सीट' नहीं होती, महिलाओं का कोई आरक्षण नहीं, न ही कोई स्पेशल लाइन। पर जब से पैदा होती हैं, स्कूल जाती हैं, लड़कों को फ़ुटबॉल में टक्कर देती हैं, हैंडबॉल की चैंपियन हैं, दौड़ में हराती हैं। जम कर तीन-चार बच्चे पैदा करती हैं और धूप-चश्मा पहन चारों को साइकल से लिए निकल पड़ती हैं। कोई गिरता है, तो उठाती नहीं। तब तक इंतज़ार करती हैं जब तक बच्चा ख़ुद खड़ा न हो जाए।

  ख़ुशहाली का पंचनामा

सुंदरियाँ हैं पर कोई फ़ैशन या हॉट-ड्रेस कह लें, नहीं। शान से कहेगी, ये कार्डीगन मैंने बुना है। शरीर को लेकर कोई 'कॉन्शस' नहीं। बातें करते नेक-लाइन नीची हो जाए, तो सँभालेगी नहीं। बेशर्मों की तरह यूँ ही बात करती रहेंगीं। यहाँ तक कि पुरुष भी कपड़े बदल रहा हो, मित्र हो और जल्दी हो, धड़ल्ले से घुस कर अपनी बात कहेगी। शरीर की कोई प्राथमिकता नहीं। यहाँ सब नंगे हैं, आदम हैं।

औरों की तरह मुझे भी लेकिन यह कौतूहल हुआ कि गर प्रेम करना हो, तो आख़िर यहाँ करे कैसे? क्या ऑफ़िस में ही किसी से दोस्ती करनी होगी या बार में किसी महिला से बात करनी होगी? क्या यह स्कर्ट में नंगी टाँगों वाली गोरियाँ यूँ ही मान जातीं होंगी? या पैसे से प्रेम होता होगा?

हालाँकि प्रेम की कोई निश्चित परिभाषा नहीं। 'डेट' पर कैसे जाएँ? यह पूछना आसान है। चूँकि यहाँ व्यवस्थित विवाह नहीं, लोग ख़ुद ही 'डेट' पर जाते हैं। हर उम्र में। किसी का कल तलाक़ हुआ या पत्नी ने कहा कि उसका नया प्रेमी मिल गया, तो आज वह अपनी प्रेमिका ढूँढने निकल पड़ा। समय क्यों बर्बाद करना?

जैसा मैं कह चुका हूँ कि नॉर्वे का प्रेम भी नॉर्वे की तरह ठंडा है, यहाँ के 'डेट' भी ठंडे हैं। दरअसल शुरुआत 'डेट' से कई बार होती भी नहीं, यौन-संबंध से होती है। दो लोग एक इंटरनेट वेबसाइट या यूँ ही शहर में कहीं मिले और घर आ गए। दोनों ने रात बिताई और सुबह अपने-अपने काम पर चल पड़े। यह सिलसिला कई दिन चला, तो उन्होंने फ़ैसला किया कि अब उन्हें 'डेट' पर चलना चाहिए। यह प्रक्रिया ही उल्टी नज़र आती है। 'डेट-लव-सेक्स' की पाश्चात्य या महानगरीय परंपरा को यहाँ 'सेक्स-लव-डेट' या 'सेक्स-डेट-लव' पढ़ें।

और जब वे 'डेट' पर अब जाएँगे तो मूलभूत विषयों पर बात करेंगे। मसलन एक-दूसरे के बच्चों की देखभाल, मकान, वेतन, नौकरी की विवशता इत्यादि। यदि कोई पहले से शादी-शुदा हो तो तलाक़ के विषय में भी। 'डेट' पर वो तमाम बातें तय हो जाएँगी जो व्यवस्थित विवाह में माता-पिता करते हैं।

इस 'डेट' में मुस्कुराते एक-दूसरे को निहारते, शर्माते चेहरे नहीं होंगे। यहाँ दो परिपक्व मनुष्य होंगे, जो अपने भविष्य के कुछ वर्षों की तैयारी कर रहे होंगे। अक्सर 'डेट' पर सहवास की योजना बनेगी कि लोग अपना बोरिया-बिस्तर लाकर साथ रहने लगें।

अब बचा प्रेम। वह समानांतर चलता रहेगा। वह कब शुरू हुआ, कहना कठिन है। कइयों का 'डेट' से पहले, कइयों का 'डेट' के बाद, कइयों का साल भर सहवास होने के बाद भी प्रेम पर प्रश्नचिह्न है। इस मध्य संभव है कि उनका एक बच्चा भी गर्भ में हो। अक्सर बच्चों की स्थिति में सहवास लंबा हो जाता है, क्योंकि बच्चे का पालन-पोषण इनकी प्राथमिकता है। इसी वक्त कुछ लोग चर्च जाकर कुछ मित्र-परिजन बुला कर विवाह भी कर लेते हैं। पर ऐसे कई युगल हैं, जिनके बच्चे बीस-तीस वर्ष के हो गए और उनका विवाह कभी हुआ ही नहीं। वे बच्चे के माता-पिता हैं, किंतु कानूनी रूप से पति-पत्नी नहीं। या यूँ कहिए कि उनके मध्य उस क़दर प्रेम हुआ ही नहीं कि विवाह की औपचारिकता पूरी की जाए। बच्चों के वयस्क होते ही वो अलग हो जाएँगे।

इस पूरी प्रक्रिया के कई स्वरूप हो सकते हैं, पर मूलभूत ढाँचा यही है। प्रेम अलग, यौन-संबंध अलग और बच्चों का उत्तरदायित्व अलग। इनको एक सम्मिलित रूप में या एक ही सिक्के के पहलू न समझें। यह तीनों स्वतंत्र हैं और यही नॉर्वे है।

कभी धूप, कभी छाँव मौसम है। युवतियों के कपड़े भी उस हिसाब से लंबे-छोटे हो रहे हैं। कई भारतीय पुरुष भी टहल रहे हैं, पर युवतियों को घूर नहीं रहे। मैं तो चलिए अवलोकन कर लिखता हूँ, तो देख लेता हूँ। पर औसत भारतीय यहाँ लड़कियाँ घूरता नहीं फिरता। हाँ! अगर किसी की काली ज़ुल्फ़ें हों तो एक नज़र जाती है। मेक्सिकन और स्पैनिश युवतियों पर नज़र जाती है, लेकिन वह भी चेहरे पर। इधर-उधर झाँकने की प्रकृति यहाँ के दीर्घ-प्रवासित भारतीयों में कम है। इसलिए कि यह यूरोप है, यहाँ यही पहनावा है।

इसी स्कर्ट में अगर लड़की भारत के किसी छोटे शहर में घूम जाए, यही भारतीय शायद घूरने लगें। फिर बंबई के पॉश इलाक़े में घूमे तो शायद न

ख़ुशहाली का पंचनामा

घूरें। इसी स्कर्ट में ग्राम-दलित युवतियाँ गाय चराती भी नज़र आ सकती हैं, कुछ मटमैली सी फ़टी-चिथड़ी फ़्रॉक। उन्हें भी कोई ख़ास नहीं घूरता। अधेड़ महिलाएँ तो खुले-आम गाँव के तालाब में स्नान करती भी दिखेंगी। उन्हें भी कोई नहीं घूरता। साड़ी से दिखती कमर को कम लोग घूरते हैं। पर टॉप और जींस के बीच हल्की सी कमर दिख जाए, लोग घूरने लग जाते हैं।

मैं सोचता हूँ कि आँखों के लेंस और दिमाग के बीच में एक 'अडैप्टर' लगा है जो देश-काल-परिस्थिति के हिसाब से 'ऐडजस्ट' करता है। किसे घूरना है, किसे नहीं घूरना। जैसे हम यूरोप आते हैं, अडैप्टर बदल लेते हैं। भारत में अलग-अलग शहर के अलग-अलग अडैप्टर हैं। कहीं स्कर्ट चलता है, कहीं नहीं चलता। महिलाएँ पुरुष पर घूरने का आरोप लगातीं हैं, वह ठीक है। लेकिन 'अडैप्टर' का क्या? वही पुरुष तो यूरोप आकर नहीं घूरता या वहाँ नहीं घूरता जहाँ यह आम है। आँखें ख़ुद को परिस्थिति के अनुसार अनुकूल करती हैं। पर इस प्रवृत्ति का हल क्या है?

एक तरीका जो अपनाया जाता है कि महिलाएँ 'टैबू' तोड़ने निकलती हैं। सब छोटे कपड़ों में मार्च करती हैं। हो सकता है सोशल मीडिया पर 'बिकनी' कैंपेन चले। इसके लिए मुझे लगता है भारत अभी तैयार नहीं कि हर महिला बिकनी में 'सन-बाथ' लेने लगे। न पुरुष ही तैयार हैं, न महिलाएँ।

दूसरा तरीका है 'जैसा देश-वैसा भेष'। यूरोप से भारतीय युवती स्कर्ट में चलती है, दिल्ली एयरपोर्ट पर जींस में आ जाती है, पटना तक सलवार-क़मीज़ और गाँव पहुँचते ही साड़ी। यह पद्धति अक्सर अपनाई जाती है।

तीसरा तरीका है कुछ 'टीज़र' देना। जैसे गाँव में कभी जींस में घूम लिए। प्रतिक्रिया देखी। धीरे-धीरे बदलाव किया। यह चल भी रहा है, पर यह लंबी और भ्रामक प्रक्रिया है।

सही तरीका मुझे नहीं पता, लेकिन हर पुरुष के दिमाग में अगर 'यूनिवर्सल अडैप्टर' लगाई जाए तो उसे शायद फ़र्क न पड़े कि किसने कितने कपड़े पहने। पर यह मिलेगा कहाँ? यह 'अडैप्टर' ढूँढने के चक्कर में सर्बिया चल पड़ा, तो कुछ और ही मिल गया।

एक बात जो सर्बिया की लड़कियों में सामान्य है, वे कहेंगी

"आई एम टफ़!" अक्सर मुक्का बना कर हाथ ऊपर उठा कर। ऐसी कोई सांख्यिकी नहीं, पर कुछ 20-30 लड़कियों से मिलकर यह मेरा निष्कर्ष है।

सर्बिया को यूरोप का 'पाउडर केग' या बारूद का गोला कहा गया है और यहाँ की महिलाएँ भी बम से कम नहीं। बिंदास जैकेट पहने, ऊपर की दो बटन खोल, कॉलर चढ़ा, बिल्कुल मर्दाना अंदाज़ में।

यह बाल्कन है, जिसने बस युद्ध देखे हैं। प्रथम विश्व युद्ध तो यहीं से शुरू हुआ। द्वितीय विश्व युद्ध और फिर युगास्लाविया का विभाजन वाला युद्ध। पुरुष लड़ते रहे, महिलाएँ बच्चे लेकर इधर से उधर जान बचाती भागती रहीं। सब 'टफ़' बन गईं।

इनका रंग भी कुछ लालिमा लिए होता है, भूतहा गोरा नहीं होता। तंदुरुस्त और 'सेक्सी' तो लोग कहते ही हैं। पर पंगा लेना बेकार है, बिल्कुल 'स्पार्टन ऐटीच्यूड' है कड़क। उठा कर पटक देंगी। ज़्यादातर कहती हैं, उन्हें तगड़े पुरुष पसंद हैं, पहलवान सरीखे। क्या पता उन से दो-दो हाथ करतीं हों!

सरसरी निगाहों में लगा कि यह एक ऐसा देश है जहाँ नारीवाद नहीं है। एक सर्बिया की महिला कहती हैं, नारीवाद और सर्बिया, जैसे पानी और तेल। मिक्स नहीं होते। तभी शायद वे कोमल नहीं, 'टफ़' हैं।

पश्चिमी नॉर्वे के एक बार में रंगबाज़ी का माहौल था। यह आम है कुछ ख़ास मौक़ों पर या सप्ताहांत (वीकेंड) पर। अनजाने लड़के-लड़कियाँ साथ नृत्य करते हैं, एक दूसरे को छूते हैं, बाँहें डाल कर नृत्य करते हैं। पर इस रंगबाज़ी में भी एक क़ानून है। लिखा नहीं है, पर है। आप कहीं भी यूँ ही हाथ नहीं लगाते।

सबने शराब भी पी रखी होती है। अँधेरा घुप्प और कामोत्तेजक संगीत, फिर भी। आप ये कह सकते हैं कि यहाँ अश्लीलता की भी मर्यादा है।

मैं कई बार मित्रों के साथ भी गया हूँ। ठीक-ठाक ताल (बीट) में नृत्य कर लेता हूँ। रात जैसे बढ़ती है, शरारतें भी बढ़ती हैं। कुछ युवा ज़्यादा पी लेते हैं। पर अगर कुछ ग़लती हुई और लड़की ने मुस्कुरा कर मना किया, तो वे हट जाते

हैं, माफ़ी माँग लेते हैं। लड़की भी राई का पहाड़ नहीं बनाती और दोनों गले मिलकर अलग नृत्य करने लगते हैं। मान लेते हैं कि यह ग़लती थी, दुबारा नहीं होगी।

बाकी, कपड़ों की बात छोड़ ही देता हूँ। वह तो मायने ही नहीं रखता। पहले ही कह चुका हूँ, यहाँ सब नंगे हैं। फिर भी तमीज़ है। पश्चिम से हमने पूरा नहीं सीखा, आधा सीखा अभिमन्यु की तरह। तभी चक्रव्यूह में फँसे हैं।

हिंदुस्तानी पुरुष और महिलाओं को एक दूसरे को छूते ही करेंट लगता है। ये मैं नहीं कह रहा, एक नॉर्वेज़ियन महिला का कहना है।

हुआ कुछ नहीं। बच्चों के स्कूल में 'पैरेंट्स-गैदरिंग' थी। हम कुछ ग्रुप बनाकर खेल रहे थे। उसमें सबको गोलबंद होकर एक दूसरे से चिपक कर खड़ा होना था। इस गोलबंदी के बीच में कोई एक खड़ा/खड़ी होकर लाश बन जाते और पेंडुलम की तरह झूलते। जो गोल में खड़े हैं, उनकी कोशिश होती कि वह गिरने न पाए। उसे हाथ से दूसरी तरफ़ ढकेल देते। वह लाश की तरह इधर-से-उधर दुलमुल करता/करती, जैसे 'जाने भी दो यारों' का डि-मेलो। जब भी कोई महिला बीच में आकर झूलती, हिंदुस्तानी उसे सँभाल नहीं पाते। छूने में झिझकते। वह गिर जाती। तभी निकला ये निष्कर्ष कि भारतीयों को करेंट लगता है।

मैं तो डॉक्टर ही हूँ, शरीर मेरे लिए एक सहज चीज़ है। कभी छूने-छाने से करेंट नहीं लगा। अब इसे अवैज्ञानिक कहिए या जो भी। पर पहले भी यही हाल था। मेरे अनुभव में ग्रामीण परिवेश के निश्छल पुरुष-महिलाओं में भी कई बार यह सहजता देखी है, हालाँकि विपरीत स्थिति भी देखी है।

बात शहरी-ग्रामीण या भारतीय-विदेशी की नहीं है। बात है कि हमारे दिमाग पर परत कितनी चढ़ी है। कम चढ़ी रहेगी तो शायद कम करेंट लगे।

जब बराबरी की बात होगी, तो पुरुषों की भी बात होगी। महिलाओं से सताए पुरुष कहाँ जाएँ? यह सुरेंद्र शर्मा जी का चुटकुला नहीं, गंभीर समस्या है। नॉर्वे में लगभग 150 लोग फिलहाल 'क्रिसेसेंटर' (पुरुष सुरक्षा केंद्र) में रह रहे हैं। यह पिछले दशक में चालीस प्रतिशत तक बढ़ा है।

ऐसा नहीं कि सबको पत्नी ने पीटा ही हो। मसलन चिल्लाना, रोज़ ताने देना, सर खा लेना, कई चीज़ें हैं। यह आम है कि पुरुष बाहर समय बिताना पसंद करते हैं क्यूँकि घर जाकर क्लेश होगा। दो टेलीविज़न तो ख़ैर हर घर में हैं ही, अपनी-अपनी पसंद के हिसाब से अलग कमरे भी हैं। पति-पत्नी के एक-दूसरे का सामान कभी बिना पूछे नहीं छूते। फिर भी बात नहीं बनती। मेरे एक मित्र जो पुलिस में थे, उनकी पत्नी जब चिल्लाती थी, तो ऊपर कमरे की खिड़कियाँ हिलती थीं। मज़ाक़ नहीं कर रहा, मैं एक बार उनसे मिल चुका हूँ। ग़ज़ब की टंकार है।

यहाँ के एक सामाजिक न्याय संस्था में कुछ पाकिस्तानी पुरुष न्याय की गुहार लेकर गए। यहाँ की पाकिस्तानी मूल की लड़कियाँ अब यूरोपीय तो हैं, पर अक्सर पाकिस्तान से एक पति ब्याह लाती हैं और उसे पासपोर्ट दिलवाने की सब्ज़बाग़ दिखा कर नौकर बना लेतीं हैं। पासपोर्ट में यहाँ आठ वर्ष लगते हैं। वह बेचारा तब तक जैसे-तैसे झेलता है। पर अब पानी सर के ऊपर जा रहा है। कई पाकिस्तानी पुरुष पीड़ित हैं और 'क्रिसे-सेंटर' जाना चाहते हैं।

मेरे ज्ञान में पूरे विश्व में बस तीन देश हैं जहाँ सताए पुरुषों की व्यापक व्यवस्था है। नॉर्वे, नीदरलैंड और तुर्की। यहाँ सताए पुरुषों की शुरू में काउंसेलिंग होती है और बाद में सरकारी आवास मिलता है। वहाँ वे आराम से बैठकर अपना मनपसंद मैच देख सकते हैं या जो मन चाहे कर सकते हैं। पत्नी जब मान जाती है, फिर वापस जोड़ दिया जाता है। इसे पुरुष कोप भवन कहिए या जो भी, पर समस्या को समझा गया, बड़ी बात है। यहाँ प्यार का पंचनामा सुना जाता है और निपटाया जाता है। और इसलिए शायद यह देश पूरी तरह 'जेंडर-न्यूट्रल' है। सिर्फ़ नारीवाद किसी देश को 'जेंडर-न्यूट्रल' नहीं बना सकता। पाँच प्रतिशत ही सही, पुरुषों के लिए भी व्यवस्था हो।

❑

ख़ुशहाली का पंचनामा

यह प्रवृत्ति कई लोगों को पसंद नहीं आएगी कि नॉर्वेजियन कभी शिकायत नहीं करते। होटल का खाना चाहे बिल्कुल बकवास हो, वे चुपचाप निगल जाएँगे और चूँ तक नहीं करेंगे। उनका मानना है, जब आ ही गए तो अब ख़ुशी-ख़ुशी खा लो। अस्पताल में मरीज़ मर जाए, कोई हल्ला-हंगामा नहीं करता। बल्कि गुलदस्ता लेकर आते हैं कि आपने अच्छी कोशिश की। 'कस्टमर सर्विस' को बस आपातकाल में ही कॉल करेंगे। कोई चीज़ डिलिवर न हुई तो महीने भर इंतजार करेंगे, फिर पड़ोसियों के मेल-बॉक्स देखेंगे।

अंत में थक-हार कर मुस्कुराते कहेंगे,

"आपने तो ज़रूर भेजा होगा, मैं ही शायद घर पर नहीं होऊँगा। आप कहें तो मैं आकर ले जाऊँ या दुबारा भेजने का ख़र्च भेज दूँ?"

यह लखनवी तमीज़ से मिलता-जुलता है। मैं ऐसे मौक़ों पर खीज कर रह जाता था। यह इतना ग़ुस्सा पचा कैसे लेते हैं? भारत में 'कस्टमर सर्विस' तो दंगल का मैदान है। उधर से मीठी आवाज़ आएगी, आप इधर से चिल्लाते रहेंगे। आप ही नहीं लाखों लोग जो 'कस्टमर सर्विस' को कॉल कर रहे हैं। उपभोक्ता हमेशा सही होता है और व्यापारी ग़लत। आपकी जीत तब होती है, जब 'कस्टमर-सर्विस' वाला गिड़गिड़ाए। मैं भी ऐसी ही जीत में ख़ुश होता। यहाँ जब मैं होटल में कहता हूँ कि शिकायत करूँगा, नॉर्वेजियन मित्र छुप जाते हैं। कहीं शौचालय वग़ैरह निकल जाते हैं।

आगे वाला कितनी भी धीरे गाड़ी चलाए, पर हॉर्न नहीं बजाएँगे। बॉस मीटिंग में कभी चिल्लाएँगे नहीं। शिक्षक क्रोधित नहीं होंगे। ऊँची आवाज़ में कोई बोलता नहीं। ऐसे क्रोध दबा-दबा कर, इन सबको 'मागेसोर' (पेट का अल्सर) हो गया है। पर इस देश से शिकायत और क्रोध लगभग समाप्त हो चुका है। कभी-कभार बार में शराब पीकर चिल्लाते लोग मिल गए तो गए, अन्यथा क्रोध इनकी धमनियों में जम सा गया है, जो तभी नज़र आता है जब आप इनकी रगों को पहचान चुके हों।

यूँ ही नॉर्वे का 'हैप्पीनेस इंडेक्स' सर्वोच्च नहीं। पर क्या यह वाक़ई संभव है कि क्रोध बस लुप्त हो जाए? अगर किसी ने ऐसी ग़लती की हो, जिससे आर्थिक या मानसिक क्षति पहुँचे, तो भी क्रोध नहीं करना? मुझे ऐसी संस्कृति में शुरुआती दिनों में काफ़ी कठिनता आई। भारत में मेरी प्रवृत्ति थी कि स्टाफ़ पर क्रोध करूँ, मरीज़ों से जिरह होती। सड़क पर कभी-कभार झड़प होती। 'कस्टमर केयर' से चिढ़ जाता। हालाँकि मैं सौम्य व्यक्ति हूँ, फिर भी लगता कि बिना क्रोध कार्य संभव नहीं।

पहले ही दिन यहाँ एक स्टाफ़ की किसी ग़लती पर कुछ ऊँची आवाज़ में बोल दिया। मरीज़ का मुद्दा था और ग़लती ऐसी थी कि डाँटना चाहिए। पर इतने में वह रुआँसी हो गई और एक लिखित शिकायत भी डाल दी। ख़ैर, कुछ बात-चीत कर समझा दिया, लेकिन खीज हो तो आदमी करे क्या? यहाँ आख़िर क्या करते हैं?

यहाँ चिट्ठियाँ लिखते हैं। आपके साथ मुस्कुरा कर, चुटीले मज़ाक़ कर, साथ भोजन कर जब आपका बॉस निकलेगा, आप सोचेंगे कि वह आपसे कितना प्रसन्न है। बॉस हो तो ऐसा। तभी आप अपने चैम्बर लौटेंगे और उसकी एक लंबी चिट्ठी पड़ी होगी। उसमें तमाम शिकायतें लिखी होंगी। अब आप वापस खाने की टेबल पर जाकर उनको सफ़ाई नहीं दे सकते। उसका जवाब चिट्ठी में ही देना होगा और ऐसी तमाम चिट्ठियाँ फ़ाइल में लग जाएँगी। यहाँ क्रोध फ़ाइलों में ऐसा दबा है कि गर इन फ़ाइलों के क़रीब कोई ज्वलंत पदार्थ रख दें, तो धू-धू कर जल उठे।

उसी शाम आप अपने बॉस के साथ दौड़ लगा रहे होंगे। दोनों गप्प मार रहे होंगे, पर उस चिट्ठी की चर्चा नहीं होगी। वह तो एक 'डॉक्यूमेंट' था, जो 'डॉक्यूमेंट' हो गया। लिखित क्रोध का लिखित सवाल-जवाब चलता रहा और हम मुस्कुरा कर साथ खाते-पीते, दौड़ते रहे। न कभी ऊँची आवाज़ में बात हुई, न किसी ने क्रोध किया। बस 'क्रोध-पत्र' लिखता रहा, पढ़ता रहा।

नॉर्वे के लोग भारतीयों की तरह ही अपने देश की कमियाँ ख़ूब खोजते हैं, उस पर विवाद-विश्लेषण करते हैं। मैं साथ बैठता हूँ, तो भी। बस फ़र्क़ यह है

ख़ुशहाली का पंचनामा

कि अगर मैं बीच में कुछ बुराई कर दूँ, तो सब मुझ पर चढ़ जाएँगे। लड़ जाएँगे। यह अजीब छद्म-मानसिकता लगती है, लेकिन ग़ौर करता हूँ तो ठीक लगता है।

किसी महान दार्शनिक ने ठीक ही कहा है कि

"टेढ़ा है पर मेरा है।" नॉर्वे ठंडी जगह ही नहीं, बल्कि यहाँ सब ठंडे हैं, भावहीन।

यहाँ आप किसी डिनर पर दोस्तों के साथ गए। कोई बीच में उठकर गया। आप सोचेंगे, बाथरूम वग़ैरह गया होगा। वो दरअसल घर जा चुका होगा। यह सामान्य है कि यहाँ कोई बताता नहीं, न ही कोई रुकने का आग्रह करता है।

आजकल कुछ अभिवादन की परंपरा आई है, पहले यह भी नहीं था। आप और आपके ख़ास मित्र ट्रेन में मिले, लेकिन वे आपसे बात ही नहीं करेंगे। अधिक से अधिक मुस्की दे देंगे। यह रंगभेद की वजह से नहीं। दो नॉर्वेजियन मित्र भी मॉल या बस में मिलते हैं तो बतियाते नहीं। वही लोग काम पर गर्मजोशी से मिलेंगे पर काम के बाद वापस अजनबी बन जाएँगे। इन्हें इनकी निजता (प्राइवेसी) हद से ज़्यादा पसंद है।

कुछ दिन पहले मेरे एक मित्र अपने लंगोटिया यार से मिलाने ले गए। दोनों के घर का फ़ासला दो कि.मी. होगा, पर वो घर ढूँढ नहीं पा रहे थे। गूगल मैप का प्रयोग किया। वह पिछले तीस वर्ष से कभी एक-दूसरे के घर गए ही नहीं। हाँ, मिले तो फिर ऐसे मिले जैसे पता नहीं कितने घनिष्ठ दोस्त हों। दोनों एक दूसरे को लात मार रहे थे, ज़ोर से ठहाके। पर तीस वर्ष दोनों ने एक-दूसरे के घर जाना ठीक नहीं समझा?

यह हिंदुस्तान के विपरीत है, जहाँ मुझे अपने हर दोस्त की ख़बर सात समंदर पार से भी है। जाऊँगा, नहीं मिलूँगा, तो नाराज़ भी हो जाएगा। किसी संबंधी का फ़ोन नहीं उठाया, तो वो मुँह फुला लेंगे। माँ-बाप और निकट परिजन का कोप तो ख़ैर छोड़ ही दें।

नॉर्वे में भावनाएँ भी बिल्कुल बर्फ़ की तरह जमी हुई हैं, आइस-कोल्ड। इसलिए शायद रिश्ते पिघलते-टूटते भी नहीं, जमे रहते हैं।

मैं यह भी कहूँगा कि नॉर्वे एक गाँव है। इसे भले ही विकसित देशों की श्रेणी में डाल दें, यह पकिया गाँव है। यहाँ बड़े मॉल नहीं दिखते, जैसे हिंदुस्तानी शहरों में दिखते हैं (ओस्लो को छोड़ कर)।

बच्चे सरकारी स्कूल में पढ़ते हैं। उसी स्कूल में जिसमें उनके पिता पढ़ते थे। उसी तालाब में छलाँग लगाते हैं। उसी पहाड़ पर चढ़ते हैं, यहाँ तक कि उसी जगह शराब पीते हैं जहाँ उनके पिता। सब कुछ ज्यों-का-त्यों है। दुनिया कहाँ से कहाँ चली गई, ये वहीं हैं-तन से और मन से, दोनों से। भोले गाँव के लोग।

दरअसल यह देश अचानक से अमीर तो हुआ, पर अमीरी का प्रभाव जनता पर नहीं पड़ा। तेल मिलने के बाद भी तेल सस्ता नहीं हुआ। वेतन ख़ास बढ़ी नहीं। गाड़ी महँगी ही रही। हर चीज़ महँगी रही। कड़े टैक्स। लोग यूँ ही पैसे बचाकर जीते रहे। होटल में आज भी कोई नहीं खाता, डब्बा लेकर घूमते हैं। ख़ुद खाना बनाते हैं। शराब रोज़ पीने की औक़ात नहीं, बहुत महँगी है। ख़ैनी खाते हैं, सिगरेट नहीं पीते। धन्नासेठ भी 'सेकंड-हैंड' गाड़ी ही ख़रीदते हैं।

मोबाइल तो रखते हैं, पर कुछ ख़ास नहीं करते। फ़ोन भी न के बराबर। न अधिक फेसबुक, न कोई ऐप्प। इनका शौक़ आज भी मछली मारना ही है। चालीस के हो गए, पर फ़ुटबॉल ही खेलेंगे। घर से बाहर मॉल-बाज़ार में घूमना-फिरना नहीं। जंगल जाकर बेर चुन कर लाएँगे। शिकार करेंगे। नवयुवकों को नए शौक़ आ रहे हैं, लेकिन पूरी तरह अभी आए नहीं।

सोचता हूँ, दुनिया के सबसे अमीर देशों में एक, नॉर्वे के पैसे गए कहाँ?

मेरे मलयाली मित्र हैं। उनकी बेटी जन्म से बहरी हैं। इसके इलाज में भारत में लगभग सात-आठ लाख का ख़र्च है। यहाँ सरकार ने बिल्कुल नयी मशीन मुफ़्त में लगा कर दी। सरकारी स्कूल के हर बच्चे को आई-पैड और डिजिटल क्लासरूम। वृद्ध-विकलांगों को हाई-फ़ाई व्हीलचेयर जिसमें एक डिजिटल पैड लगा है। बेरोज़गारों का सारा ख़र्च।

यहाँ की जीवन-शैली हिंदुस्तान जैसी नहीं बदल पाई। लोग सीधे ही रह गए। जस्टिन बीबर यहाँ नहीं आते। न किसी के पास 'चार्टर्ड प्लेन' है। सब कंगाल। पर जीते नब्बे वर्ष हैं। अब यह जीना भी कोई जीना है? अमीरों के लिए हिंदुस्तान ही ठीक है। ग़रीबों के लिए है नॉर्वे जैसे देश।

            ख़ुशहाली का पंचनामा

अब किताबों की बात करता हूँ। औसत भारतीय किताबों में कितना ख़र्च करता है? मैं कोर्स किताबों की नहीं, साहित्य की बात कर रहा हूँ।

सांख्यिकी की मानें तो नॉर्वे का हर व्यक्ति हर साल 500 क्रोनर (4000 रुपए) की किताब ख़रीदता है। यही आँकड़ा बाकी स्कैंडिनैविया में भी है। मैंने कभी ग़ौर नहीं किया, पर अब मुड़ कर देख रहा हूँ तो हर घर में किताबों की लड़ी याद आ रही है। बस-ट्रेन में नॉवेल पढ़ते लोग दिख रहे हैं। मतलब प्रकाशकों की चाँदी है।

छोटा सा देश, अलग भाषा, फिर भी किताबें ख़ूब छप रही हैं। दरअसल, इसमें भी सरकार ने ‘वेलफ़ेयर स्टेट’ की भूमिका निभाई है। कोई भी किताब जब नॉर्वे के किसी प्रकाशन का नंबर (सरलीकरण के लिए ISBN की तरह समझ लें) पाती है, उसकी एक हज़ार कॉपी सरकार अपने पुस्तकालयों के लिए ख़रीद लेती है। बच्चों की किताब की 1500। मतलब छपते ही ‘बेस्ट-सेलर’। यहाँ किताबें टैक्स-फ्री भी हैं, लेकिन वह भारत में भी है।

दूसरी बात, यहाँ ‘सुपर-डिस्काउंट’ पर किताबें अमेज़न भी नहीं बेच सकता। इस पर पाबंदी है। किताबें हद से सस्ती नहीं बेची जा सकती। 20-25% डिस्काउंट अधिक से अधिक।

तीसरी बात, यहाँ किताबें प्रकाशक ही मुख्यतः वितरित करते और बेचते हैं। जैसे अगर अमुक प्रकाशन की किताब है, तो उसी के बड़े बुक-स्टोर भी होंगे। यानी प्रकाशक स्वयं ही विक्रय का बड़ा हिस्सा अर्जित करता है। हालाँकि छोटे शहर में वितरक भी हैं, पर बड़े शहरों की कमान प्रकाशकों ने ही सँभाल रखी है।

हद तो यह है कि आप लेखक रूप में नौकरी कर सकते हैं। आपको सरकार एक बाक़ायदा वेतन और पेंशन देगी, अगर आप अच्छे लेखक हैं। रॉयल्टी अलग। आप बस लिखिए। किताब न भी बिकी तो आप सड़क पर न होंगे। न आपको किसी और नौकरी की दरकार होगी।

छोटा सा देश है। किताबें देश से बाहर भी नहीं बिकती, पर फिर भी इनके लेखकों और प्रकाशकों की हालत कहीं अच्छी है। हम तो करोड़ों के देश हैं। पूरे विश्व में फैले हैं। पुस्तक मेला करते हैं। फिर लेखकों की दुर्दशा का प्रश्न ही नहीं उठता।

मैं जब नॉर्वे आने वाला था, एक डॉक्टर रूप में, तो यह तय था कि मुझे नॉर्वेजियन भाषा सीखनी होगी। डॉक्टर को उस क्षेत्र की भाषा सीखनी होती है। जैसे केरल में मलयालम, तमिलनाडु में तमिल। पर मैं अगर डॉक्टर न भी होता, तो भी मुझे नॉर्वेजियन सीखनी ही होती। इसके लिए कोई गुंडागर्दी नहीं होती, प्रेम से यह आपको सिखा ही देंगे। एक साल के अंदर पूरे परिवार को सरकार ने बाक़ायदा कोर्स करवा कर नॉर्वेजियन सिखा दिया।

मुझे अजीब लगा कि जब बड़े-बड़े देश अंग्रेजी को औपचारिक भाषा बना चुके हैं, तो यह पचास लाख की जनसंख्या के टिंगू देश क्यूँ अपना जीवन कठिन कर रहे हैं? चिकित्सा विज्ञान की और गणित की अंतरराष्ट्रीय मोटी अंग्रेजी किताबों का नॉर्स्क अनुवाद पढ़ाने का क्या तुक है? वह भी तब, जब यहाँ के लोग धारा-प्रवाह अंग्रेजी बोलने में सक्षम हैं।

नॉर्वे में कई अफ़्रीकी देशों और मध्य एशिया से शरणार्थी आते हैं- सोमालिया से, अफ़ग़ानिस्तान से, श्रीलंका से, इराक़ से। उनकी बौद्धिक क्षमता भी कमज़ोर है। कई टूटी-फूटी अंग्रेजी सीख कर आए होते हैं। उन सबकों एक कठिन यूरोपीय भाषा सिखाना आसान नहीं। पर इन सबको आठ-आठ घंटे पढ़ा कर सिखाया जाता है और यह भारतीयों से बेहतर सीखते हैं। इसलिए कि भारतीय अंग्रेजी से काम चलाने की कोशिश करते हैं, पर इनकी अंग्रेजी अच्छी नहीं, तो बेहतर है कि नॉर्स्क (नॉर्वेजियन) ही सीख लें।

इस बात से मुझे तिरुपुर (तमिलनाडु) के गार्मेंट फ़ैक्टरी के बिहारी मज़दूर याद आते हैं। उनको मैंने तमिल में धारा-प्रवाह बात करते देखा। मैं चकरा गया कि यह निरक्षर या कम पढ़े-लिखे लोग कैसे एक कठिन द्रविड़ भाषा सीख गए? उन्होंने कहा कि यहाँ अंग्रेजी या तमिल आनी ज़रूरी है।

"अंग्रेजी विदेशी भाषा है तो कठिन है, तमिल तो फिर भी देशी भाषा है, आसान होगी।" यह बात जैसे दिल में बैठ गई।

मेरे एक स्कूली सखा गणित में काफ़ी अच्छे थे। सौ में अट्ठानबे अंक लाने वाले। मुझे पक्का यक़ीन था कि वह आई.आई.टी. परीक्षा में उत्तीर्ण होंगे। पर उनकी अंग्रेजी बहुत ख़राब थी, लगभग शून्य समझिए। 'बी-कोर्स' से जैसे-तैसे

 ख़ुशहाली का पंचनामा

पास हुए। मुझे लगभग बीस बरस बाद गाँव में दवाई की दुकान पर बैठे मिले। मुझे बड़ा ताज्जुब हुआ। बातचीत हुई तो बताया कि पटना में कोचिंग के लिए गए पर वहाँ बस अंग्रेजी में ही पढ़ाया जाता। सारी अच्छी भौतिकी की किताबें अंग्रेजी में ही थी। वह हार गए और गाँव लौट आए। अगर 'रेस्निक हैलिडे' और तमाम किताबें हिंदी में पढ़ाई जातीं, वह ज़रूर अच्छा करते। यही बात चीनी लोगों ने समझ ली, जापानियों ने समझ ली और यूरोप के लोगों ने। भाषाई समस्या का निदान कर दिया-सारा तकनीकी ज्ञान अपनी भाषा में दे दिया।

मेरे लिए यानी एक डॉक्टर को मरीज़ अंग्रेजी में अपनी बात नहीं कह पाते। बिहार में वो कहते हैं,

"मुझे धुएँ वाला डकार आता है।" इसका अंग्रेजी अनुवाद कठिन है। अगर मर्ज़ ही ग़लत समझूँगा तो इलाज क्या करूँगा? यही मसला अन्य तकनीकी ज्ञान में है। ग्रामीण वर्ग का एक बड़ा तबका अंग्रेजी माध्यम की वजह से पिछड़ जाता है। लेकिन, भाषा हिंदी (और अन्य स्थानीय भाषाएँ) होती तो संभवतः कई प्रतिभाएँ आज बेहतर डॉक्टर-इंजीनियर होतीं। साथ-साथ अंग्रेजी भी सीखी जाती, पर उसका बहुत अच्छा होना आवश्यक नहीं होता।

इतना ही नहीं, नॉर्वे में किताबों की पाठक-संख्या विश्व-स्तर पर काफ़ी अधिक है। हर अच्छी किताब नॉर्स्क में अनुवाद होती है। इससे पाठक तो बढ़ते ही हैं, अनुवाद-उद्योग भी ख़ूब फलता-फूलता है। भारत में भी है, पर इसकी वजह कोई संवैधानिक या राष्ट्रीय इच्छा-शक्ति नहीं। अगर ऐसा हो कि हर क्षेत्रीय भाषा में किताबें अनुवाद हों तो कितने पाठक बढ़ेंगे और कितने अनुवादक रोज़गार पाएँगे? जितनी पूरे यूरोप मिलाकर भाषाएँ होंगी, उतने तो भारत अकेले देश में है, उनसे कहीं ज़्यादा जनसंख्या और कहीं ज़्यादा प्रकाशक भी।

मैं यह नहीं कह रहा कि हिंदी को ही प्रचारित किया जाए। इससे समस्या जस-की-तस रह जाएगी। तमिल-भाषी ग्रामीण तो छोड़िए, उड़िया या पंजाबी भाषी ग्रामीण के लिए भी हिंदी कठिन है। भाषा सबके लिए सुलभ हो। नॉर्वे में तो पचास लाख लोगों में तीन मानक भाषाएँ हैं, हम तो अरब हैं। इसलिए

सभी भाषाओं का स्थान हो और भारत को नॉर्वे नहीं बल्कि यूरोप के समकक्ष माना जाए। जहाँ कुछ लोग फ्रेंच बोलें तो कुछ इतालवी, यानी कुछ तमिल तो कुछ तेलुगु। हर भाषा में तकनीकी किताबें छपें और वह बिकेगी भी। भाषा एक उद्योग बन कर जन्म लेगी, जो फ़िलहाल अंग्रेजी के तले दबी पड़ी है।

❏

प्रलय और शांति

जहाँ एक तरफ़ पूरा विश्व कचरे से परेशान है, स्वच्छता अभियान चला रहा है, नॉर्वे और स्वीडन वे देश हैं, जिनके पास कचरा कम पड़ रहा है। ये फ़िलहाल यू.के. और आयरलैंड से कचरा ख़रीद रहे हैं और अमरीका से डील चल रही है। कचरा आयात करना यहीं आकर सुना। आख़िर इनके कचरे गए कहाँ?

यहाँ के लोग कुछ भी फेंकने में विश्वास नहीं रखते। बड़े बच्चों के कपड़े छोटे होने पर या तो उनके छोटे भाई-बहन पहनते हैं या जगह-जगह दान पेटियाँ हैं, वहाँ दान करते हैं। हर महीने पुराने सामानों का बाज़ार लगता है, जहाँ लोग अपने जूते, बर्तन, चश्मे, कुछ भी बेचने खड़े मिलेंगे। यहाँ हर तबके के लोग होंगे। अमीर-ग़रीब सभी। बेचने वाले भी और ख़रीदने वाले भी। मैंने जब बच्चों के नए जूते ख़रीदे, मुझे बेवकूफ़ समझा गया। बच्चों के सामान तो लोग इन्हीं बाज़ारों से ख़रीदते हैं क्यूँकि वह हर साल छोटे हो जाते हैं। जूते, बैग, कपड़े रफ़ू कर पहनने का भी ख़ूब रिवाज है। स्वेटर भी उधेड़ कर फिर से ख़ुद ही डिज़ाइनदार बुन लेते हैं।

जगह-जगह मशीनें लगी हैं, जिसमें आप बोतल डालिए। 2 लीटर वाले प्लास्टिक बोतल या बीयर की छोटी शीशे की बोतल डालने पर 1 क्रोनर (8 रुपए लगभग) मिलेगा। आपको ताज्जुब होगा जब अच्छे-भले लोग कचरे के डब्बे में हाथ डाल बोतल निकालते मिलेंगे। यह सुविधाएँ ख़ासकर मैकडॉनल्ड्स या किसी बड़े ग्रॉसरी स्टोर में ज़्यादा है। लोग गाड़ी भर-भर बोतल लेकर आते हैं, पैसे का कूपन निकालते हैं और सपरिवार फ़ोकट की बर्गर खाकर जाते हैं।

इसी तरह बल्ब डालने के काउंटर हैं। धातुओं का अलग डब्बा है। काग़ज़ का अलग। प्लास्टिक का अलग। आप ये सब एक महीने में सीख जाएँगे। पूरा नॉर्वे ये दशकों से करता आया है। यदि मेरा खाना कभी होटल में छूट जाए, आपका साथी बेशर्मी से पूछता है कि फेंक क्यूँ रहे हो, मेरे प्लेट में डाल दो। वर्ण या गोरे-काले का भेद नहीं करने की ऐसी घुट्टी पिलाई है कि जूठन का 'कनसेप्ट' ही नहीं। कुछ कचरा बचता नहीं। सब कुछ 'रिसाइकल' हो जाता है।

अब सरकार की विडंबना है कि ये क्या पाठ पढ़ा दिया? इस शीत प्रदेश में घरों का 'हीटिंग सिस्टम' कचरा जलाने वाली प्लांट्स से जुड़ा है। इसी से ये बिजली भी बनाते हैं, सस्ता पड़ता है। पर आबादी कुछ बढ़ी है और कचरा 'निगेटिव बैलेंस' में है। अब आयात ही एक सहारा है।

वैसे भारत के कई शहरों-बस्तियों में भी बोतल-रद्दी वाले आते थे और बदले में कुछ बर्तन या पैसे दे जाते थे। बच्चे पुराने कपड़े शौक़ से पहनते थे। एक-दो खिलौनों से पूरे संयुक्त परिवार के बच्चे काम चलाते थे। स्वेटर उधेड़ कर बुने जाते थे। पर अब हम विकसित हो रहे हैं, महीने-दो महीने में नए ट्रेंड के कपड़े पहन रहे हैं। सेकंड-हैंड या चोर-बाज़ार जैसी जगहों पर एक उमर और ओहदे के बाद कोई नहीं जाता। मैं भी नहीं जाता, पर अब जाया करूँगा।

हमारे यहाँ तो ठंड भी ज़्यादा नहीं कि कचरा अपने लिए बचाया जाए। प्रधानमंत्री जी 'टाई-अप' कर लें तो भारत के कचरे से पूरे नॉर्वे की ठंड निकल जाएगी और 'स्वच्छ भारत' का सपना भी पूरा हो जाएगा।

पुराने सामानों की बात कर रहा था। आज यहाँ 'लॉप्पेमार्केद' लगा है। दिल्ली के जामा मस्जिद के पास का 'चोर बाज़ार' कहिए, बंबई का मनीष मार्केट या पुणे का जुन्ना बाज़ार। अमरीका और कई देशों में इसे 'फ़्ली मार्केट' कहते हैं। मोरोक्को के माराकेश का 'फ़्ली मार्केट' ख़ासकर मशहूर है। पर नॉर्वे का 'लॉप्पेमार्केद' भी कुछ विशेष है। यह कई शहरों में लगता है। छोटे-बड़े हर शहर में।

आस-पास के कस्बों से लोग आकर अपना पुराना सामान यहाँ दो दिन पहले छोड़ गए। मुफ़्त में। बस छोड़ गए। कोई अपनी पुरानी दीवार-घड़ी छोड़ गया, कोई पुराने स्की के सामान, कोई किचन की तमाम चीज़ें। कोई कपड़े दे गया, कोई कालीन। फ़र्नीचर ही फ़र्नीचर। दूर-दूर से लोग मेहनत कर, ट्रेलर लगाकर आए और यहाँ छोड़ गए। अब कुछ स्वयंसेवक (वॉलंटियर) इन्हें सजाकर रखेंगे। कुछ दाम लगाएँगे और दो दिन यह बाज़ार लगेगा। आख़िर जितनी कमाई होगी, उसे 'चैरिटी' में दे दिया जाएगा। कोई कुछ नहीं कमाएगा। यह एक तरह की समाज-सेवा है, जो यहाँ के लोगों के नस-नस में डाल दी गई है। हर वर्ग के लोग, हर आर्थिक-स्थिति के।

        ख़ुशहाली का पंचनामा

शाम तक पत्नी की एक नॉर्वेजियन मित्र आ गईं, वह खींच कर ले गई। मज़ाक़-मज़ाक़ में पत्नी दो बड़े झोले भर लाईं। कहा कि एक झोले में जितने भर लो, पचास क्रोनर (चार सौ)। यह क्या हिसाब है? झोले में कई प्लेट भर लिए, कप भर लिए, ऐंटीक आइटम भर लिए, कुछ पेंटिंग भी घुसा डाले, कुछ पुरानी किताबें भी। जो जितना डाल सके।

किताबों का सोच मैं भी अगली सुबह निकल लिया। अब दाम भी घट गए थे। घट कर बीस क्रोनर हो गए थे। आज हिन्दुस्तानी नज़र आ रहे थे। कल नहीं नज़र आए थे। इसके दो ही अर्थ निकलते हैं। एक, मेरी तरह शरमा रहे हों। दो, उन्हें पता था कि आज दाम आधे हो जाएँगे। दोनों ही हिन्दुस्तानी पर ठीक बैठते हैं। मेरे अंदर से तो शर्म निकल गया था। मैं लूट मचाने लगा। झोले में किताबें भरता गया। इतिहास, कला, नॉवेल, पॉर्न, यात्रा, बाल-पुस्तकें, पाक-शास्त्र, खेल, सब भर लिए। एक लकड़ी की किताबों की रैक भी सुंदर लग रही थी। वह भी उठा लिया। उस रैक के बीस क्रोनर अलग।

हिन्दुस्तानी मित्रों ने देखा कि डॉक्टर शर्म त्याग लगा पड़ा है, तो वो भी टूट पड़े। कुछ देर में हालात ये हो गए कि जो काम का नहीं, वह भी उठा लिया। जिसमें संभावना हो, वह उठा लिया। वाइन के ग्लास भर लिए झोले में। एक सैक्सोफ़ोन तक उठा लिया। पता नहीं कैसे बजाऊँगा? सब बैंड-बाजा लेकर गाड़ी में भर लिया।

अब घोषणा हुई कि मार्केट ख़त्म हो गया। देखा कि सभी वॉलंटियर ने मिलकर सब तोड़ना शुरू कर दिया। ख़ूबसूरत फ़र्नीचर को मिनटों में तोड़ कर रख दिया। किचन की सारी क्रॉकरी बेदर्दी से तोड़ डाली। सारा बाज़ार तोड़ दिया। यह क्या बकवास है? यह संभवत: इस बात का द्योतक है कि जिन पुराने चीज़ों को किसी ने नहीं ख़रीदा, उनकी उम्र वाकई ख़त्म हो गई। अब उसे रख कर जगह बरबाद न की जाए। उसे एक कचरा मान कर नगर-निगम कचरा संग्रह में पटक दिया जाए। वह भी तोड़ कर। ताकि उनका ढेर बन सके और अगर 'रिसाइकल' की ज़रूरत हो तो आसान हो।

हिन्दुस्तान में अब पुराना सामान कितने लोग ख़रीदते हैं? और हम पुराने सामान का क्या करते हैं? OLX पर कितने लोग बेचते हैं? जो नहीं बेचते,

क्या करते हैं? कितने लोग ग़रीबों में बाँटते हैं? जो नहीं बाँटते, क्या करते हैं? संसाधनों का बड़ा हिस्सा हमारा अपना सामान भी है। पर इस बारे में कभी सोचा नहीं था।

स्वीडन से डेनमार्क जाते वक़्त एक अज़ीब नज़ारा दिखता है। ऐसा नज़ारा बैंगलोर से पुणे जाते वक़्त चित्रदुर्ग के इलाक़े में भी ख़ूब दिखता है। पवनचक्कियाँ ही पवनचक्कियाँ। ज़मीन पर गायों के बथान और ऊपर पवनचक्कियाँ। यही डेनमार्क का कंट्रीसाइड है।

डेनमार्क अपनी ज़रूरतों की 140 प्रतिशत बिजली 'विंड-मिल' से बनाती है। यानी ज़रूरत से ज़्यादा। इसका बड़ा हिस्सा वह आस-पास के देशों को बेच देती है। ख़ुद लगभग 42% अपने लिए रखती है। यह विश्व में सर्वाधिक पवनचक्की की ऊर्जा इस्तेमाल करने वाली देश है।

देख के यह यू.पी.-बिहार के गाँवों जैसी ही नज़र आती है। बिल्कुल सपाट मैदान। कहीं कोई पहाड़ नहीं नज़र आता, कुछ जल-समूह दिखते हैं। वैसे तो समंदर भी है, पर ज़मीन उर्वरा लगती है। खेत-खलिहान, गाय बथान। ऐसी जगह अगर कुछ अलग दिखता है, तो उसमें एक है पवन-चक्की।

अब स्वीडन ने भी अपनी दहाई बिजली 'विंड-मिल' से बनानी शुरू कर दी है। हालाँकि संख्या के हिसाब से चीन में विश्व की सबसे ज़्यादा 'विंड-मिल' हैं। संख्या में तो भारत भी पाँचवें स्थान पर है, लेकिन उत्पादन और ख़पत में पीछे है। यही हाल गाय-भैंस का है। संख्या में भारत टॉप पर है, लेकिन उत्पादन में डेनमार्क से मीलों पीछे।

डेनमार्क की बात आगे बढ़ाते हुए कहूँगा कि कोपेनहेगन साईकलों का शहर है। ऐम्सटरडम और कोपेनहेगन में साईकलें कहाँ ज़्यादा चलती हैं, कहना कठिन है। आँकड़ों के अनुसार नीदरलैंड और डेनमार्क दोनों देशों के लगभग 36 प्रतिशत लोग साईकल चलाकर ही काम पर जाते हैं। नीदरलैंड के प्रधानमंत्री भी साईकल से ही घूमते हैं। यही हाल कोपेनहेगन का भी है।

कोपेनहेगन में गाड़ियाँ अगर दस दिखती हैं तो सैकड़ों साइकल। साइकल ही साइकल। बच्चे से वृद्ध, पुरुष हो या महिला, जिसके भी हाथ-पैर हैं, सब

  ख़ुशहाली का पंचनामा

साइकल पर। हालात ये हो गए हैं कि साइकल के रास्ते कम पड़ गए हैं। अब गाड़ियों के लिए रास्ते घटाए जा रहे हैं, साइकल रास्ते का चौड़ीकरण हो रहा है। एक तिहाई सड़क साइकल वालों ने ले ली है, गाड़ियाँ किसी तरह दुबक कर जा रही हैं।

साइकल का सुपर हाई-वे बन रहा है, जिस पर बस साइकल चलेंगी। वह शहर के बाहरी हिस्से को केंद्र से जोड़ेगी। जैसे सोचिए, दिल्ली के यमुना-पार से सीधा कनॉट प्लेस बस साइकल रास्ता। कोई गाड़ी नहीं। अभी डेनमार्क में लगभग 12000 कि.मी. साइकल पथ पहले से हैं। कुछ दिन में सड़कों पर गाड़ियाँ नदारद हो जाएँगी। हालात अब भी ये हैं कि जिसके पास गाड़ी है, वह हेय दृष्टि से देखा जाता है। वह कुछ बीमारी का बहाना बनाता है कि साइकल चलाने से उसे फ़लाँ दिक्कत आती है।

साइकल तो क्या शहर के केंद्र में रिक्शे भी दिख रहे हैं। जैसे दुनिया से तेल ख़त्म हो गया हो और हम अठारहवीं शताब्दी में चले गए हों। गर ऐसा सच में हो गया, ये तो बच जाएँगे, हमारा क्या होगा?

मैं अक्सर डच एयरलाइंस की फ़्लाइट लेता हूँ, एम्सटरडम वाली। जब भी जहाज़ नीदरलैंड के ऊपर से गुज़रता है, एक अज़ीब सा दृश्य नज़र आता है। नहर ही नहर। शहरों और गाँवों के बीच बिल्कुल 'क्रिस-क्रॉस' रेखाएँ जल से भरी हुई। जहाज़ जब समंदर के ऊपर उड़ता है तो रेत के टीले नज़र आते हैं, जिसे 'ड्यून्स' कहते हैं। मैं स्पेन भी घूमा, इटली भी देखा, पर इतनी सुनियोजित संरचना कहीं नहीं दिखी। आख़िर क्यूँ?

नीदरलैंड विश्व के सबसे अधिक बाढ़ की आशंका वाले देशों में है। आधा नीदरलैंड कभी भी बाढ़ में डूब सकता है, जबकि यह देश बहुत ही सघन देश है। यूरोप के सबसे भीड़-भाड़ इलाक़ों वाले देशों में एक। इतना ही नहीं, यह कृषि-प्रधान देश है। अमरीका के बाद सबसे अधिक कृषि निर्यात नीदरलैंड से ही होता है। अब सोचिए। ग़र बाढ़ आया तो नीदरलैंड ठप्प पड़ जाएगा। सब ख़त्म हो जाएगा। पर बाढ़ यहाँ कभी आता ही नहीं। 1953 की विकराल बाढ़ के बाद से ही बंद है।

"हम जल से लड़ते नहीं, हम जल से प्रेम करते हैं, उसे जगह देते हैं।" यह प्रचलित डच लोकोक्ति है।

'रूम फ़ॉर वाटर'। यही नाम है नीदरलैंड के बाढ़ नियंत्रण स्ट्रैटेजी का। पहले तो हर नदी के किनारे पक्की ढलान बनाई जाती है तट पर। इसे 'डाइक्स' कहते हैं। यह बाढ़ के पानी को पर्याप्त जगह देता है। समंदर के पास रेत के टीले और नहरों का अजीबोग़रीब जाल। जितनी सड़कें, उतनी नहरें। यानी मनुष्य जितना जीएगा, उतना ही पानी भी। जल के लिए पर्याप्त 'रूम' होगा। नदी के तटों से दूर-दूर तक बस्तियाँ खाली करा दी गईं। वहाँ लोग नहीं रहेंगे, बाढ़ का पानी रहेगा। हर साल। नदी चौड़ी होती जाएगी, जल का स्तर घटता जाएगा।

बिहार के बाढ़ प्रभावित क्षेत्रों जैसे कुशेश्वरस्थान में मुझे स्मरण है कि कोसी के किनारे काफ़ी बड़ा खाली क्षेत्र होता है, जिसे 'बाध' कहते हैं। वहाँ कोई बसता नहीं। वही इलाक़ा बाढ़ के समय जलमग्न हो जाता है। कोसी में 'डाइक्स' भी दशकों से हैं, पर सरकार कहती रही है डाइक्स को चूहे खा जाते हैं। जमालपुर का डाइक्स चूहा सच में खा गया था। तार्किक कारण विशेषज्ञ बेहतर बताएँगे।

जहाँ लोग जल का स्थान अतिक्रमण कर लेते हैं, तट पर बसने लगते हैं, वहाँ जल और मनुष्य में युद्ध होता है। मनुष्य अक्सर हार जाता है। नीदरलैंड से कुछ सीख ले सकते हैं। बांग्लादेश में बाढ़ आई, तो नीदरलैंड ने कुछ हल निकाला था और अब भी कार्यरत हैं। आप कहेंगे, बिहार नीदरलैंड नहीं है, समस्या अलग है। जलाशयों से ही देश में मच्छर प्रदत्त बीमारियाँ भी बढ़ीं। पर पूछने में क्या जाता है? एक बार नीदरलैंड के किसी विशेषज्ञ को कोसी घुमा दीजिए।

हमें बाढ़ से लड़ना नहीं है। बाढ़ के साथ जीना है। जल को जगह देना है। अपने लिए शहर बसा रहे हैं, तो जल के लिए भी 'रूम' बनाइए।

प्रकृति हर रोज़ बदल रही है।

एक महीने से एक बूँद बर्फ़ नहीं गिरी। यह पिछले दस सालों में पहली बार हुआ कि बड़ा दिन (क्रिसमस) पर नॉर्वे यानी उत्तरी ध्रुव पर बर्फ़ नहीं। यूँ तो यह

 ख़ुशहाली का पंचनामा

हम जैसे भारतीयों के लिए ख़ुशी की बात है, पर एक छुपा डर भी है भविष्य के लिए। शायद हमारे परपोते प्रलय देख पाएँ। आर्कटिक तेज़ी से पिघल रहा है। आर्कटिक पहले से भी पिघला ही है। वहाँ अंटार्कटिका की तरह एकजुट भू-खंड नहीं। और वे भू-खंड भी पिघलते जा रहे हैं।

नॉर्वे सरकार अब 2025 ई. से डीज़ल-पेट्रोल कारें बंद करने वाली है। पर ये 50 लाख लोग बंद भी कर देंगे तो विश्व-स्तर पर क्या होगा? करोड़ों के देश में कारें बंद होने से रही। और संभव भी कैसे है?

और अगर प्रलय आ गया तो आप कहाँ जाएँगे? या यूँ कहिए, वैज्ञानिकों ने कह दिया, दो दिन में प्रलय आने वाला है, जो योजना बनानी है बना लो। प्रलय आएगा, सब मिटा कर चला जाएगा और हमें नई शुरुआत करनी है। 'डूम्स-डे'। मुझे नहीं लगता कि हमारे जीवन-काल में ऐसा कुछ होगा। मुझे इस प्रलय और 'डूम्स-डे' पर ही विश्वास नहीं।

नॉर्वे प्रलय में विश्वास करता है। इसने करोड़ों रुपए ख़र्च कर उत्तरी ध्रुव के 'स्वालबार्ड' इलाक़े में विश्व के सभी पेड़-पौधों के बीज इकट्ठे कर रखे हैं। इस ध्रुवीय 'वॉल्ट' (तिजोरी) में भारत से तरह-तरह के मसाले वाले बीज हैं, अफ्रीका से हैं, हर देश से हैं। योजना है कि प्रलय आने के बाद ये सब 'रिसेट' कर देंगे। मतलब आप आम खाना चाहें, पेड़ वापस उपलब्ध हो जाएँगे। धान-गेहूं-मक्का सब बीज भविष्य के लिए बचा रखे हैं। जैसे मान कर बैठे हों कि प्रलय आकर ही रहेगा।

प्रलय तो प्रकृति का मुद्दा है। किन्तु अगर भारत की अर्थव्यवस्था या परिस्थिति अचानक बुरी हो जाए या आप कंगाल हो जाएँ तो आप क्या करेंगे? बलराज साहनी की 'वक़्त' फ़िल्म याद है? भगवान न करे, गर परिवार बिखर जाए?

यहाँ कई परिवारों में एक प्रथा रही है कि स्कूल ख़त्म होने पर लगभग 18 की उम्र में लोग बहुत ही कम पैसों पर बच्चों को अफ्रीका भेज देते हैं। वहाँ कोई होटल बुकिंग नहीं होती। कोई साथी नहीं होता। न ही भाषा का साथ। वे तंबुओं में रेगिस्तान में रहते हैं, कुछ भी खाते हैं, कुछ भी पीते हैं। इस बीच वे कई चीज़ें सीखते हैं, जीवन का मूल्य समझते हैं। नॉर्वे के बच्चे विदेशी शरणार्थियों को

गाली नहीं देते, क्यूँकि वे उनका कठिन जीवन देख चुके होते हैं। वो समझते हैं कि दुनिया के कई हिस्से अविकसित हैं। आज वे राजा हैं, कल ग़रीबी उनकी भी आ सकती है।

यह प्रथा भारत में भी थी। राजकुमारों को गुरुकुल भेजा जाता था। जंगल में कठिन जीवन जीने। कुछ उद्योगपतियों ने भी सुना है ऐसा किया है। फ़िल्मी सलमान खान और आमिर खानों ने भी।

यहाँ एक दूसरी प्रथा भी है जिसे 'हित्ता' कहते हैं। यह जंगल में या सुदूर पहाड़ पर एक घर है। यह लगभग सब के पास है। यहाँ न बिजली होती है, न इंटरनेट, न फ़ोन, न टी.वी.। यहाँ अक्सर लोग महीना भर रहते हैं। रोज़ चल कर नीचे जाते हैं, पानी वग़ैरह भर लाते हैं। लकड़ियाँ काट कर रखते हैं, खाना बनाते हैं। जंगली जानवर को आग दिखाकर भगाते हैं। पंछियों के गीत सुनते हैं या ख़ुद गा पड़ते हैं।

मुझे अब पक्का यक़ीन हो चला है, ये कंगाल हुए तो बरबाद न होंगे।

अरिवाजागन (नाम परिवर्तित) श्रीलंका के जाफ़ना इलाक़े में कुछ कम्प्यूटर का धंधा करते थे। जब श्रीलंका सरकार ने लिट्टे के समर्थकों की जेलबंदी शुरू की तो इन्होंने 'एसाइलम' की दरख़्वास्त भरी और भाग कर नॉर्वे आ गए। यूँ तो श्रीलंकाई तमिल पूरे विश्व में जगह-जगह भागे, कनाडा में ही सुना है दो लाख लोग हैं, पर नॉर्वे की आलोचना श्रीलंका के राष्ट्रपति आज भी करते हैं। लोगों का मानना है कि लिट्टे के कथित वर्तमान अध्यक्ष शिवपारन ओस्लो में रहते हैं। अफ़वाह तो यह भी है कि प्रभाकरण रहते थे और नॉर्वे सरकार ईलम को फ़ंड करती थी। नॉर्वे सरकार यह कहती रही है कि वह द्विपक्षीय समझौता और गृहयुद्ध का अंत चाहती थी। आख़िर श्रीलंका ने एक न सुनी और क्या किया, ये तो ख़ैर आपको पता ही है। लिट्टे को नेस्तनाबूद कर दिया।

इज़रायल-फ़िलीस्तीन के समझौते में भी नॉर्वे घुसा पड़ा था। पी.एल.ओ. और इज़रायल के साथ नॉर्वे के विदेश मंत्री ने क्या गुप्त बातचीत की, ये आजतक रहस्य है, पर मामला काफ़ी सुलझ गया था। ये बाद में 'ओस्लो एकॉर्ड' के नाम से मशहूर हुआ, भले ही हस्ताक्षर अमरीका में हुए।

  ख़ुशहाली का पंचनामा

ऐसे ही सूडान में, कोलंबिया में और इथियोपिया में। इथियोपिया वाले कहते हैं कि इरीट्रिया को अलग करवाने में नॉर्वे का योगदान है। मेरे कुछ पाकिस्तानी मित्र मज़ाक़ में कहते हैं कि अगर कभी कश्मीर मुद्दे पर 'थर्ड-पार्टी' समझौता हुआ तो देखना! ओस्लो में ही होगा। हालाँकि वो ग़लत नहीं कह रहे, अटकलें थीं, पर नॉर्वे ने फ़िलहाल बीच में पड़ने से मना कर दिया।

नॉर्वे स्वघोषित विश्व शांति-दूत है।

आप कभी काज़ीरंगा जाएँ तो वहाँ एक सींग वाले गैंडे मिलेंगे। इन गैंडों का 'सेफ़्टी फ़र्स्ट' मोटो है। आप जंगल में कहीं भी आग लगाएँ, वो फ़टाफ़ट आकर अपने मोटे पैरों से बुझा देंगे। यह दिखने में छोटा सा देश नॉर्वे वही एक सींग वाला गैंडा है। हिंदी सिनेमा में कई रॉबिनहुड सरीखे डॉन हुए, जो पुण्य का काम करते दिखते। पर फ़िल्म के आख़िरी में पता लगता कि जिस डॉन के बस जूते अब तक दिखाए गए उन्हीं के हैं।

नॉर्वे यूरोप का इकलौता सबसे बड़ा तेल का स्रोत है। अभी आर्कटिक सर्किल की ख़ुदाई बाकी है जहाँ बहुत बड़ा ख़ज़ाना पड़ा है। ये ध्रुवीय समुद्री तेल 'ड्रिलिंग' पर्यावरण पर बहुत बड़ा ख़तरा हो सकता है। आर्कटिक के नज़दीक़ होने की वजह से ग्लोबल वार्मिंग का असर भी यहाँ अधिक पड़ेगा। अगर ध्रुव पिघला तो बर्बादी की आशंका है। पर नॉर्वे तेल की ख़ुदाई बंद नहीं करेगा। न ही पेरिस सम्मेलन में ये कोई ऐसा वादा करेगा। फिर भी ये सीना तानकर चलेगा और कोई चूँ भी नहीं करेगा। इसकी वजह है नॉर्वे विश्व के सबसे बड़ा दानवीर देशों में है। वह ग़रीब देशों को पर्यावरण संरक्षण के लिए सबसे अधिक दान देगा। सभी राज्याध्यक्षों के साथ एक 'ग्लोब' हाथ में लिए 'फ़ोटोशूट' होंगे।

नॉर्वे के तेल खनन-वितरण के धन से भारत में पवन-चक्की और सौर ऊर्जा स्रोत लगेंगे। हर साल नॉर्वे इस महान कार्य के लिए राजेंद्र पचौरी सरीखों को नोबेल भी देगा। पर तेल का धंधा नहीं रुकेगा। नॉर्वे अमीर बनता जाएगा। है न ग़रीबों का रॉबिनहुड?

आप ही बताएँ, क्या कभी किसी न्यूक्लियर देश ने न्यूक्लियर बम का ट्रिगर दबाया है? परीक्षण के लिए नहीं, लड़ने के लिए? यह सिर्फ़ एक बार हुआ है और वह भी इसी शांतिप्रिय देश नॉर्वे के ख़िलाफ़, अनजाने में।

दरअसल 1995 ई. में नॉर्वे ने अमरीका के साथ मिलकर उत्तरी ध्रुव से एक रॉकेट छोड़ा। यह वैज्ञानिक शोध के लिए था। 'नॉर्दर्न लाइट्स' या 'ऑरोरा बोरियैलिस' को समझने के लिए। रॉकेट कुछ ग़लत दिशा में गया या जो भी हुआ, वह मॉस्को के वायुमंडल में ऊपर पहुँच गया। रूसियों को लगा कि अमरीका ने न्यूक्लियर मिसाइल छोड़ दिया। बोरिस येल्तसिन बिचारे घबरा गए। उन्होंने आव देखा न ताव, 'शेगेट' निकाल कर बैठ गए और उसे ऑन कर दिया।

'शेगेट' एक तरह का न्यूक्लियर ब्रीफ़केस है, जो अभी पुतिन सोते वक़्त साथ रखते होंगे। यह रूसी राष्ट्रपति के पास होता है। इसके बटन दबते ही, न्यूक्लियर बम की पूरी चेन चालू हो जाती है और न्यूक्लियर फ़ोर्स मिसाइल छोड़ने को तैयार हो जाता है। यह बटन विश्व इतिहास में बस एक बार दबा है। बोरिस येल्तसिन के द्वारा। हालाँकि, बटन दबने के बाद उन्हें बात पता लग गई और बीच में ही इसे रोक दिया गया। नहीं तो प्रलय आ जाता। और नॉर्वे की प्रलय की तैयारी की भी परीक्षा हो जाती।

"नॉर्वे का क्या मशहूर है?"

"नॉर्दर्न लाइट्स, स्मोक्ड सामन मछली और हाल्डेन का क़ैदखाना।"

नोबेल शांति पुरस्कार नॉर्वे से जुड़ा है, पर अल्फ़्रेड नोबेल नॉर्वे से जुड़े नहीं। वह तो स्वीडन से थे। यह एक रहस्य ही है कि उन्होंने अपनी वसीयत में सारे पुरस्कार स्वीडन से देने को कहा, पर शांति पुरस्कार नॉर्वे से। संभव है डायनामाइट के जनक ख़ुद को और अपने देश को शांतिदूत न मानते हों। नॉर्वे उन दिनों स्वीडन का छोटा और ग़रीब भाई था। स्वीडन संपत्ति से समृद्ध था, परंतु नॉर्वे विचारों से। बिल्कुल दीवार के अमिताभ-शशि कपूर की जोड़ी। तभी आज स्वीडन के पास भौतिकी है, साहित्य है, चिकित्सा है, रसायन है, अर्थशास्त्र है, लेकिन नॉर्वे के पास क्या है?

नॉर्वे के पास शांति है!

एक युवा को तीन हफ़्ते की जेल होती है क्यूँकि जनाब स्कूल एरिया में आधी रात में 100 की स्पीड में गाड़ी दौड़ा रहे थे और फ़ाइन के पैसे नहीं थे।

जेल में उनके कमरे में टी.वी., मिनी-फ़्रीज़, शॉवर, लैपटॉप और खुली खिड़की। वह साधारण अपराधी हैं, उनको मोबाइल भी दी गई। वह अपनी माँ को मेसेज भेजते हैं,

"माँ! मैं तीन हफ़्ते की छुट्टी पर हूँ। जगह शानदार है और यहाँ का खाना लाजवाब है।" उनके ऑफ़िस से तीन हफ़्ते की छुट्टी मिल गई और कारण में 'पुलिस डिटेंशन' लिखा। क्या भारत में तीन हफ़्ते जेल जाने के लिए 'कैज़ुअल लीव' मिलेगी? छुट्टी तो छोड़िए, नौकरी बच पाएगी?

अब हाल्डेन के क़ैदखाने का उदाहरण लें। इस क़ैदखाने के डिज़ाइन को पुरस्कृत किया जा चुका है। 75 एकड़ में फैला ये क़ैदखाना एक आधुनिक गाँव के रूप में डिज़ाइन किया गया है। यहाँ न बिजली के नुकीले तारों वाली दीवारें हैं, न कोई 'वॉच-टावर' जिस पर बंदूकधारी बैठे हों। कैदी इस विशाल क़ैदखाने के मैदानों में फ़ुटबॉल खेलते, स्की करते, साईकल चलाते ऐसे दिखेंगे जैसे कोई कारागार नहीं बड़े विश्वविद्यालय का कैंपस हो।

किसी क़ैदखाने की हद क्या हो सकती है? ग़र कैदियों को उनके सेल की चाभी दे दी गई हो। यहाँ कैदियों के पास अपने सेल में जाने की चाभी है। ख़ुद ही ताला खोलकर बाहर आते हैं और फिर लॉक कर अपने सेल में सो जाते हैं। सरकार चाहती है कि वे सेल के अंदर न घुटें। हर रोज़ सेल से बाहर आकर घूमने वालों को सरकार 50 क्रोनर प्रतिदिन देती है। वे बाहर आकर संगीत बनाते हैं, जो सभी नॉर्वेवासी FM पर सुनते हैं। वे पढ़ाई करते हैं, बैग लेकर ऑफ़िस भी जाते हैं। जैसे कुछ बदला ही न हो। कारागार की दीवारें स्टील या लोहे की न बनाकर लकड़ी की बनाई गई हैं। नॉर्वे का मानना है स्टील या लोहे कैदियों के बंधन का द्योतक है, लकड़ी आज़ादी का।

जैसा मैंने कहा कि हर कैदी के कमरे में टेलीविज़न, फ़्रीज़ और एक बड़ी खुली खिड़की है जिससे सूरज की धूप आए और वह आज़ाद हवा में साँस ले सके। एक साथ में लगा बाथरूम भी है। एक डेस्क है, जहाँ आप लैपटॉप उधार लेकर रखें या किताब पढ़ें। जो साधारण कैदी हैं, उन्हें इंटरनेट पर 'चैट' करने की भी आज़ादी है। हर दस-बारह कैदियों के बीच एक 'कॉमन एरिया'

है, रसोईघर है। यूँ तो जेल का खाना लाजवाब है, पर वे चाहें तो सस्ते दर पर सब्ज़ियाँ या मांस ख़रीदकर खाना बना सकते हैं। यहीं 'विडियो-गेम' खेलने की व्यवस्था भी है।

कैदी अपने किसी भी पुरुष या महिला मित्र से हफ़्ते में दो दिन मिल सकते हैं। उन्हें एक गेस्ट-हाउस मिलेगा जहाँ मुफ़्त कंडोम की भी व्यवस्था होगी ताकि यौन संबंध यथावत रहे। अक्सर जेल में बच्चे भी पैदा होते हैं। गर परिवार बड़ा हो या बच्चे हों तो उन्हें महाराजा-साइज़ कमरा मिलेगा जहाँ बच्चों के खिलौने भी होंगे। गर परिवार बहुत ही बड़ा हो तो बँगले की भी व्यवस्था है, जहाँ तीन-चार कमरे और अपना बगीचा होगा। ऐसी हालत में आपको जेल से एक दिन इनके साथ बिताने को मिल सकता है। सज़ा के आखिरी महीनों में उनके लिए नौकरी ढूँढी जाएगी। अब वे छुट्टी लेकर इंटरव्यू देने जा सकते हैं। उन्हें दो-तीन हफ़्ते की ग़र्मी छुट्टी भी मिलेगी, जिसमें वे घर जा सकते हैं। ताकि जब वे सज़ा काटकर लौटें तो अज़ीब सा न लगे। और वे आराम से व्यवस्थित हो सकें।

क़ैदखाने की गार्ड अक्सर महिलाएँ होती हैं और ये कैदियों के बीच कभी बंदूक लेकर नहीं घूमते। क़ैदियों से दोस्ताना व्यवहार करते हैं। उनके साथ शतरंज खेलते हैं, फुटबॉल खेलते हैं। नॉर्वे ने क़ैदखाने से भी सामंतवाद मिटा दिया है।

हाल्डेन का क़ैदखाना गर आधुनिकता का प्रतीक है तो बास्टन का क़ैदखाना प्राकृतिक सौंदर्य का। यह एक ख़ूबसूरत द्वीप पर बसा है, जहाँ घना जंगल है। अक्सर ऐसे द्वीपों पर जेल प्रताड़ना के लिए बनाया जाता है, पर यहाँ कैदी बीच पर धूप सेंकते, 'बीच वॉलीबॉल' खेलते मिलेंगे, जैसे छुट्टियाँ मना रहे हों। चूँकि ये अथाह समुद्र से घिरा है, भागना कठिन है पर दरअसल कोई भागना चाहता भी नहीं। यहाँ सभी सुविधाएँ हैं। जो नाव-सेवा मुख्य भूमि तक जाती है, वह कैदियों द्वारा ही संचालित है। वे ख़ुद ही नाव से अपने परिजनों को लाकर द्वीप घुमाते हैं और वापस छोड़ आते हैं। अपराधी ये काम ईमानदारी से करते हैं और इससे इनकी कमाई भी होती है।

अमरीका और कई अन्य देश इस तरह के क़ैदखाने का सख़्त विरोध करते हैं। उनका मानना है कि ऐसी व्यवस्था से अपराध करना आसान होगा। पर

        ख़ुशहाली का पंचनामा

सांख्यिकी कुछ और कहती है।

सन् 2014 तक नॉर्वे के पचास लाख लोगों में 4000 से भी कम लोग जेल गए। यानी लगभग 75 प्रति लाख लोग। अमरीका में इस दौरान 707 प्रति लाख लोग जेल गए। मतलब जेल जाने का दर अमरीका में लगभग दस गुना है। हो सकता है, अमरीका में अपराध कहीं ज़्यादा हो, आख़िर इतना बड़ा देश है। पर छूटने के बाद अमरीका के लगभग 77 प्रतिशत लोग पाँच साल के बाद अंदर जाते हैं, जबकि नॉर्वे में बस 20 प्रतिशत। इतना बेहतर जेल होने के बाद भी कोई अपराधी फिर से अपराध नहीं करता। ये अज़ीब नहीं है?

दरअसल नॉर्वे उसी घिसी-पिटी लोकोक्ति को मानता है। पाप को मारो, पापी को नहीं। यह अहिंसावादी नीति भारतीय दर्शन से प्रेरित लगती है, पर भारत के जेलों को ब्रिटिश क़ानून ने शायद बदल डाला। नॉर्वे हृदय-परिवर्तन जैसी दकियानूसी अप्रायोगिक पद्धति पर विश्वास करता है। पर ग़ौर करने की बात है, पद्धति सफ़ल है। अपराधी जेल से प्रेम सीखकर लौटता है, नफ़रत नहीं। क्या भारतीय जेल इससे बेहतर नहीं कर सकते? आख़िर यह पाठ तो हमने ही विश्व को सिखाया है।

परंतु जघन्य अपराधियों का क्या? जिन्होंने बेरहमी से लोगों को मौत के घाट उतारा, क्या उन्हें फाँसी देना सही नहीं? अगर अजमल कसाब जैसे लोग भी नॉर्वे में होते तो उन्हें 21 साल की क़ैद तो मिलती पर बिरयानी भी खाने को मिलती। फाँसी का तो सवाल ही नहीं, सारी सुविधाएँ मिलती जो इस श्रेणी के अन्य कैदियों को मिलती हैं। यह क्यास नहीं है, नॉर्वे ऐसा कर चुका है।

ऐंड्र्यू ब्रेविक, एक कट्टर चरमपंथी हैं, जो आर्यों को महानतम समझते हैं। नाज़ी मूल्यों में विश्वास रखते हैं और इस्लाम के बढ़ते दायरे से कुंठित हैं। वह सम्पूर्ण यूरोप को एक करना चाहते हैं। वह अपना धर्म ईसाई नहीं, बल्कि 'ओडिन' की सेना कहते हैं। आपको याद होगा मैंने 'ओडिन', जो एकनेत्री विनाश के देवता हैं, उनकी तुलना शिव से की थी। उपमा दें तो वह स्वयं को शिव का गण समझते हैं। उनके अनुसार वह भारतीय हिंदू संगठनों से भी संपर्क में हैं और इस्लाम-विरोधी किसी भी संगठन से जुड़ना चाहते हैं। वह अपनी बाँह

पर 'स्वास्तिक' का निशान रखते हैं और हिटलर की तरह हाथ आगे कर सलाम करते हैं। वह कभी ख़ुद को फ़ासिस्ट कभी राष्ट्रीय समाजवादी कहते हैं। वह टी.वी. पर दिखने में बिल्कुल शांत प्रवृत्ति के सुभाषी मनुष्य लगेंगे। हालाँकि वह मानसिक रूप से निश्चित अस्वस्थ हैं।

उन्होंने चार साल तक एक कंप्यूटर के धंधे से अच्छी ख़ासी कमाई की और क़ानूनी तरीक़े से तरह-तरह के पिस्तौल ख़रीदे। उन्होंने विडियो गेम खेलकर गोली चलाने का अभ्यास किया और एक खाद (फ़र्टिलाइज़र) का धंधा शुरू किया। उन्होंने खाद से बम बनाने की तकनीक सीखी और बम बना डाले। 22 जुलाई 2011 को उन्होंने एक सेना के जनरल सरीखे सूट पहने और अपने मिशन पर निकल पड़े। पहले वह ओस्लो के मुख्य पुलिस थाने के बाहर बम रखकर आए जिससे 8 लोग मरे। जब तक लोग कुछ समझ पाते, वह नाव से यूटोया द्वीप की ओर निकल पड़े। वहाँ लेबर पार्टी का युवा सम्मेलन था। उन्होंने आराम से द्वीप पर टहलते हुए 69 युवाओं को मौत के घाट उतार दिया। जो तैरकर भाग रहे थे, उन्हें निशाना बनाकर समंदर में मारा। जो जंगल में छुप रहे थे, उन्हें ढूँढ-ढूँढ कर मारा। आख़िर जब पुलिस पहुँची, पूरा द्वीप रक्त-रंजित हो गया था। एंड्रयू ब्रेविक ने आराम से पुलिस को अपने हथियार सौंप दिए। वह चाहते थे कि उन पर मुक़दमा हो और उन्हें पूरा विश्व सुने।

इस यूरोपीय देश में एंड्रयू ब्रेविक के समर्थन में एक बच्चा भी खड़ा नहीं हुआ। चश्मदीद कहते हैं, पूरा नॉर्वे शांति मार्च के लिए ओस्लो में इकट्ठा हुआ। सबने एक मत से उसे मानसिक रोगी और मानवता पर कलंक क़रार दिया। यह एक शांतिप्रिय देश है, जो सभी धर्मों, सभी पंथ का सम्मान करता है। एंड्रयू को 21 साल की सज़ा हुई और ब्रेविक ने अपनी वक़ालत नहीं की, यह कहकर कि वह इस क़ानून को नहीं मानते।

अब ब्रेविक के पास टी.वी., कम्प्यूटर, फ़्रीज़, शॉवर सारी व्यवस्थाएँ हैं। उनको इंटरनेट सुविधाएँ नहीं दी गईं, जिससे वह खिन्न हैं। उन्हें हालाँकि एक महिला मित्र से फ़ोन पर बात करने की अनुमति है और उनके एक नाज़ी मानसिकता वाले मित्र क़ैदखाने में अक्सर मिलने आते हैं। हालाँकि, उन्होंने अपील दायर की, कि उन्हें अकेलापन महसूस होता है और उन्हें देश-विदेश

  ख़ुशहाली का पंचनामा

के मित्रों से पत्राचार की छूट दी जाए। कमाल की बात है, वह यह अपील मानवाधिकार के मुद्दे पर जीत गए। उनको कई और छूटें अब दी गई हैं। ब्रेविक ओस्लो विश्वविद्यालय से राजनीति विज्ञान में स्नातक की पढ़ाई कर रहे हैं और उनके शिक्षकों का मानना है कि उनका प्रदर्शन बहुत ही अच्छा है। ब्रेविक ने इस बात पर भूख हड़ताल की धमकी दी थी कि उनके विडियो-गेम 'प्ले-स्टेशन 2' को 'प्ले स्टेशन 3' में अपग्रेड किया जाए। अब उनके पास आधुनिकतम विडियो-गेम है।

एंड्रयू के इस राजशाही क़ैदखाने का पूरे विश्व में विरोध हो रहा है। 77 लोगों को बेरहमी से मारने वाला जीव जी कैसे सकता है? ऐसा राजसी सुख क्यूँ? पर पता नहीं क्यूँ, मुझे लगता है अगर ब्रेविक 20 साल बाद छूटे तो उनका हृदय-परिवर्तन हो चुका होगा। कम से कम इस बात का मलाल ज़रूर होगा कि जिस देश के नागरिकों को उन्होंने मौत के घाट उतारा, उस देश ने उन्हें सम्मान दिया। वही इंसाफ़ किया जो बाक़ियों से करती है। उन्हें विश्व का एक भटका इंसान समझा। उनके पाप को प्रेम से सींचा।

अल्फ्रेड नोबेल को शायद यही परम ज्ञान प्राप्त हो गया था कि नॉर्वे पर चाहे कोई भी आपदा आए, वो शांति का मार्ग नहीं छोड़ेगा। शांति पुरस्कार देने का पात्र अपनी अग्नि-परीक्षाओं में अब तक तो ख़रा ज़रूर उतरा है। हालाँकि क्राइस्टचर्च (न्यूज़ीलैंड) में एक व्यक्ति ने जब एक मस्ज़िद में बेरहमी से गोलियाँ चलाईं तो उसने कहा कि वह ऐन्ड्र्यू ब्रेविक से प्रेरित है।

❑

मल्लाह, शिकारी और जुआरी

आपने 'सुशी' खायी है? अज़ीब सी जापानी डिश है। भात के बीच में मछली लेकिन यह विदेशों में 'मोमो' से ज़्यादा लोकप्रिय है। अज़ीब सी बात है कि 'सुशी' के अंदर जो मछली सबसे ज़्यादा प्रयोग होती है वह है 'सामन'। और यह मछली जापान में नहीं मिलती, वे नॉर्वे से मँगाते हैं। जबकि जापान के पास एक-से-एक मछलियाँ हैं। विडंबना यह भी है कि जापान के अनुपात में नॉर्वे के लोग 'सामन' या 'लक्स' कम खाते हैं।

नॉर्वे विश्व का लगभग 35% सामन उत्पादन करता है, जिसका बड़ा हिस्सा वह जापान को बेच देता है। जापानियों को हमेशा से अपनी मछलियाँ पसंद थी पर 80 के दशक से अब तक वह नॉर्वे से मँगा रहे हैं। मुझे अब भी लगता है, जापानी उल्लू बन गए। कुछ पुराने जापानियों को भी लगता है। पर नयी पीढ़ी को अब सुशी में सामन ही पसंद है, जो उन्हें नॉर्वे ही दे सकता है। जापान अब इनका स्थायी ग्राहक (पर्मानेंट कस्टमर) बन गया है।

दरअसल नॉर्वे के सामन सड़ रहे थे, खाने को लोग नहीं थे। फिर उन्होंने पता किया कि मछली खाते कहाँ हैं? 'प्रोजेक्ट जापान' बना। कई लोग थे, जिनमें ब्यॉर्न ऑल्सन मशहूर हैं। उन्होंने एक मुख्य कंपनी को सस्ते में सामन बेचा कि आप 'सुशी' बनाकर बेचें। जापानियों को यह सामन सुशी ख़ास पसंद नहीं आई। पर वह बार-बार खिलाते रहे और यह सस्ती भी थी। आख़िर धंधा जम गया और जापानी हमेशा के लिए 'सामन' के मोहताज हो गए।

भारत में कोई ऐसी चीज़ है, जो भारी मात्रा में उपलब्ध है, पर हम नहीं खाते? बीफ़ निर्यात में तो ख़ैर भारत अग्रणी है ही, पर कुछ और भी मिल जाए तो बात बने।

सलमान ख़ान गर नॉर्वे में होते तो चिंकारा केस में न फँसते, क्योंकि यहाँ आप लगभग बिना पाबंदी शिकार कर सकते हैं। जो भी बाशिंदे हैं, उनके पास बंदूकें हैं। हिरण, जंगली सूअर, जंगली खरगोश, पहाड़ी लोमड़ी, पहाड़ी भालू सब घूम-घूम कर शिकार करते हैं। सिर्फ़ शिकार ही नहीं करते, पका कर खा भी

 ख़ुशहाली का पंचनामा

जाते हैं। आप अगर शाकाहारी हैं, तो नॉर्वे सँभल कर रुख़ करें। मांसाहारी हैं, तो भी। जंगली भैंसा तो नहीं खाया होगा? यहाँ वो भी परोस देंगे।

'ऑलमेन्सरेत' एक तरह का कानून है जिसके तहत यहाँ पहाड़, जंगल, नदियाँ, तालाब पर सबका अधिकार है। आप कहीं भी तंबू गिरा दें। जंगलों से कितने भी बेर चुन आयें। नदियों से मछली मार लें। ये आप भारत में भी कर सकते हैं, पर पश्चिम के लिए ये बड़ी बात है। हर तीसरे घर में एक 'बो-बील' यानी कैरावान होती है। ये एक लंबी गाड़ी है, जिसमें एक घर, बाथरूम सभी सुविधाएँ होती है। शाहरूख ख़ान वग़ैरह प्रयोग करता है। यहाँ हर किसी के पास है। सस्ती भी है और लोगों को कैंपिंग का शौक भी। कहीं भी नदी किनारे कैरावान लगाकर मछली मारते, ठंडी रात में आग जलाए, तंबू लगाए लोग मिल जाएँगे।

पर जहाँ भी जाते हैं, अपने कचड़े के डब्बे भी साथ ले जाते हों। पहाड़, नदियों, तालाबों में कागज-प्लास्टिक का टुकड़ा भी नज़र नहीं आता। ये जितने जंगली शिकारी लगते हैं, उतने ही भद्र मानुष भी।

कुछ दिनों पहले मेरे मित्र ने घोड़ा खरीदा। घोड़ा क्या, घोड़े की पूँछ कहिए। उनका शेयर घोड़े में 5 प्रतिशत है। नॉर्वे के कई लोगों के पास इस तरह से एक घोड़े का हिस्सा ज़रूर है। यह भी एक बात लगे हाथ बता दूँ कि यहाँ घुड़सवारी की 'बेटिंग' (जुआ?) भी सरकारी है और उससे कमाया धन सरकारी निवेश में जाता है।

मैं एक बार बंबई से पूना वोल्वो-बस से आ रहा था, तो साथ में एक बिल्कुल टिप-टॉप व्यक्ति बैठे थे। हमउम्र। उन्होंने पूछा,

"बताओ! पूना की सबसे बेहतरीन गाड़ी कौन सी है?"

मैंने कहा,

"एक जैगुआर देखी है रेसकोर्स पे।"

"मेरी है। अच्छा ये बताओ, सबसे बढ़िया घोड़ा कौन सा है?"

"बख़्तावर है शायद।"

“मेरा घोड़ा है। और सबसे बड़ा घर?”

“वह तो कोरेगाँव पार्क में एक बड़ा सा मैन्सन है।”

“मेरा है।”

“पर वह तो पूनावाला का है।”

“मैं ही हूँ। फलाँ पूनावाला।”

मैं हतप्रभ रह गया और सोचता रहा कि इतना अमीर आदमी मेरे साथ बस में क्या कर रहा है? अब पता नहीं कहाँ हैं ये पूनावाला? ख़ैर, एक अरमान दिल में तभी बस गयी कि मैं भी घोड़ा पालूँगा। नाम कुछ पौराणिक संस्कृत में रखूँगा, बख़्तावर नहीं। पर बख़्तावर में दम है, दौड़ेगा। वो बाद में सोचा जाएगा। पहले तो अपना नाम ‘दरभंगावाला’ करना होगा!

घोड़े के महीने का खर्च कुछ 12 हज़ार क्रोनर (लगभग एक लाख रुपए) है। पर अगर घोड़ा जीता, तो लगभग 1 मिलियन क्रोनर (अस्सी लाख रुपए) की कमाई संभव है। मेरे मित्र का घोड़ा अभी दुबई रेस में भाग लेने गया। कौन से ‘फ़्लाइट’ से ले जाया गया पता नहीं। वहाँ दुबई की धूप में नॉर्वे का घोड़ा बिदक गया। इतना सूर्य एक साथ देखा नहीं था, दौड़ना छोड़ ‘सन-बाथ’ लेने लगा। अगली रेस स्वीडन में हुई, वहाँ दूसरे नंबर पर आया।

घोड़ा अपने देश में ही तरक्क़ी कर पाता है।

मेरे शहर के एक भारतीय ने एक मिलियन क्रोनर (80 लाख रुपए) की लॉटरी जीत ली। साल भर से बेरोज़गार है, तो यह एक बड़ी राहत मिली।

मुझे लॉटरी से बचपन से परहेज है। जब बिहार में खूब बिकते थे, तो कई लोग बरबाद भी हुए। जुआ ही तो है। पर, अब सोच रहा हूँ, कुछ क़िस्मत आजमा लूँ। और यहाँ लॉटरी पर भी सरकार का क़ब्ज़ा है, इसलिए ईमानदारी से होगी। जैसे भारत में केरल सरकार की लॉटरी लोग अच्छी बताते हैं।

आप कोई भी नंबर चुन सकते हैं, ख़ुद बना लें। या आप ख़रीद सकते हैं। बड़ा जैकपॉट 50 मिलियन के आसपास है, बाकी लगभग 1000 क्रोनर तो कई लोग जीतते हैं। महिलाओं और वृद्ध पुरुषों में क्रेज़ ज़्यादा है, इसलिए

  ख़ुशहाली का पंचनामा

शॉपिंग सेंटर की पहली दुकान लॉटरी की देखी जा सकती है। यह बताने की ज़रूरत नहीं कि यहाँ भी महिलाएँ शॉपिंग को लेकर उतनी ही पागल (क्रेज़ी) हैं। मतलब लॉटरी में जीतो और फिर टूट पड़ो शॉपिंग में। फुटबॉल और घुड़सवारी में 'बेटिंग' एक ही कंपनी चलाती है, लॉटरी की कंपनियाँ अलग-अलग हैं। मिला-जुला कर लॉटरी एक लोकप्रिय खेल है।

नॉर्वे सरकार ने इस साल लॉटरी से लगभग 5 बिलियन क्रोनर कमाए। चूँकि यह पैसा खेल मंत्रालय के पास है, वो इसे असल खेल जैसे शीतकालीन खेल (विंटर स्पोर्ट्स) या फुटबॉल वग़ैरह के लिए लगाती है। और इसी लॉटरी की वजह से हर साल 'विंटर ओलंपिक' में ढेरों स्वर्ण लाती है। पता नहीं, जुआ तो जुआ है। मैंने दस खरीदे। नहीं लड़े, तो फिर खेलना छोड़ दिया।

यहाँ एक जन-सेवी लॉटरी भी है, जो नीदरलैंड से इस देश में आयी। इसमें आप अपने मुहल्ले के लिए लॉटरी खरीदते हैं। यानी अगर लॉटरी जीते तो रकम पूरे मुहल्ले में बँटेगा। यह एक पोस्टल कोड के सभी घरों में बराबर बाँट दी जाएगी। यानी अगर मेरे मुहल्ले में कोई लॉटरी जीत जाए, तो उसकी किस्मत का कद्दू सबमें कट कर बँटेगा। मुझे पहले लगा कि ऐसी लॉटरी भला कोई क्यों ख़रीदेगा? अपनी रकम मुहल्ले में क्यों बाँटना चाहेगा? लेकिन पता लगा कि यह सबसे लोकप्रिय लॉटरी है। लोगों को जीतने के साथ-साथ अपने पड़ोसियों में ख़ुशी बाँटने का भी सुख मिलता है। यह अकेले लाखों रुपए जीतने से बड़ा सुख है।

ऐसे ही कल स्कूल से चिट्ठी आई कि बच्चों का 'पोकमोन' खेलना मना है। जापान में कोई 'पोकमोन' के चक्कर में मारा गया। बेंगलूरू में भी सुना कि कुछ दुर्घटना हुई। इस खेल में आपको घूमते-फिरते 'पोकमोन' ढूँढना है। ये पोकमोन महोदय कहीं भी हो सकते हैं। कुछ लोग गाड़ी चलाते 'पोकमोन' ढूँढ रहे हैं, हालांकि खेल कंपनी रास्तों के बीच 'पोकमोन' नहीं रखती। नॉर्वे की प्रधानमंत्री संसद में 'पोकमोन' खेलती पकड़ी गई जब नेता विपक्ष भाषण दे रहे थे। इससे पहले नेता विपक्ष भी पकड़े जा चुके हैं। प्रधानमंत्री उन्हें 'पोकमोन' में पछाड़ कर 'लेवल 14' तक पहुँच चुकी है। स्लोवैकिया के एक सम्मेलन के

बीच वो 'पोकमोन' ढूँढने निकल गई थी। कुछ लोगों का मानना है ये देशभक्ति है। 'पोकमोन' से देशभक्ति?

दरअसल नॉर्वे की पेंशन फ़ंड ने 'निन्टेंडो' गेम में निवेश कर रखा है और 'पोकमोन' से देश का हेल्थ फ़ंड 148 मिलियन क्रोनर कमा चुका है। मतलब इसी पोकमोन की बदौलत देश के वृद्धों का इलाज चल रहा है। मेरे ख़याल से देश के राजनीतिज्ञ जिनको राजधानी छोड़ चुनाव के चक्कर में इतना घूमना-फिरना पड़ता है, बीच में 'पोकमोन' खेलें तो कुछ देश का भला हो। वैसे 'पोकमोन' में भारतीय राजनीतिज़ों में जीतेगा कौन, पता नहीं।

❑

 ख़ुशहाली का पंचनामा

सर्वश्रेष्ठ लोकतंत्र

यहाँ राजनैतिक पार्टियों की 'कलर कोडिंग' है। इनको समझना कठिन है। पर पूरे यूरोप में यही हिसाब-किताब है। हरा मुख्यत: वाम की तरफ़ है, नीला दक्षिणपंथ, लाल समाजवादी, पीला कुछ लिबरल। अब इनके भी अलग-अलग शेड हैं। इस पूरे रंगीन लोकतांत्रिक ढांचे में नेलपॉलिश-लिपस्टिक जैसा हिसाब-किताब है। अज़ीब बात है कि यह 'कलर-कोड' यहाँ सब समझते हैं, जबकि सतही तौर पर लगता है कि यहाँ के लोग राजनैतिक रूप से शून्य (पोलिटिकली डम्ब) हैं। लोग अपनी राजनैतिक नज़दीकी कभी-कभार शर्ट में एक बैंड जैसा लगा कर करते हैं। नीले बैंड वाला दक्षिणपंथी हम जैसे प्रवासियों के लिए ख़तरनाक है, हरा बैंड वाला वामपंथी प्रवासियों का दोस्त हो सकता है, पर पता नहीं।

यहाँ के पंथ हमारे पंथ की अवधारणा से कुछ अलग हैं। अब नॉर्वे में इस दशक में मुख्यत: दक्षिणपंथी मिली-जुली सरकार है, लेकिन यहाँ 'वेलफेयर स्टेट' है। ये पर्यावरण संरक्षण और मानवाधिकार पर जोर देते हैं। वहीं दूसरी ओर, यह पूंजीवादी अर्थव्यवस्था पर भी बल देते हैं। पॉपुलिस्ट दक्षिणपंथ कह लीजिए। यह दक्षिणपंथी अपने लोग, अपनी संस्कृति, अपनी भाषा पर वाम या 'लेबर पार्टी' की अपेक्षा ज़्यादा जोर दे रहे हैं। किन्तु यह सब इतना स्पष्ट भी नहीं है।

जो बिल्कुल ही कट्टर वाम हैं, वे निर्मोही लोग हैं। वे नॉर्वे को आदम-युग में ले जाने की पेशक़श करते हैं। सब तेल का व्यापार बंद कर कमंडल ले वन में बैठने की बात करते हैं। बिल्कुल सात्त्विक। वे एक पैसा राजनैतिक चंदा नहीं लेते।

कुछ पार्टियाँ एक-सूत्री हैं। जैसे एक पार्टी बस पशु-संरक्षण की बात करती है, एक मछलियों की, एक कहती है कि प्रवासी वीसा बंद करो, एक कहती है कि कारों पर बैन करो। सब कुछ-न-कुछ सीट जीतते हैं और मिलकर सरकार बनाते हैं।

भारत में कौन सा रंग है? एक पक्का रंग है या बदलते रहते हैं? पार्टियों की विचारधारा बदलती रहती है और वह ठीक भी है। शायद विश्व के सबसे बड़े लोकतंत्र को इतने 'कलर कोड' और जड़ विचारधारा की ज़रूरत नहीं। लेकिन कुछ आदर्श ज़रूर हो और जो भी मैनिफेस्टो हो उस पर कुछ वर्ष ज़रूर टिके रहें। आख़िर उसी मुद्दे पर तो चुने गए।

लोकतंत्र की बात उठी, तो प्रश्न है कि दुनिया का सर्वोत्तम लोकतंत्र कहाँ है? अब मैं लिख रहा हूँ तो घुमा-फिरा कर जवाब आपको पता ही है। 'डेमोक्रेसी इंडेक्स' (2019) के हिसाब से नॉर्वे 2010 से पहले पायदान पर है। भारत 51 वें पर है। ट्रम्प के चुने जाने के बाद अमेरिका का इंडेक्स भी इन्होंने घटा दिया है। इनकी मर्ज़ी। मुझे नहीं लगता इस इंडेक्स का कुछ मतलब है पर फिर भी नॉर्वे को क्यों चुना?

नॉर्वे में कुकुरमुत्तों की तरह पार्टियाँ हैं। आप 150 लोग से हस्ताक्षर करवा लीजिए, पार्टी लगभग बना सकते हैं। भारत में तो बिना हस्ताक्षर के भी शायद संभव है। इस 'स्कोर' में हम बराबर हैं। पार्टी बनाने की स्वतंत्रता भारत में भी है। वाजपेयी जी ने सदन ने इस बात पर कटाक्ष भी किया था कि यहाँ कुकुरमुत्ते की तरह एक-एक आदमी की भी पार्टी है। एकला चोलो रे।

दूसरे बिंदु पर आते हैं। नॉर्वे में केंद्र में जन लोकपाल है। भारत में भी 2019 में पहले लोकपाल स्थापित हुए और कुछ राज्यों में पालन भी होता रहा है। कुछ वर्ष पहले एक आंदोलन भी खड़ा हो गया था, जो समय के साथ थम गया। नॉर्वे में जन लोकपाल को जनता शिकायत कर सकती है। वह सरकार के फलाँ सांसद को सुझाव देगी या रपट लगाएगी और वह जवाब देंगे।

अगला बिंदु है-पारदर्शिता। प्रधानमंत्री जी किसको दिन भर फ़ोन करते हैं? यह एक गोपनीय दस्तावेज होना चाहिए। पर नॉर्वे में इसे जन लोकपाल ने प्रेस के लिए खुलवा दिया। जो जानकारी छुपाना अति आवश्यक है, उसे गुप्त छोड़ कर। अब इससे इनको नुकसान हुआ या नहीं, यह पक्के तौर पर नहीं कह सकता।

इतना ही नहीं सरकार के लगभग 1.6 करोड़ दस्तावेज नागरिक ऑनलाइन फिलहाल देख सकते हैं। RTI जैसा ही, पर सब कुछ खुला ही है तो कोई

RTI फ़ाइल नहीं करता। सब कुछ ऑनलाइन ही है। हर सरकारी कार्रवाई, हर सांख्यिकी, हर प्रस्तावित योजना। 'लॉग-इन' करो, देख लो। कहाँ ख़ामख़्वाह RTI कर ख़ुद परेशान होगे और तंत्र को परेशान करते रहोगे?

यहाँ बड़े निर्णयों में जनमत-संग्रह भी होता है और छोटे निर्णयों में अराजनैतिक जन-प्रतिनिधि से सलाह ली जाती है। ये नहीं कि चुनाव के बाद पाँच साल जनता चुप बैठेगी। चुनी हुई सरकार भी 'पब्लिक डीबेट' करती है। कुछ स्थानीय मामला हो तो उसे जिले या काउंटी (राज्य) में जनता दरबार बुलाकर सुझाव लिए जाते हैं। राष्ट्रीय मामला हो तो ऑनलाइन सवाल-जवाब आते हैं। जैसे जनता कहेगी तो फलाँ जगह तेल की खुदाई शुरू हो। जनता कहेगी तो EU में शामिल हों।

और जनता भी अड़ियल है। किसी ऐरू-गैरू अनजान को चुन लेगी, लेकिन आप पर एक छोटे-मोटे भ्रष्टाचार का आरोप हो, आपको एक वोट नहीं। वोट तो छोड़िए, नैतिक तौर पर चुनाव ही नहीं लड़ पाएँगे। यह नियम है जो कोई पार्टी नहीं तोड़ती और जनता तो ख़ास कर। अब नियम बन गया तो कोई नेता भ्रष्टाचार में लिप्त होकर अपना राजनैतिक जीवन खोना नहीं चाहता। नेताओं में भ्रष्टाचार लगभग शून्य है। हालांकि इस चक्कर में कुछ कमज़ोर नेता भी चुने जाते हैं, जिन पर दाग़ तो नहीं, पर क़ाबिल भी नहीं।

मैंने स्थानीय चुनावों में मतदान किया है। यहाँ 'पेपर-बैलट' ही है। इसमें एक और चीज़ है कि आप पार्टी और उम्मीदवार अलग-अलग चुन सकते हैं। जैसे, अगर आपके जिले का कांग्रेस उम्मीदवार आपको पसंद है, लेकिन पार्टी के रूप में भाजपा, तो आप दोनों को वोट डाल सकते हैं। आपके वोट का एक प्रतिशत उम्मीदवार को और एक प्रतिशत पार्टी को जाएगा। अंत में यह सब जोड़ कर ही आपके विधायक और सत्ताधारी दल का चुनाव होगा। यह भारत में भी उपयोगी है, क्योंकि यह स्थिति अक्सर आती है कि पार्टी प्रतिबद्धता की वजह से कमज़ोर उम्मीदवार भी चुन लिए जाते हैं।

❑

न सोना, न कौड़ी, न छोटा, न बड़ा

मेरे विभाग में 18 महिलाएँ और तीन पुरुष हैं। सोने की एक पतली चेन बस मेरे गले में है। सोना तो छोड़िए, चाँदी-पीतल कुछ भी नहीं है। न ही अब तक शहर में कोई बढ़िया 'ज्वेलर्स' की दुकान देखी है। उसके लिए 'आन्ट्वेर्प', दक्षिण यूरोप या दुबई जाना होगा। सोलह शृंगार देखने को तरस गया।

विश्व के सभी धनी देश जैसे अमरीका, इटली, फ्रांस या अपनी पड़ोसी चीन काफी सोना बैंक में रखते हैं। इनका 'गोल्ड-रिजर्व' बहुत बड़ा है। नॉर्वे के बैंकों ने अपना सारा सोना 2004 ई. में बेच दिया। अब बस 7 प्रदर्शनीय (सोवेनीर) सोने के टुकड़े बचे हैं और एक टुकड़ा संग्रहालय में है। यूरोप के सबसे धनी देशों में एक नॉर्वे के बैंकों में सोना ही नहीं है।

मुझे यह तर्क लगा कि यह तेल के भरोसे हैं, इसलिए सोना नहीं रखते। पर अरब में तो तेल भी है, सोना भी खूब। भला कोई देश जिसके बैंक में 'गोल्ड' ही नहीं, एक 'वेलफेयर स्टेट' कैसे हो सकता है? हर चीज़ मुफ़्त कैसे कर सकता है?

हमने कभी सीखा था कि बैंक में जितना सोना होता है, उससे मुद्रा का मूल्य निर्धारित होता है। बाद में विदेशी मुद्रा का सुना, डॉलर का सुना। ख़ैर, मैं अर्थशास्त्री नहीं तो यह मेरे लिए पहेली ही रह गयी। औरतें सोना नहीं पहनती, लोग नगद नहीं रखते और कहते हैं करोड़पतियों का देश है। यह देश 'कैश-लेस' और 'गोल्ड-लेस' है। सब धन हवा में है। समझ नहीं आता, फिर चलता कैसे है?

कल एक डिजिटल भिखारी को देख बड़ी संतुष्टि हुई। नॉर्वे में भिखारी अक्सर प्रवासी हैं, महिला-पुरुष एक समान। वे किसी मुख्य स्थान जैसे शहर के केंद्र या किसी बड़े मॉल या किसी पैदल-ब्रिज़ पर बैठे मिलेंगे। बड़े संभ्रांत वेश-भूषा में। आजकल बर्फ़ है, तो पूरे 'गम-बूट' और मोटे जैकेट से लैस।

भिखारियों का एक बड़ा नेटवर्क है और उसमें भी 'सब-नेटवर्क' है। अफ़्रीकी अब ख़ास नहीं हैं, पर सर्बिया और लिथुआनिया के, लेबनान के, इराक के, पाकिस्तान के और कुछ साड़ी या सूट पहने भारतीय महिलाएँ भी।

ये अक्सर एक प्लास्टिक की लाल 'डिस्पोज़ेबल-ग्लास' लेकर बैठते हैं और कुछ काग़ज़ का बोर्ड भी लगा लेते हैं, जिस पर कोई अच्छी लोकोक्ति होती है।

अमरीका के भिखारी अक्सर अश्वेत पुरुष थे और सिगरेट पीते फटे-हाल दिखते। और उनकी ख़ासियत थी कि भीख लेकर ही मानते या यूँ कहिए जब पास आते तो गॉडफ़ादर की तरह ऐसी माँग करते जिसे आप ठुकरा नहीं सकते। चाकू-छुरी भी चल सकती है।

हाँ, तो कल एक भिखारी को मैंने कहा कि मेरे पास नगद नहीं। तो उसने कहा कि 'विप्स' कर दो। यह 'पे-टीएम' जैसा ऐप्प है। साथ में ही एक बोर्ड पर उसने नंबर लिख रखा था। यह 'कैशलेस' भीख यहाँ बड़ी उपयोगी लगी, क्योंकि नगद पास नहीं होता। और भिखारी भी काला-धन नहीं रखते, टैक्स भरते हैं। यह भी प्रगति है। अब वो निराला की उस मार्मिक कविता के पात्र नहीं,

"चाट रहे जूठी पत्तल वे सभी सड़क पर खड़े हुए,
और झपट लेने को उनसे कुत्ते भी हैं अड़े हुए!"

लेकिन, क्या बड़ी गाड़ियों से उतरने वाले दुकानों में 'प्राइस-टैग' देखते होंगे? मुझे लगता था कि जिस दिन मैं ये आदत छोड़ दूँगा, गाड़ी-वाड़ी 'हाई-फाई' ले लूँगा, मध्यवर्गीय नहीं कहलाऊँगा। मतलब सर और गर्दन अकड़ी हुई सीधी, सामान उठाया और पटक डाला कैश-काउंटर पर। कोई मोल-भाव की चिंदीचोरी नहीं। क्यूँ 2-5 रुपए की ज़िरह करना?

पर इस देश में सब चिंदी-चोर निकले। कल स्वीडन जाने की होड़ थी। दरअसल स्वीडन में चीज़ें 30-40 प्रतिशत सस्ती हो गई हैं। सब 3 घंटे सफ़र कर प्याज-आलू खरीदने गए। जितनी बड़ी गाड़ी, उतने सामान ठूस रखे थे। नॉर्वे की 'प्राइस-लिस्ट' से बार-बार मिला रहे थे। बर्फीली सर्दियाँ 2-3 महीने बाद है, पर अभी से मोटे जैकेट सस्ते में खरीद लेंगे। बी.एम.डब्ल्यू. वाले भी, सुजुकी वाले भी। हर किसी को पता है, नॉर्वे में टूथपेस्ट 11 रुपए है, स्वीडन में 8 रुपए। 15-20 टूथपेस्ट भर लिए। मुझे पता ही नहीं कोलगेट भारत में कितने की आती है? अकड़ में कभी देखा नहीं।

यहाँ इन्होंने ख़्वाह-म-ख़्वाह आदत डलवा दी। अब मैं भी मोल-भाव करने लगा। गाँव के मछली-बाज़ार याद आ गए कि दस मछलियाँ उलटी-पलटी, गाली-गलौज करती मल्लाहनियों से ज़िरह की और आख़िर मछली खरीदी। इसका भी लुत्फ़ है और जेब में कुछ चवन्नी-अठन्नी ही सही, बच तो जाते ही हैं।

आज स्वीडन-नॉर्वे की नाव अचानक मुफ़्त टिकट कर दी गई। गाड़ी का सफ़र छोटा था, पर नाव सस्ती तो कोई पेट्रोल क्यों फूंके? सब फोकट के चक्कर में नाव पर चढ़ गए। मैं और मेरी गाड़ी भी लद गए। ये देश शायद मुझे वापस मध्यवर्ग में धकेल देगा। 'प्राइस-टैग' टटोलने वाली ज़िंदगी में।

यहाँ फ़िज़ूल-ख़र्च में टशन दिखाने वाले बेवकूफ़ कहलाते हैं। या तो यह रहस्य है कि अमीर कहे जाने वाले देश के लोग असल में ग़रीब हैं या इन्हें शायद हर चीज़ का मोल पता है।

दुनिया के अधिकतर देशों जैसे अमरीका में भी होटल या किसी सर्विस में 10 प्रतिशत 'टिप' की परंपरा है। भारत में कुछ लोग 'राउंड-ऑफ' करते हैं, कुछ औक़ात के हिसाब से दस-पचास-सौ-हज़ार पकड़ा देते हैं। होटल का संतरी आपको देख मुस्कुराए तो आप जेब ढीली करने को तैयार हों। उनमें से कइयों की ज़िंदगी इसी 'टिप' से चलती है और वेतन काफ़ी कम होता है।

नॉर्वे में 'टिप' प्रथा न के बराबर है। कभी-कभार किसी ने दे दिया तो दे दिया। मुझे लगता है कि नैतिक रूप से मनाही है। इसकी वजह बस ये नहीं कि 'सर्विस-टैक्स' में सेवाएँ सम्मिलित हैं, पर इसकी वजह यह भी है कि सामने वाला आपसे छोटा या किसी 'टिप' का मोहताज नहीं। संभव है कि आपसे बड़ी गाड़ी बाहर उसकी खड़ी हो। अक्सर वे आपसे बेहतर हालत में दिखते भी हैं। शहर की सबसे सुंदर महिलाएँ आपको पिज़्ज़ा सर्व करती या कॉफ़ी पिलाती मिलेंगी। आप चाहे तो भोजन की तारीफ़ कर दें, न चाहें तो भी। पर टिप न दें।

क्यूँकि अगर आप 'टिप' दे रहे हैं, तो वो समझेंगे आप किसी सामंतवादी देश से हैं, जहाँ लोग 'टिप' पर गुज़ारा करते हैं। उन्हें दिखाएँ कि हम भारतीय हैं, हम भी 'सर्विस-टैक्स' लेते हैं और हम किसी 'टिप' के मोहताज नहीं।

मनु ऋषि कब क्या कह गए, पता नहीं। कार्यस्थल पर वर्ण-पद्धति ब्रिटिशों ने लाई होगी। जैसे अस्पतालों में एक बहुत बड़े डॉक्टर, उनके पीछे एक बड़े डॉक्टर, उनके पीछे चार जूनियर डॉक्टर। फिर मैट्रन, स्टाफ नर्स, ट्रेनी नर्स, वार्डबॉय और आख़िर में स्वीपर। इन सबके अलग-अलग गुट, अलग वेश-भूषा, अलग खान-पान, अलग शौक, अलग गाड़ियाँ और अलग सोशल स्टेटस हैं।

समस्या तब आती है जब इस मानसिकता के साथ आप किसी ऐसे देश में कदम रखते हो जो ब्रिटिश उपनिवेश न रहा हो। इन गधों को कुछ समझ ही नहीं।

अब एक विभाग में देखा कि स्वीपर-कम-धोबी पहले एम.बी.ए. कर चुकी हैं। और चेहरे-मोहरे से विभाग की सबसे सुंदर या 'हॉट' कहिए। पहले होटल प्रबंधन में नौकरी करती थीं जो कुछ तनावपूर्ण कार्य था। वह छोड़ यहाँ आ गयीं। यहाँ काम आसान है। बस एक बार फ्लोर में पोछा मारो और कपड़े उठाकर वाशिंग-मशीन में रखो, कभी कॉफी बना दो। उनकी गाड़ी विभाग की सबसे बड़ी गाड़ी है और वह शान से गॉगल्स लगाकर धूप में सिगरेट पीती दिख सकती हैं। एक कंपनी के मालिक की पत्नी (यानी मालकिन) वहाँ सेक्रेटरी हैं, जिनका काम कुछ अस्पतालों के रिसेप्शनिस्ट की भाँति है। फाइल वग़ैरह सँभालना, कुछ हल्की-फुल्की झाड़ू-फटके भी। यहाँ स्वीपर, सेक्रेटरी और डॉक्टर सब बराबर ही हैं।

कोई सर झुका कर काम नहीं करता। मुझे कोई सलाम नहीं ठोकता, सब नाम से बुलाते हैं। कभी-कभार दिल में प्रश्न ज़रूर आता है। भला, इसीलिए डॉक्टरी पढ़ी क्या?

क्रिसमस का महीना कुछ श्रावण के महीने जैसा है। यहाँ उसे 'यूल' कहते हैं जिस महीने सरकार टैक्स आधा कर देती है। आग़ाज़ 'यूलबोर्ड' से होती है जिसमें सब 'पीन्नेशॉत्त' यानी मांस की छाती का हिस्सा चाव से खाते हैं। कौन मांस का क्या हिस्सा खाएगा, यह समानिधाकारवादी (इगैलिटेरियन) समाज होने के बावजूद कुछ पुश्तैनी परंपरा है। मैथिल परंपराओं की तरह 'मूड़ा' यानी

सर का हिस्सा परिवार या कंपनी का प्रधान खाता है। मुझे भी इन्होंने एक फाँका पकड़ा दिया था, मैं खा नहीं पाया। वैसे भी मैं कागजी तौर पर प्रधान हूँ, असल प्रधान एक व्यवसायी हैं। और वह 'मूड़ा' खाने में उस्ताद भी।

'क्रिसमस' के एक दिन पूर्व रात्रि सब पीठ पर बस्ता लटकाए पहाड़ चढ़ रहे हैं। मुझे कौतूहल हुआ, मैं भी साथ-साथ चढ़ गया। ऊपर आग जला कर गोलबंदी हो रही है और खूब हँसी-ठहाके चल रहे हैं। उन्होंने बताया कि जब नॉर्वे ग़रीब था, तो मजदूर वर्ग का बाहुल्य था। और वह इस दिन पहाड़ पर जमा होकर शराब पीते और रात भर गप्पें मारते। अब नॉर्वे अमीर है, पर यह प्रथा चल ही रही है। उन्होंने कहा कि दुनिया का क्या पता? आज जो अमीर है, कल ग़रीब हो जाए? आदत तो रहनी ही चाहिए।

क्रिसमस के पूर्व का हर इतवार 'यूलफेस्ट' है, जिसमें क्रिसमस कैरोल गाए जाते हैं। लोग मोमबत्ती लेकर करीब चार कि.मी. पद-यात्रा करते हैं, मिनी काँवर-यात्रा की तरह। सबने लाल टोपी पहन रखी है और उत्साहित हैं। आख़िर हम मुख्य चर्च पहुँचे, जहाँ कॉलेज की बालाओं ने गीत गाए और फिर स्कूल के बच्चों ने नृत्य किया। 'क्रिसमस ट्री' लाइट किया गया और हमने इसका त्रिपेक्षण किया यानी तीन चक्कर लगाए। बच्चों ने सांता क्लॉज को चिट्ठी लिख एक पोस्ट-बॉक्स में गिराए, जैसे वट-वृक्ष में धागा बाँध मन्नत माँग रहे हों। 'यूलनीसन' यानी सांता-क्लॉज नेपथ्य से अवतरित हुए और बच्चों को चॉकलेट बाँटी।

भीड़ तो हर दुकान पर थी, पर पाकिस्तानी कबाब-ज्वाइंट में रौनक थी। हमें देखते ही ऐसा सलाम ठोकते हैं कि कहीं और जाने भी नहीं देते। मज़ाल है हिंदुस्तानी किसी और दुकान में खाए। ऐसा ही रिश्ता देवघर के मिथिला भोजनालयों से भी है। इधर-उधर खाना कठिन हो जाता है। एक जैसी संस्कृति, एक जैसी भाषा का तकाजा है।

जैसा मैंने कहा, सान्ता क्लॉज यहाँ 'यूलेनीसन' कहलाते हैं। चूँकि सांता क्लॉज उत्तरी ध्रुव के निवासी हैं और बारहसिंगे की गाड़ी खींचते हैं, यह सबसे पहले नॉर्वे आते हैं। नॉर्स संस्कृति इन्हें भगवान 'ओडिन' का रूप समझती है,

 ख़ुशहाली का पंचनामा

जबकि क्रिश्चियन इन्हें संत निकोलस कहते हैं। जो भी हो भगवान शिव की तरह 'भोले बाबा' लगते हैं। बच्चे इनका इस महीने खूब इंतज़ार करते हैं। बाकी विश्व में बच्चे रात को दूध-कुकीज़ घर के बाहर रखते हैं, यहाँ चावल का दलिया और दालचीनी।

लोग आस-पास के पड़ोसियों को अक्सर 'यूलेनीसन' बनने को कहते हैं पर प्रवासियों के आने से रंग-बिरंगे सांता क्लॉज आ रहे हैं। पिछले साल मेरे एक नाइजीरियन मित्र सांता-क्लॉज बन कर गए, बच्चे डर गए। अक्सर यह बच्चों को उत्साहित करता है। एक दिन बच्चे खेल रहे थे कि अचानक सांता-क्लॉज सबके लिए गिफ्ट लिए अवतरित हुए। यह आस-पास के मुहल्लों के एक पेंशनधारी बुज़ुर्ग हैं, जिन्होंने बच्चों को खेलते देखा तो प्यार उमड़ आया।

इसी महीने एक दिन 'ब्लैक फ्राइडे' है। ये पश्चिम का धनतेरस है, जब अमरीका में रात के 12 बजे से ही चौबीस घंटे के लिए चीज़ों के दाम अप्रत्याशित रूप से कम हो जाएँगे। नॉर्वे में यह उत्सव 7 बजे सुबह चालू होगा। दुकान की दुकान लुट जाएगी। भगदड़ मच जाएगी। मुझे याद है, 2008 में न्यूयार्क में वालमार्ट में कोई इस भगदड़ में कुचल कर मर भी गया था। अज़ीब तांडव है यह पूँजीवाद का।

शायद भारत में भी हो रहा हो, ध्यान नहीं दिया। फ्लिपकार्ट और स्नैपडील ऐसे कई ख़ुराफ़ात कर चुके हैं। 2014 में 'बिग बिलियन डे' में कई लोग उल्लू बने। वेबसाइट क्रैश भी हुए, पर मेरे एक मित्र को बस एक रुपए में प्रिंटर मिला था। एक रुपए में? नॉर्वे में भी शायद अमरीका से ही यह प्रथा आई हो, लूट तो होती ही है।

यह कैसे होता है, यह गणित कोई अर्थशास्त्री समझाए तो बेहतर है। मेरे गाँव में एक हाट लगता है, जहाँ ऐसी लूट कुछ ठेलों पर होती है कि अचानक सब्जियाँ सस्ती हुई और लूट मच गई। जो फँस गए, उनकी सब्जियों में कीड़े ही निकलते हैं। ये भी एक 'ब्लैक फ्राइडे' ही है।

❑

कठिन है डगर

स्टेज सज चुका है। अब पूरा नॉर्वे स्की करता नज़र आएगा। जो स्की नहीं कर रहे होंगे, वे कुछ चौड़े 'स्नो-बोर्ड' पर खड़े होंगे। कुछ उन पहाड़ों से सीधा नीचे कूद जाएँगे, पैरों में बत्तख़ जैसे स्की लगा कर, जिसे 'स्की जंप' कहते हैं। कुछ स्की करते हुए बंदूक से निशानेबाज़ी करेंगे यानी 'स्की-शूटिंग'। स्कूल के बच्चे 'आईस-हॉकी' खेलेंगे। बूढ़े धीरे-धीरे स्की-मैराथन दौड़ जाएँगे।

कहते हैं नॉर्वे के बच्चे पैरों में स्की लगाकर पैदा होते हैं। जैसे गाँव में बच्चों को पुराने टायर पकड़ा देते थे, वैसे ही यहाँ पैरों में स्की बाँध देते हैं। वह बार-बार गिरेगा, खूब चोट लगेगी, रोना-धोना मचाएगा, पर फ़िर खड़ा हो जाएगा। हर घर के बाहर लोग छोटे ढलान बनाते हैं, कुदाल और धुमसुर (ज़मीन को ठोकने वाला उपकरण) से ठोक-पीट कर। उस पर बच्चों को स्की पकड़ा कर छोड़ देते हैं। धीरे-धीरे वह गिरते-पड़ते कलाबाज़ियाँ करने लगता है, उस्ताद बन जाता है। इस बार मैंने भी काफ़ी मेहनत से यह स्लोप तैयार किया है, बच्चे खूब गिर रहे हैं, चोट खा रहे हैं।

आख़िर एक ऐसी सेना तैयार हो ही जाती है जो पहाड़ों से दोस्ती कर लेती है। ऊपर से स्की करते आते युवक-युवतियाँ-बूढ़े-बच्चे एक मनोरम दृश्य है। पेड़ आ गया, तो तेज़ गति से आते हुए भी, मुड़ गए। कुछ रुकावट आई तो कूद गए।

नॉर्वे सालों से 'विंटर ओलंपिक' का सरताज़ है। हर खेल में गोल्ड जीतता है। आख़िर बच्चे पैर में स्की लेकर जो पैदा होते हैं।

दिल्ली में शीतकाल में कुछ दिनों के लिए स्कूल बंद हो जाते हैं, कुछ नज़र नहीं आता। नज़र यहाँ भी कुछ नहीं आ रहा और मोटी बर्फ़ जमी है। उम्मीद थी सब बंद होगा, पर 3-4 वर्ष के बच्चे भी झोला उठाए अंधेरे में चल रहे थे। सबने 'फ्लोरेशेंट' चमकीले कपड़े पहने हैं। यह कपड़े पहनना या हाथ-पैर में चमकीले 'बैंड' बाँधना क़ानूनन अनिवार्य है। हर वर्ष 1 नवंबर से 1 मार्च तक। कपड़ों में 'रिफ्लेक्टर' (चमकीला बैंड) नहीं पहनने पर आपको रोका जा सकता

 ख़ुशहाली का पंचनामा

है, पर उससे भी ख़तरनाक है कि आपका 'एक्सीडेंट' हो सकता है। इसके पीछे साधारण विज्ञान है।

गर आप काले कपड़ों में पैदल चल रहे हैं और गाड़ी नियमित गति से पूरी रोशनी के साथ भी चल रही हैं, तो आपको बस 30 मीटर की दूरी से ही देख सकती है और ब्रेक के बाद गाड़ी 60 मीटर पर रुकती है। मतलब मरना लगभग निश्चित है। पर यहाँ 'एक्सीडेंट' नहीं होते, क्यूँकि यहाँ जो भी पैदल-यात्री है वह 'रिफ्लेक्टर' के साथ है। हाँ! जानवर कभी-कभार मरते हैं।

अंधेरे और बर्फ़ से लड़ने के कई और उपाय हैं।

मसलन, विश्व के अधिकतर फ़्लाइट ठंड में 'डिले' होते हैं पर ओस्लो जो 4 महीने बर्फ़ में रहता है, वहाँ फ़्लाइट अक्सर समय पर रहती है। इनके पास TV 2000 नामका एक तकनीक है जो तेज़ गति से बर्फ़ ग़ायब करती है। और हर समय हवाई-पट्टियाँ साफ़ की जा रही होती हैं। गर ये मौसम के भरोसे रुके तो एक विमान समय पर न पहुँचे। एम्स्टरडम में बर्फ़ गिरी तो मेट्रो-बस सभी कुछ देर ठप्प पड़ गए। यहाँ एक बार भी न ट्रेन रूकी, न बस। बर्फ़ भले ही पूरी रात गिरती रही।

एक और तकनीक जो गाड़ी चालकों को सीखना क़ानून है, वह है 'लाइट' का सही प्रयोग करना। इस तकनीक 'मर्कजोरिंग' के बिना आपका लाइसेंस पास नहीं होगा। एक साधारण सी बात बताता हूँ, जो कहीं भी उपयोगी है। आप 'हाईबीम' पर गाड़ी चलाते हैं और सामने गाड़ी आ रही हो तो दोनों को 'लो-बीम' करना है ताकि आँखें चौंधिया न जाएँ। और एक-दूसरे से गुज़रने के बाद वापस 'हाई-बीम'। यह अनुशासन है, जो तमाम दुर्घटनाएँ घटा सकता है। चूँकि यहाँ सुरंगें भी काफ़ी हैं और अंधेरा भी, यहाँ इस तकनीक पर काफ़ी ज़ोर है और ये भी लगभग क़ानून ही है।

कई लोग दिल्ली के प्रदूषण और शीतकालीन धुँध की चर्चा करते हैं। प्रदूषण तो यहाँ नहीं है, पर नॉर्वे आकर धुँध से लड़ने के तरीके ज़रूर सीखे जा सकते हैं।

कल की ही बात लें। काफ़ी बर्फ़ पड़ी, अब भी पड़ रही है। लोगों का कहना है, पिछले साल क्रिसमस के दिन तक भी बर्फ़ नहीं पड़ी थी। ये बर्फ़बारी का हिसाब-किताब कुछ ऐसा है कि एक साल जमकर होती है, तो अगले साल नहीं होगी। शायद प्रकृति का अनकहा नियम है। जैसे मेरे गाँव में कुछ आम के पेड़ हैं या तालाब हैं, जो एक साल काफ़ी फलते-फूलते हैं, दूसरे साल डंडी मार देते हैं। कुछ ऐसा ही।

लोग यहाँ गाड़ियों के 8 टायर रखते हैं, 4 गर्मी के और 4 शीतकालीन। यह भी क़ानूनी रूप से अनिवार्य है। मैंने भी बदले हैं, लोहे की कीलों वाले टायर बर्फ़ के लिए। फ़िर भी बर्फ़ इतनी कि गाड़ी के चक्के 'लॉक' हो गए, एकदम जैसे दरभंगा के कीचड़ में फँस जाते हैं वैसे। आप कितनी भी गति दो, वहीं घिरनी मारते रहेंगे। तरीक़ा भी वही है, थोड़ा रिवर्स लो और दे मारो धाँय से या लगाओ धक्का। पर धक्कों का फ़र्क़ है।

एक बार गाड़ी फँस गई तो यहाँ घरों से हट्टी-कट्टी गोरी महिलायें और बच्चे मदद करने निकल आए। कुछ कुदाल उठा कर सड़क से बर्फ़ साफ़ करने लगीं और एक अकेली धक्का मारने लगी। बच्चे भी माँओं के साथ बर्फ़ हटाने में लग गए और मेरी गाड़ी निकल पड़ी।

गाँधी जी का ज़माना गया लगता है। अब ट्रेन से 'ब्राउन' वर्ण वालों को धक्का नहीं देते, बल्कि उनकी फँसी गाड़ी को प्रेम से धक्का लगाते हैं। नॉर्वे क्या कहीं भी। गाँधीजी आकर 'चेक' कर सकते हैं, विश्व में कुछ 4-5% को छोड़ कर कोई मुखर रूप से वर्ण नहीं देखता। 'अपार्थिड' लगता है ख़त्म हो गया।

यह भी सोचता हूँ कि इस बीहड़ देश के कठिन रास्तों पर 'एक्सिडेंट' क्यों नहीं होते?

आप चाहे माइकल शूमाकर ही क्यूँ न हो, आपको नॉर्वे में रुला कर ही ड्राइविंग लाइसेंस देंगे। सरकार ने हर शहर में सर्टिफ़ाइड गुर्गे पाल रखे हैं, जो 300 घंटे की 'थ्योरी' (25 से अधिक उम्र वयस्कों को 60 घंटे) पढ़ायेंगे। फ़िर आप 50 कठिन प्रश्नों के उत्तर देंगे। आपसे पहाड़ पर गाड़ी चलवाएँगे। सड़क पर चिपचिपा तेल बिखेर देंगे और तेज़ गाड़ी चलाने कहेंगे। आपकी 'लाइन-लेंथ' सब बिखर जायेगी। अचानक सामने जानवर और आदमी के पुतले आ

   ख़ुशहाली का पंचनामा

जाएँगे, आपको बचा कर निकलना है। शहर के व्यस्त इलाकों में एक घंटे गाड़ी चलवाएँगे और हर नियम मानते गुज़रने कहेंगे। और-तो-और यह अंधेरा देश है, जहाँ सूर्य देवता भी कम ही नज़र आते हैं। इसलिए लाइसेंस का एक पड़ाव अंधेरी रात में गाड़ी चलाना भी है। अब इतना ठोक-बजा कर देखने के बाद जो ड्राईवर निकलेगा, उसे 'फ़ार्मूला-वन' में भेज ही देना चाहिए। अभी लाइसेंस का मामला ख़त्म हुआ नहीं। कुछ और परिक्षाएँ बतानी बाकी हैं।

एक दिन यहाँ से स्वीडन ले जाएँगे, विदेशी सीमा और वहाँ के नियम सिखायेंगे। ये आठ घंटे की ड्राइविंग होगी और आपको एक 'पेपर-मैप' दिया जाएगा। सारी योजना आपको ही बनानी है। नकली 'एक्सिडेंट' स्थल बनायेंगे और आपको 'फर्स्ट-ऐड' और 'सी.पी.आर.' (एक तरह का मृतसंजीवनी प्रयोग) करने कहेंगे। मुझे सभी पड़ाव से गुज़र कर लगा कि 'पाइलट लाइसेंस' की तरह ड्राइविंग लाइसेंस है यहाँ। मेरे कुछ नॉर्वेजियन मित्र तो आज तक नहीं बनवा पाए। कुछ को साल लग जाते हैं, हर स्टेज पार करते। अमूमन सोलह वर्ष की अवस्था से कोर्स चालू होता है, ताकि अठारह वर्ष की उम्र तक लाइसेंस मिल जाए।

पर इतनी फ़ज़ीहत क्यों? इससे इन्हें मिलता क्या है?

नॉर्वे और फिनलैंड विश्व के सबसे कम 'ऐक्सीडेंट' वाले देश हैं। जबकि यहाँ 5-6 महीने बर्फ़बारी है, सूरज नहीं उगता, घनघोर अंधेरा, पहाड़ी घुमावदार रास्ते। ऐसे में गाड़ियाँ चलें और विश्व में सबसे कम 'ऐक्सीडेंट' हो, यह कैसे संभव है? न बस गड्ढे में गिरी, न किसी ने यूँ ही गाड़ी ठोक दी।

मेरा मानना है कि ये लोग प्राकृतिक आपदाओं का रोना नहीं रोते, जीने का तरीक़ा सीख लेते हैं।

शुक्रवार की शाम को देखा, पेट्रोल-डीज़ल के दाम अचानक महँगे हो गए। वह भी पूरे 25 प्रतिशत। रविवार दोपहर को घट कर सबसे कम हो जाएँगे। फिर सोमवार की दोपहर को सबसे महँगे हो जाएँगे। पूरे हफ़्ते पेट्रोल के दाम ऊपर-नीचे होते रहेंगे। यह विचित्र मूल्य-ढाँचा है। एक-दो प्रतिशत नहीं, पूरे पच्चीस-तीस प्रतिशत का फ़र्क़! यह क्यों है आख़िर? तर्क क्या है?

नॉर्वे और नीदरलैंड विश्व के दो ऐसे देश हैं, जहाँ सबसे महँगा पेट्रोल मिलता है। नीदरलैंड की जो भी वजह हो, नॉर्वे का समझ नहीं आता। नॉर्वे एक तेल-उत्पादन करने वाला देश है। इसकी पूरी अर्थव्यवस्था ही तेल पर टिकी है। जब यहाँ तेल नहीं मिला था, यह देश यूरोप के बाक़ी देशों से ग़रीब था। यहाँ के लोग बताते हैं कि शहर में इक्का-दुक्का गाड़ियाँ दिखती थी। कठिन जीवन था। तेल से अमीर हुए मध्य-एशिया के देशों में तेल चिल्लड़ में मिलता है। कुवैत में दुनिया का सबसे सस्ता पेट्रोल है, फ़िर नॉर्वे में दुनिया का सबसे महँगा क्यों?

यहाँ के लोग बताते हैं कि नॉर्वे सरकार पेट्रोल पर मोटा टैक्स लगाती है। इसकी दो वजह है। एक कि सरकारी ख़ज़ाना दिनानुदिन बढ़े और तमाम जनकल्याण की पूर्ति की जा सके। और दूसरी, कि यहाँ के लोग पर्यावरण पर ध्यान दें। पेट्रोल-डीज़ल गाड़ियाँ कम चलें। नॉर्वे ने ठान लिया है कि 2025 ई. तक यह नई गाड़ियाँ बनानी या आयात करनी बंद कर देगी। यानी पूरी दुनिया को पेट्रोल बेच कर ख़ुद संत बन जाएँगे। अजीब तर्क है। और हद है कि कोई विरोध भी नहीं करता। लगभग हर राजनीतिक दल समर्थन दे रहे हैं।

लेकिन फ़िर भी हर हफ़्ते में हर दिन दाम में बदलाव क्यों? मुझे कोई सही उत्तर नहीं दे सका। कुछ शोध किया तो कठिन अर्थशास्त्र के नियम मिले कि प्रतियोगिता में आगे रहने के लिए अलग-अलग पेट्रोल पंप दाम बदलते रहते हैं। पर यह बात जमी नहीं। सब मिलकर एक निर्णय क्यों नहीं लेते? भारत में आधी रात को अचानक दाम दो रुपए बढ़ते हैं, फ़िर पूरे देश में कमोबेश वही रहते हैं। एक राज्य में तो कम से कम एक ही दर। कर्नाटक में महँगी, तमिलनाडु में सस्ती, दिल्ली में सस्ती पर मामूली फ़र्क़। हर पेट्रोल पंप में अलग दाम तो नहीं होते।

कारण जो भी हो, हर सोमवार सुबह-सुबह लोग पेट्रोल पंप पहुँच जाते हैं, क्योंकि दस बजते ही पेट्रोल के दाम पच्चीस प्रतिशत बढ़ जाएँगे। इस वजह से सोमवार की ऑफ़िस सब समय से पहुँच जाते हैं। कोई देर नहीं करता और हफ़्ता आराम से चलता है। फ़िर शुक्रवार की शाम पेट्रोल महँगा। यानी आप लंबी दूरी चलाना कम चाहेंगे। रविवार दोपहर का इंतजार कर लेंगे। पूरा 'वीकेंड' घर में परिवार के साथ बिताएँगे। जिसे दूर निकलना है, वह ज़्यादा दाम भरे और घूमे। घूमना अय्याशी है, बुनियादी ज़रूरत नहीं, इसलिए उसका शुल्क तो देना होगा।

 ख़ुशहाली का पंचनामा

काम पर जाना बुनियादी ज़रूरत है, अय्याशी नहीं। इसलिए दाम रविवार की शाम से सोमवार की सुबह तक सस्ते। अब इतना कौन सोचेगा? पर इस वजह से यहाँ के लोगों का जीवन बदल गया है। यह 'वीकेंड' पर गाड़ी नहीं चलाते, शराब पीते हैं। शराब पीकर गाड़ी चलाना तो मना ही है। 'वीकेंड' पर पेट्रोल भी महँगा है, तो क्यूँ चलाएँ? गर ग़ौर से देखें, तो सभी पहलू एक-दूसरे से जुड़े हुए हैं।

दुबारा यह बात कह दूँ। यह देश पेट्रोल बेच कर चलता है। यहाँ के लोग पेट्रोल की कमाई से जीते हैं, तमाम सुविधाएँ लेते हैं और इनका ही फ़ैसला है कि कुछ वर्ष बाद यहाँ पेट्रोल गाड़ियाँ नहीं चलेंगी। मुझे बात समझ नहीं आई। आप अपनी-अपनी समझ लगा लें।

कभी-कभी मुझे लगता है, मुहम्मद शाह रंगीला का पुनर्जन्म नॉर्वे में हुआ। यहाँ अजीबो-ग़रीब फ़रमान निकलते हैं। भारतीय मैगी-वैगी तो सालों पहले बैन हो गई, रेडबुल भी बैन हैं। कुछ केमिकल ज़्यादा-कम का लोचा था। यह कोई नयी बात नहीं, पर यहाँ फ़रमान निकलना रोज़मर्रा है। हर तीसरे महीने सरकार कुछ नया आइडिया लेकर आ जाती है और सभी लोग कुछ दिन विरोध कर आख़िर मानने भी लग जाते हैं।

मुझे यहाँ के भारतीयों ने बताया कि सरकार चाहती है कि हर व्यक्ति तैरना सीखे। अब यह कैसे मुमकिन है? कई लोग जो अफ्रीक़ा-अरब से शरणार्थी बन कर आए, ख़ास कर महिलाएँ, उनका क्या? पर सरकार ने मना-बूझा कर तैरना सिखाना शुरू किया। उन्हें 'बुर्किनी' पहनने की इज़ाज़त दे दी और तैरना सीख गए। चालीस-पचास वर्ष की ढुल-मुल शरीर वाली महिलाएँ भी तैरना सीख गईं।

बच्चों को तैरना सिखाना तो यह दो-तीन वर्ष के उम्र से ही शुरू कर देते हैं। यह सब सरकारी व्यवस्था है। इनका एक राष्ट्रीय प्रोग्राम है, उसके तहत एक ख़ास तरीक़े से प्रशिक्षण दिया जाता है। उनके अपने तैराकी स्कूल के 'ग्रेड' चलते हैं। बच्चा पहले पानी में उछल-कूद करता 'डॉल्फ़िन' कहलाता है, फ़िर तैरता 'कछुआ' और फ़िर गोते लगाता 'सील'। आख़िर वह तमाम 'स्ट्रोक' सीखता तैराक बन जाता/जाती है।

पर जितना मैं इस कल्याणकारी राज्य को समझा हूँ, यह घाटे का सौदा नहीं करती। आख़िर क्यों तैरना सिखा रही है? इससे सरकार को मिलेगा क्या? मुझे लगता है इसकी वजह भी वित्तीय है।

नॉर्वे नदी-नालों-समंदर का देश है। इस हद तक कि नदियाँ और समुद्र 'हाईवे' के हिस्से हैं। आप सड़क से 'गूगल-मैप' देखते जा रहे हैं, अचानक सड़क ख़त्म हो जाती है और नदी शुरू। आपकी गाड़ी एक बोट पर चली जाती है और आप नदी पार कर फ़िर से सड़क पर आ जाते हैं। ये सब बिल्कुल 'स्मूथ' होता है। ऐसे में वे यह नहीं चाहते कि कोई डूब कर मर जाए। हर मौत पर सरकार को लगभग डेढ़ करोड़ रुपए का नुक़्सान होता है। इसलिए कुछ जनता-शुल्क और कुछ अपनी तरफ़ से हज़ार-दो हज़ार रुपए लगा सबको तैराकी ही सिखा डाला। अब कम से कम डूब के तो कोई नहीं मरेगा। मरने भी लगा तो दूसरा बचा लेगा। न कोई दुर्घटना में मरेगा, न सहायता राशि देनी होगी।

मैं बात कर रहा था कि गाड़ियाँ नाव पर चढ़ कर जाती हैं। यह कोई भारत के लिए अजूबी बात नहीं। भारत के बाढ़-प्रभावित क्षेत्रों या दुर्गम क्षेत्रों में गाड़ियाँ नाव पर चढ़ कर जाती रही हैं। पर नॉर्वे में यह जीवन का अभिन्न हिस्सा है।

कई रास्तों पर हालात ये है कि दस-बारह घंटे के सफ़र में पाँच घंटे आप जहाज़ पर ही बिताते हैं, वह भी पाँच बार जहाज़ बदल कर। पर इसमें कुछ असुविधा नहीं महसूस होती। 'हाई-वे' पर चलते रहिए, सड़क ख़त्म होते ही एक नाव पर गाड़ी ले जाएँ और वापस उतर कर गाड़ी चलाते रहें। फ़िर नाव पर चढ़ जाएँ और उतर जाएँ। इस बहाने कुछ आराम भी हो जाता है। नाव पर चाय वग़ैरह पी, नज़ारे देखे और फ़िर हाथ-पाँव सीधा कर गाड़ी चलाने लगे।

मैं कभी-कभी सोचता हूँ, यह एक ही बार पुल क्यों नहीं बना लेते? नाव के ख़र्च बच जाएँगे? पटना में गाँधी-सेतु बना तो पहलेज़ा घाट से नाव चलनी बंद हुई। और ये अब तक नाव-युग में ही हैं? दरअसल पुल बनाना आसान नहीं और एक पुल के चक्कर में कितना पर्यावरण नष्ट होगा? कितने पहाड़ों को तोड़ा जाएगा? और आख़िर इस देश में कितने पुल बनेंगे? नाव सस्ता उपाय ही है और

   ख़ुशहाली का पंचनामा

जो 'टॉल-टैक्स' लोग पुल पर देंगे, वह नाव पर दे दें। वैसे पटना के गाँधी-सेतु की हालत भी जर्जर ही है। नाव गर कुछ बोझ ले ले, तो पुल का बोझ घट जाए। और कई स्थानों पर तो न सेतु है, न नाव। 'रिवर-हाई वे' या पुल या दोनों? पता नहीं क्या ठीक रहेगा? पर कुछ-न-कुछ परिवहन व्यवस्था हो ज़रूर।

नॉर्वे के दो पुल विश्व-प्रसिद्ध हैं। एक है 'अटलांटिक ओसियन रोड' जो एक इंद्रधनुष की तरह आकाश को छूता नज़र आता है। पूर्णिमा की रात को ख़ास कर फ़ोटोग्राफ़र वग़ैरह पहुँचते हैं और पुल को सीधा चंद्रमा से मिलते देखते हैं। मैं भी कैमरा लेकर पहुँच गया, पर जगह इतनी ख़ास लगी नहीं और रात तक इंतज़ार न कर सका। यह है बस दिखावे का पुल, पर इसको इतना मार्केट किया गया कि यह अजूबा सिद्ध हुआ।

जो भी सैलानी आता है, उसकी तमन्ना होती है कि इस पुल पर जाए। हालात ये हो गए कि पुल की कुल लागत और ब्याज 'टॉल-टैक्स' से इतनी जल्दी वसूल हो गए कि सरकार ने इसे मुफ़्त कर दिया और इसे 'टूरिस्ट-स्पॉट' बना दिया। मतलब अमूमन पुल बनाते नहीं और जब बनाते हैं तो उससे भी धन अर्जित कर लेते हैं। ये अजीब मामला है।

अब कोपेनहैगन की ओर जाने वाले पुल को ही लें। यह आधा समुद्र के नीचे है, आधा समुद्र के ऊपर। भला पानी के नीचे भी कोई पुल बनाता है? पर इन्होंने ऐसा ही कर दिया। इसके वैज्ञानिक तर्क भी थे कि पुल का एक सिरा समुद्र के नीचे सुरंग बना कर बनाना पड़ा, लेकिन फिर भी यह विचित्र नज़र आता है। गाड़ी ऊपर से आई और धीरे-धीरे समुद्र के तल में चल गई। जल-समाधि लेकर ही कोपेनहैगन की पावन भूमि पर प्रवेश! जब-जब ऐसी तकनीकी विचित्रता को देखता हूँ, लगता है कि विषमताओं पर विज्ञान की फ़तह भी हो रही है और शिकस्त भी। विज्ञान को प्रकृति ने ऊपर से पुल न बनाने दिया, तो विज्ञान ने सर झुका कर अपनी हार मान ली और सौम्यता से समुद्र में समा गया।

फोटो: अटलांटिक ओसन रोड

डाकिया युग भारत से ख़त्म हो गया, पर नॉर्वे आज भी उसी आदिम युग में है। यहाँ चिट्ठियाँ लिखना, जवाब देना डाक से ही चालू है। लाल डिब्बे लटके पड़े हैं और हर रोज़ एक डाकिए की दोपहिया चिट्ठी लेकर आ रही है। यहाँ के सरकारी डाकख़ाने और डाकिये कहीं भी चिट्ठी वक़्त पर पहुँचा देते हैं, चाहे किसी पहाड़ पर आपका इकलौता घर क्यूँ न हो।

मैं मरीज़ों के संबंध में बाक़ी चिकित्सकों से बात भी चिट्ठी लिखकर करता हूँ। भारत में हम फ़ोन कर लेते थे या 'ई-मेल'। यहाँ भी करते हैं, पर सिर्फ़ 'इमरजेंसी' मामलों में। यहाँ ख़्वाह-म-ख़्वाह न कोई फ़ोन करना, न सुनना पसंद करता है। चिट्ठी-पत्री सुलभ है। आप आज लिखें। कल या परसों वहाँ से जवाबी चिट्ठी आ जाएगी। चिट्ठी से ही अधिकतर सरकारी-प्राइवेट संवाद होते हैं। आजकल 'डिज़िटल पोस्ट' चल पड़ा है, लेकिन वह भी डाक-संवाद ही है। 'कूरियर' के संबंध में पूछो तो मीलों दूर कोई मिलेगा। वह भी कुछ अंतरराष्ट्रीय पैकेट भेजने के लिए। चिट्ठी कोई 'कूरियर' से नहीं भेजता।

मुझे शुरुआती दिनों में यह बड़ा गंवई अंदाज़ लगा कि अब तक यह डाकिया-युग में हैं। अमरीका में डाक से कारोबार होता था, पर 'फ़ेडेक्स'

 ख़ुशहाली का पंचनामा

'कूरियर' ने भी अच्छा जाल बिछा रखा था। सरकारी डाकिए पर कितना भरोसा करूँ? कोई ज़रूरी काग़ज़ हो तो? पर धीरे-धीरे विश्वास जमने लगा। चिट्ठियाँ समय से आतीं। एक भी ग़लत पते पर नहीं गईं। न ही देर से आई। भारत के अपने 'पोस्ट-कार्ड' और अंतर्देशीय पत्र की याद आ गई।

और यह गंवई अंदाज़ भले ही हो, आधुनिक है। चिट्ठियाँ पहुँचाने के उस्ताद तकनीकी उस्ताद भी हैं। स्विट्ज़रलैंड में तो ड्रोन से पार्सल पहुँचाए जा रहे हैं, जो जल्द नॉर्वे में भी हो जाएगा। हर पता डिज़िटल तरीक़े से सुनिश्चित है। जल्द रोबोट घूम-घूम चिट्ठियाँ बाँटेंगे।

हर घर के बाहर एक 'पोस्ट-बॉक्स' का डिब्बा लगाना अनिवार्य है, जिस पर नाम लिखा हो। डाकिये आपको पहचानने लगते हैं, जैसे कभी भारत में पहचानते थे। मैं भारत से अक्सर चायपत्ती मँगवाता हूँ, तो मेरे परिजनों को भारतीय डाक इस्तेमाल करना होता है। उन्हें विश्वास नहीं होता, बिहार के जर्जर मकान में भारतीय डाकख़ाने से चाय वाक़ई नॉर्वे पहुँच पाएगी। इत्मीनान रखिए, भारतीय डाक भी नॉर्वे से रत्ती भर कम नहीं। मैं ये प्रक्रिया कई बार कर चुका हूँ और भारतीय डाक ने 'कूरियर' को मात दिया है। और फिर 'इंडिया' का ठप्पा भी तो ये 'फ़ेडेक्स' वाले नहीं मार सकते।

और मीडिया?

आप टी.वी. में क्या देखते हैं, रेडियो में क्या सुनते हैं, इससे कोई मतलब नहीं। नॉर्वे में आपको राष्ट्रीय चैनलों को हर साल लगभग 500 अमरीकी डॉलर देना ही होगा। NRK, जो नॉर्वे की राष्ट्रीय मीडिया है, उसकी रंगदारी कहिए या सरकारी नीति। उनके पास इतने पैसे आ गए कि प्राइवेट चैनल पीछे छूट गए। मैंने तो तब से ये सरकारी चैनल ख़ास देखने शुरू किए, जब से पैसे लगे।

भारत में दूरदर्शन देखना कब बंद किया होगा, याद नहीं। एक समय था जब दूरदर्शन का एकाधिकार था और एक दिन बाकी देशों की तरह भारत में भी तमाम देशी-विदेशी प्राइवेट चैनलों ने सशस्त्र हमला कर दूरदर्शन का तख़्ता-पलट कर दिया। कुछ वर्ष वह सर्वहारा के आहार रहे। अब कोई यूँ ही रहम खाकर या नॉस्टैल्जिया में देख ले तो देख ले।

ऐसा नहीं कि नॉर्वे पर चैनलों का आक्रमण नहीं हुआ। अस्सी के दशक में जब भारत में तमाम चैनल आए, यहाँ भी आए। लेकिन वे न गुणवत्ता में टिक पाए, न धन की शक्ति में। और धन भी किसका? यहीं की जनता का, सरकार का और विज्ञापनों का। भारत में भी घुमा-फिरा कर दूरदर्शन हमारे धन से ही चलता है, पर सीधे आपके घर बिल नहीं भेजता। कोई अनिवार्य शुल्क नहीं और ठीक भी है। पर अगर यह शुल्क हर उस व्यक्ति को लगे, जिसके पास टी.वी. है, तो इतनी बड़ी जनसंख्या के लिए दूरदर्शन को संजीवनी देना या प्राइवेट चैनलों से अधिक धन अर्जित करना मुमकिन हो। ख़ैर।

नॉर्वे के सरकारी रेडियो, अख़बार और टी.वी. बहुत ही उच्च गुणवत्ता के हैं। इनके अंतरराष्ट्रीय डॉक्यूमेंट्री देख मैं हैरान रह जाता हूँ कि यह चैनल देश से बाहर क्यों नहीं जाते? वजह स्पष्ट है। यह ऐसी भाषा में होती है जो नॉर्वे से बाहर बोली नहीं जाती। पर यह भाषा जो समझता हो, वह बाकी अख़बार पढ़ना धीरे-धीरे त्याग देगा।

एक ख़ुशहाल देश के उन्मुक्त अख़बार पढ़ने और सरकारी टी.वी. देखने में एक अलग ही आनंद है। हालांकि मुझे जाती तौर पर दूरदर्शन का 'राज्य सभा

  ख़ुशहाली का पंचनामा

टी.वी.' बेहद पसंद है, पर छुप-छुप कर ही देख पाता हूँ। अन्यथा मित्र-परिजन कभी अति-अभिजात्य, कभी गया-गुज़रा क़रार देते हैं।

यहाँ की सरकारी मीडिया में एक और बात है: स्वतंत्रता। नोबेल पुरस्कार की घोषणा से ठीक पूर्व यहाँ की सरकारी प्रेस अपनी ही नोबेल कमिटी के ख़िलाफ़ यह रिपोर्ट निकालती है कि वह पुरस्कार देने में कुछ लॉबिंग करते हैं और पैसों का भी खेल चल रहा है। सरकारी मीडिया दक्षिण कोरिया के राष्ट्रपति को दिए नोबेल पर प्रश्न उठाती है। इस बात से तो विश्व के सबसे सम्माननीय पुरस्कार, जो नॉर्वे में ही दी जाती है, उस पर बट्टा लगेगा। यह आरोप कोई और लगाता तो ठीक है, पर अपना ही सरकारी अख़बार?

यह अजीब बात है कि प्रेस (प्रिंट और टी.वी.) सरकार के अधीन या सहयोग-प्रदत्त है और फिर भी 'प्रेस फ्रीडम इंडेक्स' में नॉर्वे विश्व में पहले पाँच देशों में है। नॉर्वे की मीडिया स्कैंडिनैविया के अन्य देशों की तरह सालों से शिखर पर है। यह सरकार से ही धन लेती है और समय-समय पर सरकार की खूब निंदा भी करती है। देश के दूरदर्शन पर सरकार की निंदा कितनी की जा सकती है? भारत का सरकारी अख़बार तो ख़ैर है नहीं। पर होता तो सरकार का समर्थन ही करता। नॉर्वे में यह समस्या क्यों नहीं आई? यह जानने के लिए इस देश की जड़ों में जाना पड़ेगा।

1960 ई. से पहले नॉर्वे मीडिया भी स्वतंत्र न थी। हर पार्टी के अपने-अपने अख़बार थे। हर शहर में 5-6 अख़बार थे और लोग अपने पंथ के हिसाब से अख़बार ख़रीदते थे। एक ही समाचार को सब अपने हिसाब से तोड़-मरोड़ कर दिखाते। विश्व-युद्ध के समय नाज़ी-समर्थक अख़बार भी थे। पर जब हिटलर की सेना नॉर्वे में घुस गई और प्रधानमंत्री ब्रिटेन के संरक्षण में छुप गए, तब जनता का चरम राष्ट्रवाद से मोह-भंग हुआ। जनता की मांग पर ही इन नाज़ी राष्ट्रवादी प्रेस पर ताले लगवा दिए गए।

आख़िर एक कानून बनाया गया और सरकार ने सम्मिलित रूप से प्रेस की ज़िम्मेदारी ली। अब पत्रकारों पर किसी पार्टी का दबाव नहीं थी। वह अब देश की मीडिया थी, किसी ख़ास पंथ की नहीं।

पर मामला बस इतना ही नहीं। एक 'वेलफ़ेयर स्टेट' (जनकल्याणकारी देश) में सरकार-प्रदत्त तो सब कुछ ही कमोबेश है। यहाँ के लोग अब इसे अपना अधिकार समझते हैं कि सरकार हमसे कर/शुल्क ले, हमारे संसाधनों से धन अर्जित करे और बदले में तमाम सुविधाएँ दे। अब मीडिया को गर सरकार सहयोग दे ही रही है, तो यह उस मीडिया के लिए कोई विचित्र बात नहीं। वह सरकार के सामने क्यों झुके? इतना ही नहीं, मीडिया जनता से सीधे तौर पर शुल्क लेती है तो इसकी अर्थव्यवस्था में जनता का भी योगदान है। स्वाभाविक है, जनता के लिए उत्तरदायित्व होगा ही। सरकारी प्रेस यहाँ लोकतंत्र के एक सशक्त स्तंभ की भूमिका निभाती है।

आज भारत के कई निजी चैनलों पर आरोप लगाए जाते हैं कि वो ख़ास पंथ या पार्टी का विरोध अथवा समर्थन करते हैं। सरकारी चैनल सरकार का विरोध नहीं करती और निजी चैनलों की अपेक्षा कम लोकप्रिय नज़र आती है। यह भी स्पष्ट है कि सरकारी चैनल कम फ़ायदे (घाटे?) में चल रही है। मैंने सोचा कि हर भारतीय परिवार सरकारी मीडिया को कुछ चंदा दे और उसकी लोकप्रियता को बढ़ाने में योगदान। फिर क्या दूरदर्शन एक स्वतंत्र और सशक्त पहचान बना पाएगी?

रेडियो की बात करता हूँ। अप्रैल 2017 से कार का FM पूरी तरह काम नहीं कर रहा। आख़िर नया रेडियो लगाना पड़ा। डिजिटल रेडियो।

नॉर्वे विश्व का पहला देश बन गया जिसने पुराने ट्रांसमिशन टावर वाले FM रेडियो बंद कर दिए और इंटरनेट चालित डिजिटल रेडियो की नींव रखी। इस तरीके से सरकार प्रति वर्ष 200 मिलियन क्रोनर बचाएगी। हाँ, मेरा ज़रूर 1500 क्रोनर का नया रेडियो लगाने का चूना लगा। यहाँ एक तो कई पहाड़, खाई, नदियाँ और बर्फ़ीले दुर्गम इलाके हैं। ऐसे में रेडियो के टावर अलग, इंटरनेट के अलग करने से आसान है कि एक ही नेटवर्क हो। इंटरनेट तो ज़रूरी है ही, तो वो हर जगह पहुँच गई। अब उसी पर रेडियो। कुल 22 सरकारी चैनल, बाकी प्राइवेट तो विश्व के कई चैनल हैं। यह ग़ज़ब की रेडियो क्रांति है।

यहाँ वैसे टी.वी. भी हर तीसरे घर में डिजिटल ही है। इंटरनेट टी.वी.। भारत में भी धीरे-धीरे लोकप्रिय हो रहा है। नॉर्वे में सेट टॉप बॉक्स और डिश

 ख़ुशहाली का पंचनामा

ऐंटीना अब कम दिखते हैं। एक मोडम से टी.वी., रेडियो, इंटरनेट सब चलाओ। आवाज़ भी बुलंद और साफ़ आती है और हम उम्मीद में हैं कि भारतीय चैनल भी सारे आने लगेंगे।

कुछ दिनों पहले भारत के बाढ़ प्रभावित क्षेत्रों में स्थानीय रेडियो की बात चर्चा में थी। नॉर्वे तो हर तरह से दुर्गम है। मौसम अति-प्रतिकूल, सूर्य का न दिखना, बर्फ़ के ग्लेसियर, अजीब से पहाड़ और फ्योर्ड। पर इस देश ने हर रास्ते ढूँढ लिए हैं। अब प्रकृति ने दुर्दशा की तो इसमें रोना क्या? रेडियो डिजिटल हो गया।

विश्व में कई दुर्गम इलाके हैं और कई स्थानीय मुद्दे हैं। जब ध्रुवीय क्षेत्रों में इंटरनेट रेडियो-टी.वी. पहुँच गया तो भारत के बीहड़ क्षेत्रों में भी मुमकिन है। जुगत लगानी होगी। डिजिटल रेडियो लाना शायद एक विकल्प होगा। नॉर्वे ने शुरुआत की। अब स्विट्ज़रलैंड ने फ़िलहाल तय कर लिया है। कहाँ रेडियो स्टेशन, टावर, ट्रांसमिशन के चक्कर में दिमाग़ और लोग खपाएँगे! सब डिज़िटल रेडियो चलाएँगे।

❑

बिदेसिए?

“हाँ! यहीं रख दो ये लकड़ियाँ। पिछली क़िश्त भी अब ख़त्म होने वाली है। इस बार तो गज़ब की बर्फ़ पड़ी है।”

“अब कहाँ पड़ती है बर्फ़? पहली दफ़े क्रिसमस में बर्फ़ का एक ढेला भी न गिरा।” तनाका ने लकड़ियाँ रखते हुए कहा।

“अच्छा हाँ। मैंने भी सुना था, नॉर्वे में 6 महीने बर्फ़ पड़ती है। दो साल से बस चार महीने की बर्फ़बारी देखी है बस।”

“आप तो अभी आए हो। मुझे तो 11 वर्ष हो गए यह सब देखते।”

तनाका अल्बानिया से हैं। उनके पिता अल्बानिया के साम्यवादी तानाशाह अनवर हूडा के विरोधी गुट के छोटे-मोटे मुनीम थे। उनके परिवार को आख़िर भाग कर ग्रीस के क्रेटा द्वीप पर बसना पड़ा। वैसे उनके अनुसार ग्रीस की एक बड़ी जनसंख्या अल्बानिया के लोगों की है। अधिकतर लोग तब आए जब अल्बानिया से साम्यवाद का अंत हुआ। अनवर हूडा की सरकार तानाशाह ज़रूर थी, पर उस समय अल्बानिया की अर्थव्यवस्था अच्छी थी। यह सब सुनाते तनाका कोई गीत गाने लगते हैं। उनके अनुसार इस गीत में ‘लाल सत्ता’ की तारीफ़ है।

“भाई! तुम्हारे पिता को भगा दिया, फिर भी?”

“वह हमारा देश है। हमारी मिट्टी है। रंग लाल जब था, तो हम ग्रीस से कहीं अमीर थे। मेरे पिता भी कभी नहीं आना चाहते थे।”

“ऐसा क्या हुआ नयी सरकार के समय?”

“इन कमीनों ने जनता के पैसे किसी ‘पॉजी स्कीम’ में लगा दिए।”

“चिट-फन्ड! हमारे देश में भी पॉपुलर थे कभी। आज भी हैं।”

“हाँ! पर हमारे देश के एक-तिहाई लोग कंगाल हो गए। सरकार ने भी बहुत पैसा लगाया था। सब डूब गया।”

“एक देश की सरकार ने ‘चिट-फंड’ में पैसे लगाए?”

“अनवर होते तो कभी न करते। ये तो ‘साली बेरीशा’ और उनकी टीम का किया धरा है। वही राष्ट्रपति थे। लगभग आधा देश अल्बानिया छोड़ कर भाग आया। मेरे चाचा और मेरे पिता का बहुत बड़ा फ़ार्म है वहाँ। सब छूट गया।”

“ओह! और तुम यहाँ बर्फ़ में लकड़ियाँ काट रहे हो?”

“यहाँ तो फिर भी लकड़ियाँ काट रहा हूँ। ग्रीस में तो सोलह घंटे काम करता हूँ। ट्रक चलाता हूँ, बर्तन साफ़ करता हूँ, होटल में खाना भी बनाता हूँ। ग्रीस भी डूब गया अब।”

“भाई तुम जहाँ जाते हो, वह देश डूब जाता है। अब लगता है नॉर्वे डूबेगा।”

“सही कह रहे हो! तेल संकट तो शुरू हो चुका है। हाहाहा!”

तनाका को यहाँ बस शीतकालीन वीज़ा मिलता है। बर्फ़बारी के समय नॉर्वे विश्व के कई देशों से मज़दूर मँगाता है। बर्फ़बारी ख़त्म होते ही वे अपने देश लौट जाते हैं। तनाका अकेला नहीं है, उसका भाई आरोन भी है। तुर्की के कई लोग हैं। और अब तो सीरिया से रेफ़्यूजी भी आ रहे हैं। जो थोड़े हट्टे-कट्टे मज़दूर दिखते हैं, उन्हें अक्सर रख लेते हैं।

नॉर्वे में बर्फ़ गिरती नहीं, नॉर्वे बर्फ़ में ही जीता है। 20-25 से.मी. मोटी बर्फ़ की परत जम जाती है सड़कों पर, घर की छतों पर, गाड़ियों पर, चर्च पर, स्कूलों में, अस्पतालों में, वृद्धाश्रमों में, हवाई पट्टियों पर। पर यह सब रातों-रात साफ़ हो जाता है। स्कूलें बंद नहीं होती, अस्पताल को कुछ फ़र्क नहीं पड़ता, सड़कें साफ़ होती है, ट्रेन समय पर चलती है। सब कुछ यथावत। शीतकाल में जब लंदन, पेरिस, एम्सटरडम हर जगह फ़्लाइट ‘डिलेड’ होती हैं, ओस्लो एयरपोर्ट कभी ‘डिले’ नहीं होता। जबकि ओस्लो जितनी बर्फ़ शायद ही किसी और एयरपोर्ट पर गिरती हो। यह ज़िम्मेदारी ‘सीज़नल वर्कर’ और रेफ़्यूजियों के कंधों पर होती है, जो नॉर्वे को रुकने नहीं देते।

“कमा कितना लेते हो?”

“जितना अपने देश में साल के 8 महीने में कमाता हूँ, उसका तीन गुना यहाँ चार महीने में कमा लेता हूँ।”

“अच्छा? मेरी कमाई तो पूरे साल एक समान है।”

“आप भी रात को काम करना शुरू करो। पैसे से नहला देंगे ये।”

“भाई! इसी मेहनत से तो भाग कर आया हूँ। मैं भी हिंदुस्तान में 12 घंटे काम करता था।”

“हट्टे-कट्टे हो। 18 घंटे काम करो।”

“तो नॉर्वेजियन ख़ुद क्यूँ नहीं करते?”

“बेवकूफ़ हैं। दिन भर दौड़ते रहेंगे, पहाड़ चढ़ते रहेंगे, मछली मारते। अजी, इससे बेहतर कुछ काम कर लो। कर्म ही जीवन है, कर्म से बढ़कर कुछ नहीं।”

“ऐसा तो गीता में लिखा है। तुमने कहाँ पढ़ा?”

“कहीं नहीं। जीवन में थपेड़े खाकर सीखा है।”

नॉर्वे ठीक चार बजे शाम बंद हो जाता है, लगभग। तीन बजकर पचपन मिनट में एक ऑफ़िस व्यस्त नज़र आएगा, सब नज़र गड़ाए काम कर रहे होंगे। चार बजकर पाँच मिनट में वही ऑफ़िस सुनसान नज़र आएगा। बिल्कुल स्कूल की घंटी की तरह ठीक चार बजे सब भाग लेते हैं। जो फ़ाइल जिस स्थिति में हो, वैसी ही छोड़कर। शहर की सभी दुकानें 7 बजे तक खुली होती हैं, कुछ 7 बजे तक, कुछ 8 बजे तक और शहर की बस एक-दो दुकानें 10 बजे तक।

रविवार को नॉर्वे की एक भी दुकान खुली नहीं होती। अस्पतालों में चार बजे के बाद बस आपातकालीन सेवाएँ चलती है, जिसके अंदर आप यूँ ही नहीं घुस सकते। आप से फ़ोन पर बात होगी, ग़र बीमारी में दम हुआ तभी एंट्री मिलेगी। पुलिस थाने तक बंद हो जाते हैं। चोरी वग़ैरह की रपट तो सोमवार को ही लिखी जाएगी, बाकी कुछ बड़ा जुर्म हुआ हो तो और बात है। वैसे नॉर्वे के बड़े जुर्म है ट्रैफ़िक नियम तोड़ना, जो कई जगह मशीनों या कैमरा द्वारा पकड़े जाते हैं। उसके लिए पुलिस रात को जागती नहीं। ग़र कोई रात को जागता है, तो वो है रेफ़्यूज़ी, पाकिस्तानी और मध्य-एशिया के मज़दूर।

बस एक ही दुकान 24 घंटे खुली होती है, वो है पेट्रोल-पंप के अंदर की दुकानें जिसे यहाँ ‘बेन्सिन-स्टेशन’ कहते हैं। इनमें अन्य दुकानों से दोगुनी या

ख़ुशहाली का पंचनामा

तिन गुने दाम पर सामान बेचे जाते हैं। इन दुकानों के सारे कर्मचारी लगभग बाहरी देशों के हैं। ये नॉर्वेजियन के बस की नहीं कि रात को जगकर काम करें। सरकार की तरफ से निर्देश है कि इन सभी शाम या रात के कर्मियों को अधिक पैसा ('क्वेल्स त्रिग') मिले और इस मोह में सब पिले पड़े हैं। अस्पतालों की आपातकाल सेवा में अधिकतर पाकिस्तान और सर्बिया वग़ैरह के डॉक्टर-नर्स। रात्रि को टैक्सी चलाने वाले अफ़ग़ानी, लिथुयानी, अफ़्रीकी या इराक़ी लोग हैं। इन सबकी कमाई भी नॉर्वेजियन से ज्यादा बनती है, पर इनकी ज़िंदगी उनकी बराबरी कभी नहीं कर पाती। वे जब घर लौटते हैं, बच्चे स्कूल जा चुके होते हैं।

मार्कस तुर्की से हैं और यहाँ घरों में आगज़नी रोकने का काम करते हैं। चूँकि पूरा नॉर्वे लकड़ी के घरों पर टिका है, आगज़नी एक बड़ी समस्या है। यह सुरक्षा सरकार और आगज़नी बीमा कंपनियों के मत्थे है, जो घर-घर में विभिन्न व्यवस्थाएँ करती है। मार्कस दिन-रात यह काम कई सालों से कर रहे हैं।

"मार्कस! आपका पारिवारिक जीवन कैसे चलता है? रात को काम करना तो कठिन है।"

"अजी! मेरी एक तलाकशुदा पत्नी और तीन बच्चे हैं। वह नॉर्वेजियन हैं और हम पाँच साल साथ रहे। अब हम अलग हैं।"

"काम की वजह से ही अलग हुए होंगे।"

"हाँ। कह सकते हो, पर और भी कई समस्यायें थीं। यहाँ की औरतें सनकी हैं।"

"पति रात भर बाहर रहे, तो कोई भी सनक जाए।"

"रात भर बाहर रहा, तब तो 3 बच्चे हो गए। रात को भी रहता, तो 6 हो जाते। हाहा।"

तुर्की, ग्रीस, अफ़ग़ानिस्तान और अरब देशों के कई लोग हैं, जो मज़दूर बन कर आए, नॉर्वेजियन महिलाओं से विवाह-बच्चे कर अलग हो गए। दरअसल इनकी कार्यशैली कोल्हू के बैल वाली है तो घोड़ी कहाँ सँभाल पाएँगे?

मार्कस को इतिहास का काफ़ी शौक़ है और मुझे वो संस्कृत के शब्द भी सुना चुका है। उसका कहना है शाहजहाँ नाम ग़लत है और शाजाँ उच्चारण

सही है। मुग़लों के तुर्क इतिहास के कई क़िस्से सुनाता है। ऑटोमन तुर्कों के राज की। कुस्तुंतुनिया (कॉन्स्टैनिटोपल) की। जब वे एक बड़ी शक्ति थे।

कभी तुर्क दुनिया पर राज करते थे और आज यह हालत है कि इस छोटे से देश में मज़दूरी कर रहे हैं।

अल्बानिया के मित्र तनाका नियमत: 'बिदाई' धारावाहिक देखते हैं। वह ही नहीं, उनकी माने तो पूरा अल्बानिया। मुझे यह धारावाहिक ठीक से याद नहीं, पर इसमें आलोकनाथ थे यह याद है।

कल एक मित्र वह रूस का मशहूर रियलिटी शो दिखा रहे थे, जिसमें जैसे ही दो रूसी बालाएँ 'जिम्मी जिम्मी आ जा' गाती है, पूरी दर्शक-दीर्घा भाव-विभोर हो उठती है। बॉलीवुड कई देशों में लोकप्रिय है, पर यह गीत रूसीयों की नस है। आप चाहें तो आज़मा लें, मेरी उम्र का हर रूसी यह गीत सुनते ही अजीब 'नॉस्टैल्जिया' में चला जाएगा। ख़ैर, ताज्जुब तो आपको तब भी होगा, जब मेरी उम्र के रूसी 'मुड़ मुड़ के न देख' गाएँगे। अब तो हिंदुस्तानी भी यह गीत भूल रहे हैं।

कहते हैं जब मिथुन अल्माती पहुँचे थे, तो कज़ाकस्तान के राष्ट्रपति को अपना भाषण रद्द करना पड़ा था। सब 'डिस्को डांसर' को देखने चाहते थे। एक सांख्यिकी के अनुसार इस फ़िल्म को 9 करोड़ रूसीयों ने देखा।

पर ऐसा क्यों है? 'डिस्को डांसर' फ़िल्म जब आई तो सोवियत बड़े बुरे और अस्थिर दौर से गुज़र रहा था। उस वक़्त जैसे यह सुनहरे कपड़ों में नाचते मिथुन एक अनूठी सौगात लेकर आए। बच्चा-बच्चा इस गीत पर थिरकने लगा। हर कोई यह गीत सोवियत के दिनों से जोड़ता है और इसलिए यूक्रेन में, आज के रूस में, उज़्बेकिस्तान में, हर रूस के टुकड़े में यह गीत वापस उन दिनों में ले जाता है जब सब एक थे। जब वे साथ गाते 'जिम्मी जिम्मी आ जा'।

अल्बानिया का भी यही हाल है। वहाँ भी अनवर हुडा के साम्यवाद ने लोगों को बिल्कुल सपाट बना दिया था। ऐसे में बॉलीवुड राहत लेकर आया। उनकी भावनाएँ मुखर हुई। मित्र यहाँ तक कहते हैं कि ग्रीस के अल्बानिया मूल

 ख़ुशहाली का पंचनामा

परिवार में में किसी दोपहर चले जाएँ, वहाँ हर तीसरे घर में भारतीय धारावाहिक चल रहे होंगे। दुकानों में लगे टी.वी. में भी।

चलिए, साम्यवाद के चलते बॉलीवुड तो पॉपुलर हुआ।

नॉर्वे के नॉर्वे-वासियों की तो बातें खूब की, पर यह देश जितना यहाँ के वासियों से बना है, उतना ही यहाँ बस गए बिदेसियों से। मैं कब तक यहाँ रहूँगा, कह नहीं सकता, पर यहाँ कई पाकिस्तानी और हिंदुस्तानी सत्तर के दशक से जमे पड़े हैं। तमाम सोमालिया और श्रीलंका के शरणार्थी हैं। बांग्लादेशी हैं। सोवियत और यूगोस्लाव विघटन से अलग हुए लोग हैं। अब इनकी तलब में निकला तो हिंदुस्तानी आम याद आ गए।

यूरोप में हिंदुस्तानी आम कम मिलते हैं। पाकिस्तानी आम धड़ल्ले मिलते हैं, हर छोटे शहर में। मुझे यह अजीब लगा, क्योंकि भारत विश्व के एक-तिहाई से अधिक आम का उत्पादन करता है। तीस आम के पेड़ तो मैं ही छुटपन में लगा आया था, जो गाँव में फलने लगे। फिर ये हिंदुस्तानी आम आते क्यों नहीं?

यहाँ के आम अजीबो-गरीब दक्षिण अमरीकी देशों से आते हैं। ग्वाटेमाला के भारी-भरकम आम। मेक्सिको के गुलाबी आम। पेरू के पीले हरे आम। और पाकिस्तान के आम। यह तो हद हो गयी कि पाकिस्तान जैसा छोटा देश विश्व को सबसे अधिक आम बेचने वालों में है। और भारत विश्व का एक-तिहाई आम उपजाता है, पर बेचता ही नहीं।

तर्क साफ़ है। भारतीय अपना आम समूचा खा जाते हैं। बस तीन-चार प्रतिशत भेजते हैं। भारत के दशहरी, मालदह और अलफ़ांसो के सामने कोई नहीं टिकता। न स्वाद में, न बिक्री में। हम धान-गेहूँ, चाय, कपास सब भेज देते हैं पर आम नहीं भेजते।

पाकिस्तान का सबसे मशहूर आम 'अनवर-रातूल' है, जिसके तार भी भारत के बागपत ज़िले के रातूल गाँव से जुड़े हैं। मूल आम भारत में ही है। पाकिस्तान में इसी का 'ग्राफ्ट' है। पाकिस्तान से हर साल भारत के प्रधानमंत्री जी को आम भेजे जाने की रीति है। वह भेजते हैं, हम खा जाते हैं। हम अपने आम नहीं भेजते।

पाकिस्तान से आम दिल्ली भी आता है। आप भी खाते होंगे। यह सितंबर-अक्टूबर में आने वाला चौसा है। इसे मद्रासी-हैदराबादी कहकर बेचते हैं, पर आता पाकिस्तान से है। पाकिस्तान वाले ख़ुद अपना आम खाते नहीं, इधर-उधर भेज देते हैं। और एक हम हैं, अपना तो निपटा ही देते हैं, उनका भी मार लेते हैं। यूरोप तक क्या बच कर आएगा? गुठली तक नहीं आती।

मैं खान-पान का शौक़ीन व्यक्ति हूँ। यूँ ही एक दिन समोसे के चक्कर में एक कॉन्गो (अफ़्रीका) के प्रवासी दुकानदार से भिड़ंत हो गई। वो 'सम्बूसा' (समोसा) बेच रहे थे। मैंने कहा कि यह भारत से कॉन्गो गया। वह अड़ गए कि अफ़्रीका में हज़ारों वर्ष से खाया जा रहा है। अब उनके डील-डौल से मैं डर गया और बात मान ली। उनसे पुराना वैज्ञानिक इतिहास तो हमारा नहीं। वेद-पुराण में भी समोसा का ज़िक्र नहीं, नहीं तो शबरी बेर क्यूँ खिलाती? समोसा खिलाती।

समोसा बड़ा गरिष्ठ भोजन है जो ज़रूर अरब इलाकों से ही आया। अमीर ख़ुसरो ने समोसे के लोकप्रिय होने में भूमिका निभाई होगी तो भारत में समोसा के आविष्कार का क्रेडिट उन्हें मिल गया। अमीर ख़ुसरो भारत के लियोनार्डो द विंसी थे। हर तीसरी भारतीय चीज़ के आविष्कार से उनका नाम जुड़ा है। वह भारत में 'रिनेशाँ' लाए। तबला से समोसा तक। और कॉन्गो वाले भी सही थे। यह उनके पास संभव है भारत से पहले आया। अरब-अफ़्रीका के संबंध पुराने हैं। यानी यह पहले 'सम्बूसा' ही था, जिसमें मांस होता था। हमने आलू भर दिया और बन गया समोसा।

ऐसे ही पाकिस्तानी ढाबे पर जाना हुआ। कम जाता हूँ, पर महीने में एक बार ज़रूर जाता है। बाकी समय बाहर खाने का मतलब नॉर्वेजियन, इटालियन, थाई, मेक्सिकन, चाइनीज इत्यादि। भारतीय रेस्तराँ मेरे शहर में नहीं। देसी खाने की तलब पाकिस्तानी ढाबे पर ही पूरी होती है।

वहाँ माहौल भी कैजुअल होता है। अपना सा लगता है। अपनी ज़बान। उतनी ही नमक, मसाले, तीखापन जो हम खाते हैं। मिथिला में हरी मिर्च अलग से भी खाते हैं, तो ये भी मुझे अलग से पकड़ा देते हैं। अब समझ गए हैं। कबाब दरियागंज शैली में तला जाता है, ख़ास हमारे लिए। बाकी नॉर्वेजियन को ये कच्चा-उबला कुछ भी नमक डाल कर पकड़ा देते हैं। हमारे बच्चों को कुछ

चॉकलेट या लॉलीपॉप ज़रूर देते हैं, किचेन ले जाकर खेलते हैं। उन्हें भी लगता है, अपनी ज़बान बोलता है, अपना ही होगा।

मेरे शहर में कुछ चालीस-पचास भारतीय परिवार हैं। उसमें हिंदी भाषी सात-आठ हैं, तमिल परिवार अधिक हैं। छोटा शहर है। पाकिस्तानी और श्रीलंकाई परिवार तो आस-पास के गाँवों को मिला कर सैकड़ों हैं। तो उत्तर भारतीयों और पाकिस्तानीयों की भाषा एक; भारतीय तमिलों और लंकाईयों की भाषा एक। एक बात और बता दूँ कि हिंदुस्तानी और पाकिस्तानी के मध्य कोई संवादहीनता (कम्युनिकेशन गैप) नहीं होती। राजनैतिक मुद्दे हों, खेल हो, संगीत हो, फ़िल्में हो, भ्रष्टाचार हो, बीमारियाँ हों, ग़रीबी-अमीरी हो। सब धारा प्रवाह चलता है। कभी-कभी उन्हें समझाना पड़ता है कि मीरपुर कहाँ है और मुझे मिथिला कहाँ है। अब वह भी धीरे-धीरे याद हो रहा है सबको।

इस बात का रोना अब लोग नहीं रोते कि विभाजन से पहले हम एक थे। यह पुरानी बात हो गई। जिन्ना-गाँधी की बातें भी कोई नहीं करता, सबको याद भी नहीं। अब उन्हें (और हमें) स्पष्ट है कि ये दो मुल्क हैं। जैसे नॉर्वे और स्वीडन। बस इनकी संस्कृतियाँ, ज़बान, भोजन, पहनावा, रंग कुछ मेल खाता है। मिलो तो दो मुल्कों की तरह ही मिलो। और कभी-कभी लड़ो, जी-जान से लड़ो, कि कोई घुसने न पाए।

अनवर (नाम परिवर्तित) मेरे मित्र हैं, जो स्वयं को आज़ाद कश्मीर (पी.ओ.के.) से कहते हैं। अव्वल दर्ज़े के गप्पी हैं। अमूमन मैं कश्मीर की बात नहीं छेड़ता। बचपन से सुना कि पी.ओ.के. से हमारा छत्तीस का आंकड़ा है, जब तक वह पाकिस्तान के हिस्से में है। पर आज बात छिड़ गई।

अनवर कोटली इलाके से हैं, राजौरी के उस पार। उनका घर एक पहाड़ी पर है। पहले उनके घर और 'लाइन-ऑफ़-कंट्रोल' के बीच दो गाँव थे, जो अब खाली करा दिए गए। अब वह इलाका भारतीय सेना के सबसे क़रीबी घरों में एक है। वैसे तो फासला अच्छा-ख़ासा है, पर अनवर कहते हैं कि भारतीय सेना ठीक घर के सामने वाले पहाड़ पर है। ज़मीनी रास्ता लंबा है, पर हवाई रास्ता बहुत ही नज़दीक। वैसे भी आजकल चलकर कौन आक्रमण करता है?

सीमा के उस पार उनकी बुआ रहती है, उनका परिवार रहता है। जब वह छोटे थे, दोनों परिवार सीमा पर खड़े होकर गप्पियाते थे। यह मुमकिन था। फिर सीमाओं के बीच 200 मीटर का फ़ैसला रखा गया, तो दूर से परछाई दिखती, पर इशारेबाजी होती। पर उसके लिए पहाड़ से नीचे उतर कर जाना होता। बाद में यह सीमा पर जाकर बतियाना बंद कर दिया। फ़ोन पर बात हो जाती है। कभी वीज़ा लेकर भी आए-गए नहीं। वीज़ा लेकर भारत के नागरिक पाकिस्तान तो जा सकते हैं, पी.ओ.के. कठिन है।

अनवर ने बताया कि पहले भी छिट-पुट गोलियाँ चलती रहती थी, दोनों तरफ से। फिर कुछ बड़े 'मॉर्टर' आने शुरू हुए, जो ज़मीन में बड़ा गड्ढा कर देते और बच्चे डर जाते। पिछले दस-बीस वर्ष से यह रोज़ की बात हो गई। इन्होंने और गाँव के सभी लोगों ने बड़े अच्छे बंकर बना लिए। 'मॉर्टर' बड़े आराम से आकाश में आता है, यह देखते ही सब बंकर में चले जाते हैं। वहीं बढ़िया बिछावन है और 'इन्सुलेशन' है कि आवाज़ ज़ोर से नहीं आती। लेकिन, अनवर जैसे कई लोग वहाँ से पढ़ाई करने विदेश या लाहौर वग़ैरह निकल लिए। उनके माँ-बाप नॉर्वे आने को मान नहीं रहे। कहते हैं, उन्हें कुछ नहीं होगा। अपना घर छोड़ कहाँ नॉर्वे आएँ?

फिर पहले 'सर्जिकल स्ट्राइक' की बात चली। उनका कहना है कई हलाल हुए। उनके गाँव के कुछ बीस लोग, बाकी कई फ़ौजी। दरअसल, सीमा पर तीन-चार पोस्ट हैं, जिनकी 'लोकेशन' की ख़बर कुछ ओ.पी. (भारत के भेदिए) उस पार देते हैं। इनके गाँव में भी कुछ ओ.पी. रह चुके हैं। पर 'लोकेशन' इतना पक्का नहीं होता। कभी-कभार ही वो देखते कि बिल्कुल निशाने पर सीमा-पोस्ट धड़ाम गिरता। यह देखने वाला नज़ारा होता, फ़िल्मी। पर अमूमन इतना पक्का निशाना नहीं होता।

अनवर के अनुसार भारतीय सेना हेडक्वार्टर टारगेट करती है, जो सीमा से दूर 'नाकोली' (शायद यही नाम था) में है। अब उसके 'कोओर्डिनेट' भारत के पास मौजूद हैं, पर मॉर्टर अक्सर इधर-उधर गिर जाता है। भारत से एक साथ कई मॉर्टर आते हैं और आकाश में छितरा जाते हैं। यह पता नहीं लगता, कहाँ-कहाँ

  ख़ुशहाली का पंचनामा

गिरेगा? उनके अनुसार हुई तो ये 'सर्जिकल स्ट्राइक' ही, लेकिन तकनीक और उन्नत हो तो बिल्कुल फ़ौजियों पर लगे और आम जनता बच जाए। उनका परिवार बच जाए, ये उनकी इच्छा है।

अब उनका नॉर्वे का पासपोर्ट है और विदेशियों को कश्मीर जाने की पूरी आज़ादी नहीं। पिता सरकारी मुलाज़िम हैं, कुछ जुगाड़ लगा लेते हैं। कुछ 'चेकपोस्ट' पर पुलिस से जिरह और फिर एंट्री। अनवर के अनुसार यह अंदेशा उन्हें नहीं था कि हालात बेहतर नहीं होंगे। नहीं तो पासपोर्ट नहीं बनवाते। वह खिन्न हैं कि पूरे पाकिस्तान से अलग बना दिया, जाने में पाबंदी लगा दी और कहते हैं 'आज़ाद कश्मीर'।

कश्मीरियों के अलावा अफ़ग़ानी भी नॉर्वे में खूब मिलते हैं। सलमान ख़ान और गोविंदा की फ़िल्में देखने वाले। जब नया-नया नॉर्वे आया तो एक अफ़ग़ानी महिला घर के नीचे रहती।

मैं चलता हूँ, तो चप्पल से आवाज़ आती है-चट चट। अब ये गंवारपन है या जो भी। मेरे घर के नीचे रहने वाली अफ़ग़ानी महिला को इस आवाज़ से सरदर्द होता है। कुछ दिनों बाद उन्होंने इशारों और टूटी-फूटी भाषा में कहा, इस आवाज़ से उन्हें अफ़गानिस्तान की याद आती है, जहाँ ऐसे ही गोलियों की आवाज़ आती थी। वह रेफ़्यूजी हैं और मेरा चप्पल उन्हें तालिबान की याद दिलाता है। अब मैं चलने में सुधार कर रहा हूँ।

पर यह ख़ौफ़ शरणार्थियों में गाहे-बगाहे नज़र आ जाता है। हालिया अस्पताल में एक मरीज़ एम.आर.आई. के दौरान पागलों की तरह चीखने लगा। उस मशीन की आवाज़ में उसे गोलियों की आवाज़ सुनाई दे रही थी। वह कुर्दिस्तान से थे। आख़िर सीरिया-अफ़ग़ानिस्तान में कैसा मंज़र रहा होगा कि आदमी मशीन की आवाज़ से डर जाए, चप्पल की चटर से काँप उठे?

कल बच्चे जन्मदिन पर धूम मचा रहे थे, तो मैं अपने अफ़ग़ानी पड़ोसी से अग्रिम माफ़ी माँगने गया। उनको पता नहीं क्या समझ आया। कुछ देर में वह हमारे दरवाज़े पर आकर मूक खड़ी हो गई। मैंने पहली बार क़रीब से देखा। अधेड़ मुस्लिम महिला बिल्कुल काले लिबास में। वह पश्तो बोलती हैं और

अधिकतर इशारों से काम चलाती हैं, पर इस बार आँखों में नमी थी। कोई हाथों की इशारेबाजी नहीं।

हमने अंदर बुलाया और कुछ पापड़ी चाट खाने को दिया। हम सब सोफे पर बैठे थे, पर उन्हें शायद पुरुषों के बीच बैठने में आपत्ति थी। वह रसोई में फ़र्श पर बैठ खाने लगी। अकेली कोने में। हमें कुछ अच्छा नहीं लगा, पर वह बस चुपचाप खाती रही। बच्चों को खेलता देखती रही। सच कहिए, तो ऐसी पथराई आँखें मैंने कम देखे हैं, जैसे आँसू सूख गए हों। अजीब सा मर्म। कुछ देर में मेरा भी मर्म जागा। उनसे बात करने गया। उन्हें बिरयानी परोसी।

वह यहाँ अकेली हैं। जो कुछ मैं समझ पाया, वह किसी रेफ़्यूजी कैंप से लाई गई। उनके बेटे वहीं अफ़ग़ानिस्तान में हैं या जहाँ भी हैं, उनसे कोई संपर्क नहीं। उनके पति कौन हैं, कहाँ हैं, मैं समझ नहीं पाया। मुझे लगता था वह यहीं हैं, पर कभी दिखे नहीं। वह थे ही नहीं। शायद मर गए। एक अजीब 'शेल-शॉक्ड' महिला, जिसकी भावनाएँ मर गई हैं शायद।

बच्चे 'तमा तमा लोगे' पर नाच रहे थे। मैंने अरबी गायक ख़ालिद का यू-ट्यूब विडियो टी.वी. पर लगा दिया। वह सुनते ही फ़र्श से उठ कर सोफ़ा पर एक कोने में बैठ गई। हम कई लोग थे, एक मेरे मैथिल मित्र, दो तमिल, एक पंजाबी। वह बस बैठी रही, बिना कुछ कहे। मुझे लगा जैसे वह हम में अपने बेटे ढूँढ रही है।

पिछले सात महीने से वह बस अकेले रह रही हैं। आज तक कोई भी मित्र या मेहमान नहीं देखा। आज इतने भारतीयों के बीच बैठे उन्हें कैसा लग रहा होगा? उन्हें बड़ी मुश्किल से लगभग धकेल कर बाहर भेजा। कितना निर्मम हो गया हूँ? उनका ये अस्थाई परिवार भी तिलिस्म ही था, जिसे मैंने ही तोड़ दिया।

सीरिया के लोगों से मिलता हूँ तो असंभव सी कहानियाँ मिलती है। मेरी मित्र डॉक्टर ज़ाहरा ने कहा कि वो सीरिया से बस, पैदल और साइकल से किर्कनस पहुँची और फिर शरणार्थी बनकर ओस्लो आ गई। बड़ी सहजता से यह बात कह दी।

  ख़ुशहाली का पंचनामा

सीरिया से कुल दूरी लगभग 5000 किलोमीटर। 'किर्कनस' विश्व का सबसे उत्तरी इलाका ध्रुव के पास। रूस, फ़िनलैंड और नॉर्वे का संगम। यहाँ बस साइकल से ही पहुँचा जा सकता है, तभी चेकिंग नहीं होगी। और ज़ाहरा के तो दो बच्चे भी हैं। यह बीहड़ रास्ता साइकल पर अमानवीय लगता है। हथेलियाँ दरक जाएँगी। हो सकता है, कहानी कुछ और हो, पर सभी रिपोर्ट यही कहते हैं। लोग साइकल से ही रूसी सीमा पार कर आए।

कई दशक पहले हिटलर की सेना भी यूरोप फ़तह कर किर्कनस जा पहुँची थी, स्तालिन के दरवाज़े पर। कैसे गए होंगे और क्यूँ गए? शायद जब तक ध्रुव पर झंडा न गाड़ो, विश्व-विजेता नहीं कहलाओगे। स्तालिन भिड़ गए। 'रेड आर्मी' की बमबारी हुई। किर्कनस नॉर्वे का पहला शहर था जो रेड आर्मी ने आज़ाद कराया, किंतु इस बमबारी के बाद किर्कनस में बस तेरह घर बच पाए। सब ढह गया।

आज भी वहाँ एक रूसी सैनिक का स्मारक है, जो पैरों से बाज़ का सर कुचल रहा है। बाज़ (ईगल) यानी जर्मनी। हाल में नॉर्वे के जर्मनी से अच्छे संबंध हुए, तो कहा कि यह बाज़ हटा दो, तोड़ दो। पूतिन कहते हैं, बाज़ रहने दो। नॉर्वे को पता है कि पूतिन आज भी जर्मनी पर भारी हैं।

बाज़ ज्यों-का-त्यों है। विश्व-युद्ध कब का ख़त्म हुआ। पर लोग भाग कर आज भी उस ध्रुव पर खड़े सैनिक तक पहुँच रहे हैं। किर्कनस।

अब भारतीयों की बात करता हूँ। आज मंदिर में लंगर शैली भोज में प्रसाद खाने बैठा तो साथ में जो महाशय थे, उनके भात का पहाड़ मेरे पहाड़ के हू-ब-हू बराबर था। मतलब लंगर-भोज में जम कर खाओ। मुझे तो कोई शक नहीं था, पर पूछ लिया तो स्पष्ट हो गया। मैथिल ही थे। नॉर्वे के प्रथम मैथिल मित्र।

ख़ैर मुद्दा ये नहीं है। मुद्दा है नॉर्वे में मंदिरों की फ़ंडिंग। मैंने इसी की पूछताछ की। नियम सुलभ है। कल्याणकारी राज्य (वेलफ़ेयर स्टेट) है तो मंदिर का पैसा कौन देगी? सरकार।

जैसे ही आप किसी मंदिर/मस्जिद/गुरूद्वारे/चर्च की सदस्यता लेते हैं, सरकार आपके टैक्स का एक ख़ास प्रतिशत आपके धार्मिक संस्था को दे देती

है। जो टैक्स नहीं भरते, उनकी तरफ से सरकार 800 क्रोनर (5600 रूपए) प्रति मास चंदा देती है। जो कहीं सदस्य नहीं, उनका हिस्सा स्वत: चर्च को जाता है। यानी हर नागरिक के टैक्स का कुछ प्रतिशत किसी न किसी धार्मिक संस्थान को चला जाता है। आपने सरकार को टैक्स दिया, सरकार ने मंदिर को चंदा दे दिया। यह स्कीम अच्छी लगी।

मंदिर के बाकी ख़र्च संस्कार-पूजा से निकल जाते हैं। पंडित जी तो सरकार से वेतन पाते ही हैं, प्राइवेट प्रैक्टिस भी करते हैं, जैसे गृहप्रवेश-पूजा आदि करवाएँगे। उसका टैक्स पंडित जी को भरना होगा। यहाँ कहीं भी 'काला धन' नहीं है। मंदिर जैसे पवित्र स्थान पर काला धन होना भी नहीं चाहिए। मंदिर में हर ख़र्चे का हिसाब होता है, ऑडिट होती है। होली उत्सव का लंगर भोज, रंग सभी मुफ़्त थे। खूब खेला-खाया गया। मुफ़्त कहना पूरी तरह ठीक नहीं, क्योंकि हमारे ही टैक्स के पैसे लगे हैं।

जब जूते-चप्पल पहन रहा था, एक वृद्ध मिले। बातों-बातों में उन्होंने कहा कि मैं जब युवा था, दरभंगा आया था। मैंने पूछा कब? कहा जब वह कलकत्ता से ओस्लो साइकल-यात्रा कर रहे थे। साइकल से? हद हैं लोग भी। उस ज़माने में इतनी लंबी साइकल यात्रा? वह भी कलकत्ता से दरभंगा होते हुए ओस्लो तक? या तो यहाँ सब फेंकू है या मेरे जीवन में बहुत कुछ करना बचा है। न जाने कब तक रहूँगा? और क्यों रहूँगा?

वह एक अजीब वक़्त होता है, जब एक भारतीय अपना पासपोर्ट सरेंडर कर रहा होता है। मैंने कई भारतीयों से अनुभव पूछे, मिला-जुला जवाब मिला। 'मिक्स्ड रेसपॉन्स'।

एक तमिल मित्र को आज से तीन साल पहले नॉर्वे का पासपोर्ट मिलना था। नियम है कि आठ साल यहाँ बिताने के बाद पासपोर्ट मिलता है। भारतीय पासपोर्ट 'सरेंडर' करना होता है। वह जब भारतीय पासपोर्ट लौटाने गए, तो उल्टा अर्जी लगाकर आ गए कि वह ऐसा नहीं चाहते। वह भारत का पासपोर्ट नहीं लौटा सकते। उन्होंने तमिलनाडु में खेत खरीदे हैं। कहते हैं कभी-न-कभी लौटेंगे। कब, पता नहीं।

  ख़ुशहाली का पंचनामा

आयरलैंड में पासपोर्ट मिलने पर 'रॉयल वेलकम' मिलता है। बड़े ऑडिटोरियम में संगीत के साथ आयरलैंड की नागरिकता दी जाती है। भारत की नागरिकता उतार ली जाती है। यह भी एक तरह का 'कन्वर्ज़न' ही है। देश परिवर्तन। पर माहौल ऐसा होता है कि लोग ख़ुशी-ख़ुशी ही निकलते हैं।

मेरे एक भारतीय ईसाई मित्र थे लंदन में। उनको ब्रिटिश पासपोर्ट जैसे ही मिला, पता नहीं क्या सूझी, भारत आ गए। मुझे कुछ समझ नहीं आया। हम बेंगलूरू के रेस्तराँ में मिले, दो-चार घूँट के बाद वो पूरे भाव-विह्वल हो गए। कहने लगे, मुझे भारत का पासपोर्ट वापस चाहिए। ख़ैर, तब नशे में थे, जब आदमी कुछ भी बकवास करता है। मैं नॉर्वे आ गया, वो अब तक बेंगलूरू में ही हैं। वहाँ बच्चों के खिलौने की लाइब्रेरी बनाई है, जहाँ से लोग खिलौने भाड़े पर ले सकते हैं। कहते हैं, धंधा बढ़िया चल रहा है। ब्रिटिश पासपोर्ट लेकर भारत में बैठने का क्या तुक है? ग़र यही करना था तो भारतीय पासपोर्ट लौटाया क्यों? नागरिकता क्यों बदली?

एक भारतीय को नॉर्वे का पासपोर्ट मिला। तक़रीबन छह महीने बाद उनके पिता की मृत्यु हो गई। अब उन्हें भारत, अपने देश जाने का भी वीज़ा चाहिए था। भारतीय वीज़ा के लिए फ़ोटो खिंचवाने का काउंटर नहीं मिल रहा था। 'स्पेसिफ़िकेशन' अजीब थे। वह खीज से भरे थे, कि अपनी जन्मभूमि जाने के लिए इतनी ज़िल्लत? जैसे-तैसे पिता के श्राद्ध तक पहुँच पाए।

गोवा की अलग ही कहानी है। पुर्तगाल के प्रधानमंत्री भारतीय (गोवा) मूल के हैं। गोवा में नियम है कि जिनकी भी पैदाइश 1961 ई. से पहले हुई, उन्हें और उनकी तीन पुश्तों को पुर्तगाल का पासपोर्ट मिल सकता है। आँकड़ों के अनुसार हर साल लगभग 2000 लोग भारतीय नागरिकता त्याग पुर्तगाली पासपोर्ट ले रहे हैं। रहते गोवा में हैं, पर नागरिकता बदल ली। इस पुर्तगाली पासपोर्ट से वो दुनिया के 172 देश बेरोक-टोक जा सकते हैं। वह दिन दूर नहीं जब आधा गोवा पुर्तगाली बन जाएगा।

कहना कठिन है कि जिस दिन नागरिकता छोड़ने की बात आएगी, देश भारी पड़ेगा या स्वार्थ? भारतीयता का असल महत्व शायद तभी समझ आता है, जब उसके छिनने की नौबत आती है।

“आज-कल भारतीय सैलानी भी दिखने लगे हैं। कुछ सालों पहले तो बस अमरीकी दिखते थे। नॉर्वे कोई नहीं आना चाहता।” श्रीलंकाई मूल के तमिल टैक्सी ड्राइवर ने कहा। वह शरणार्थी ही होगा, बाकी तमिल श्रीलंकाईयों की तरह।

“भारतीयों के पास बहुत धन है भाई। वह कहीं भी जा सकते हैं।” मैंने कहा।

“हाँ! सुना है पाँच प्रतिशत लोगों के पास अकूत संपत्ति है। वही आते होंगे।” ड्राइवर ने कहा। कहा तो ठीक ही, लेकिन मैंने बात बदल दी।

“नॉर्वे न आने की कोई ख़ास वजह? स्विट्ज़रलैंड तो भारतीय जाते ही रहे हैं, तो फिर नॉर्वे क्यों नहीं?”

“आपको नॉर्वे और स्विट्ज़रलैंड में फ़र्क नहीं नज़र आता?”

“नॉर्वे तो कितना ख़ूबसूरत है! मुझे तो स्विट्ज़रलैंड से अधिक पसंद है नॉर्वे।”

“आप कहाँ से हैं? दिल्ली-बंबई से न होंगे। गाँव से आए होंगे।”

“क्यों?”

“बस यूँ ही। मुझे आपकी बातों से लगा।”

एक श्रीलंकाई व्यक्ति ने नॉर्वे-स्विट्ज़रलैंड की बातचीत में यह बात कैसे कह दी? मैं भी सोच में पड़ गया। भला नॉर्वे और स्विट्ज़रलैंड में ऐसा क्या अंतर है, जो मुझे महानगरों से गाँव भेज देता है?

नॉर्वे ग्रामसुंदरी है तो स्विट्ज़रलैंड राजनर्तकी। नॉर्वे के पहाड़ों में ग्रामसुंदरी की त्वचा का रूखापन है, यहाँ के पहाड़ बीहड़ हैं; बिना किसी ‘फ़िनिशिंग’ के बच्चों के सतोले की तरह जैसे पत्थर एक-दूसरे के ऊपर रख दिए गए हों। जबकि स्विट्ज़रलैंड में कौमार्य कोमलता है, हर पहाड़ तराशा हुआ नवयौवना के वक्ष की तरह। यशराज फ़िल्मों में इसलिए नॉर्वे शायद न नज़र आए, लेकिन ‘मिशन इम्पॉसिबल’ में नज़र आएगा। स्विट्ज़रलैंड से प्रेम एक नज़र में हो जाएगा, नॉर्वे से प्रेम होने में कुछ वक़्त लगेगा। लेकिन नॉर्वे का सम्मोहन स्विट्ज़रलैंड

की तरह क्षणिक नहीं, यह तांत्रिक सम्मोहन है जो इच्छा के विरुद्ध वश में कर ले। स्विट्ज़रलैंड 'थॉमस कुक' और तमाम ट्रैवल गुर्गों के फटा-फट टूर में घूमा जा सकता है, लेकिन नॉर्वे में यह संभव नहीं। यहाँ तो आकाश निहारते दिन निकल जाए। मछली मारते। या रात-रात भर जाग कर आकाश में 'ऑरोरा बोरियैलिस' ढूँढते। शहर ढूँढते। नॉर्वे में शहर नहीं मिलता। तभी उस टैक्सी ड्राइवर ने मेरी कुंडली बाँच ली कि मैं गाँव का आदमी हूँ। तभी नॉर्वे की प्रकृति को स्विट्ज़रलैंड से ऊपर आँकता हूँ।

यहाँ आए प्रवासियों में भी एक स्थायित्व नज़र आता है कि वे अब कहीं न जाएँगे। भारतीय तो छोड़िए, जर्मन और अमरीकी भी जो आए, यहीं के बन कर रह गए। एक ऐसा देश जो प्रवासियों को आकर्षित न करे, फिर भी लोग बसे रह जाएँ, यह अजीब बात लगती है। जैसे मैथिली के कथाकार हरिमोहन झा का पात्र 'विकट पाहुन' यानी ऐसा मेहमान जो घर लौटे ही नहीं।

लेकिन मेहमान टिक जाए, तो मेज़बान भी टोटके लगाने शुरू करता है। हर प्रवासी को यहाँ की भाषा परीक्षा में उत्तीर्ण होना पड़ता है। और-तो-और नॉर्वे के इतिहास और संस्कृति पर आधारित सामान्य ज्ञान की एक परीक्षा पास करनी होगी। तभी जाकर लंबे समय तक रहने की अनुमति मिलती है। ऐसे टोटके कई देश लगाते रहे हैं, जैसे ब्रिटेन भी। सोचिए ग़र हर भारतीय नागरिक को अपनी नागरिकता सिद्ध करने के लिए हिंदी (या क्षेत्रीय भाषा) का ज्ञान और संस्कृति-ज्ञान की परीक्षा देनी पड़े। जो शरणार्थी देश आए, उनका तन-मन-धन से भारतीयकरण कर दिया जाए? जहाँ कुछ प्रवासियों को यह प्रक्रिया पसंद नहीं आती, मुझे लगता है कि यह ठीक भी है। जो देश की न भाषा जाने, न संस्कृति में रुचि ले, वह काहे का नागरिक?

धीरे-धीरे नॉर्वे की संस्कृति अपनी मूल संस्कृति पर हावी हो जाती है। भाषा, रहन-सहन, विचार सब-कुछ नॉर्वेजियन बनता जाता है। एक परदे में रहने वाली अफ़ग़ानी महिला बिकनी में तैरती मिलती है। अफ्रीकी लोग बर्फ़ में स्की कर रहे हैं। एक भारतीय स्वयं लकड़ियाँ काट कर घर बना रहा है। एक पाकिस्तानी महिला जीन्स में मकान की छत पर खड़ी उसके खपड़े ठीक कर रही है। हर व्यक्ति नॉर्वेजियन बनता जा रहा है। इसकी एक बड़ी वजह यह भी

है कि यहाँ के लोग उसे ख़ास पसंद नहीं करते जो नॉर्वेजियन नहीं बनता। इनको विविधता का काग़ज़ी शौक़ ज़रूर है, लेकिन इनमें एक सपाट समानता है। नॉर्वे कभी शायद अमरीका न बन पाए, बहुसंस्कृतीय न बन पाए। नॉर्वे नॉर्वे ही रह जाएगा। जिसे यहाँ रहना है रहे, जिसे न रहना वह निकल ले।

प्रवासी की पहचान उसकी जड़, उसका मूल देश ही है। वह अगर छिन जाए तो वह खोखला हो जाता है। वहीं दूसरी ओर, एक नागरिक की पहचान भी उसका देश है जहाँ का वह वासी है, इसमें दोहरापन लाना भी ठीक नहीं। एक यहूदी गर अमरीका में रह कर इज़रायल की आत्मा रखे तो क्या यह ठीक है? या एक गिरमिटिया गर भारत की आत्मा रखे तो क्या यह ठीक है? मैं भी यह उत्तर ढूँढ ही रहा हूँ। इसका सूत्र भी उसी रास्ते में है जिस रास्ते से आर्य आए थे।

आर्य जहाँ से भी आए, जहाँ भी गए, कुछ साथ लाए, कुछ जोड़ते गए। गर केंचुली उतार आते, तो आर्य न कहलाते, सर्प कहलाते।

❏❏

ख़ुशहाली का पंचनामा